名词研究论丛

（第二辑）

储泽祥　樊中元　主编

WUHAN UNIVERSITY PRESS
武汉大学出版社

图书在版编目(CIP)数据

名词研究论丛.第二辑/储泽祥,樊中元主编.—武汉:武汉大学出版社,2022.7

ISBN 978-7-307-22952-5

Ⅰ.名… Ⅱ.①储… ②樊… Ⅲ.现代汉语—名词—学术会议—文集 Ⅳ.H146.2-53

中国版本图书馆 CIP 数据核字(2022)第 038149 号

责任编辑:宋丽娜 责任校对:汪欣怡 版式设计:马 佳

出版发行:**武汉大学出版社** (430072 武昌 珞珈山)

(电子邮箱:cbs22@whu.edu.cn 网址:www.wdp.com.cn)

印刷:武汉中科兴业印务有限公司

开本:720×1000 1/16 印张:21.5 字数:317 千字 插页:2

版次:2022 年 7 月第 1 版 2022 年 7 月第 1 次印刷

ISBN 978-7-307-22952-5 定价:86.00 元

目　录

1

新媒体文章标题中的宾语省略

陈景元

(广西师范大学文学院)

1. 引　　言

省略号在文章标题中的应用，学界已有学者关注。刘云（2004）论述了在自然语句中不用或较少使用而在篇名中广泛使用的省略号的特殊用法。尹世超（2005：178-179）指出，省略号在标题中可用可不用，并认为其通常该用而在标题中可不用，这是标题的一个特点。但学界对新媒体文章标题关注不多。

省略号在新媒体文章标题中的使用，大致有以下四种情形：

一是标明列举。例如：

(1) 面对镜头时宝贝们也是萌态十足，吐舌头、摆 pose、挑眉……（腾讯网，2018-07-20）

(2) 王老正、恰治香瓜子、粤利粤……山寨食品"横行乡里"的背后是什么？（江苏网络广播电视台，2018-07-21）

二是标明指代，省略的是前面指示代词所指代的内容。例如：

(3) 回忆透心凉！那些年，老金华人是这样度过炎炎夏日的……（澎湃新闻，2018-07-15）

(4)受处分的党员干部还有机会吗？长沙是这样回答的……(湖南在线，2018-07-18)

(5)跑步减肥的效率是游泳的 2.35 倍？科学数据是这么说的……(搜狐网，2018-07-16)

(6)高铁又被"逼停"了，这次是因为有女乘客用了这个……(凤凰网，2018-07-04)

三是标明分句，省略的是后分句。例如：

(7)如果央妈周末降准……(和讯网，2018-06-23)

四是句法省略，省略宾语。以"是"字句的形式出现，可分为以下三个小类。

①"是"的宾语省略，例如：

(8)全球 2 亿人的饮用水中这种致癌物超标？真相是……(凤凰网，2018-07-06)

(9)341 亿！欧盟对谷歌开出史上最大罚单，原因是……(和讯科技，2018-07-19)

②在介宾短语作宾语句中，省略了介宾短语中的宾语。例如：

(10)为什么那么多车都不办 ETC？原来是因为……(搜狐汽车，2018-07-17)

(11)威尔希尔离队，是因为……(搜狐体育，2018-07-15)

(12)阿根廷生死之战铁杆球迷却打起了呼噜 竟是由于……(浙江在线，2018-07-11)

(13)罚款近 4 万！安岳一男子偷运 66 只麻雀，却是为了……(搜狐网，2010-09-18)

③在动宾短语作宾语句中，省略了动词的宾语。例如：

（14）FF、小马景驰抢滩广州要搞事情？原来是看中……（南方网，
 2018-07-11）

本文讨论的是第四种情形，将之统归为宾语省略现象。我们尝试从话语分析的角度，探究其形式、意义、功能、文体和修辞等特征。

文中语料来自百度新闻标题搜索，出处和日期随文标注。

2. 从形式看新媒体文章标题中的宾语省略

新媒体文章标题中的宾语省略，主要分布在"是"字句中，由系动词"是"连接主语和宾语。

2.1 主语的内容

据考察，主语内容有真相、原因、结果、目的、影响、秘诀/诀窍/法宝、情感、排行、最义级层个体以及其他，都是读者最为关注的话题。

主语或主语的中心语为"真相"，例如：

（15）贫穷才能让你逃过一劫？A股巨震的真相是……（搜狐财经，
 2018-02-08）

（16）深圳工厂裁撤，手机份额跌破1%，三星败退的真相是……
 （搜狐网，2018-04-27）

（17）哈尔滨通达街与建国街交汇处路面坍塌现2米深大坑？真相
 是……（凤凰网，2018-07-10）

（18）惊悚！楼顶包裹露出一截白皙小腿？真相是……（江苏网络
 广播电视台，2018-07-14）

（19）学员说：为什么驾考约考那么难？真相是……（凤凰汽车，
 2018-04-17）

主语为"原因"，例如：

(20)"嘎嘎甜"的香瓜 瓜农自己却不愿吃 原因是……(搜狐网, 2018-07-19)

(21)为啥科目三约考成功后，教练才给练车？原因是……(凤凰汽车, 2018-06-20)

主语或主语的中心语为"结果"，例如：

(22)网传张家口"一司机连撞3位警察"，初步调查结果是……(澎湃新闻, 2018-07-18)

(23)实测！三缸车与四缸车比隔音和加速！结果是……(易车网, 2018-07-05)

主语的中心语为"目的"，例如：

(24)工地门口搭台表演、发放小礼物，他们的真实目的是……(新浪新闻, 2018-07-18)

(25)大跌眼镜！两名女子深夜遭遇抢劫 嫌疑人目的竟然不是劫财而是……(东莞阳光网, 2017-12-13)

主语的中心语为"影响"，例如：

(26)台风"玛莉亚"来了！对安徽的影响是……(凤凰网, 2018-07-15)

(27)台风来啦！对中山的影响是……(搜狐网, 2018-06-03)

(28)8号台风"玛利亚"要来了？网传超强台风？对福建的影响是……(凤凰网, 2018-07-04)

主语的中心语为"秘诀""诀窍""法宝"等，例如：

(29)仅靠一把伞就刷爆朋友圈！他们的"秘诀"是……(新浪网 2018-03-22)

（30）这位大伯家四台空调，一个月电费才86块！他说诀窍是……（新浪新闻，2018-07-16）

（31）"小标志"获"大财富"！产值达到上亿元的"法宝"是……（澎湃新闻，2018-07-05）

主语为情感类评价的词语，例如：

（32）周口下周都是雨！更可怕的是……（大河报，2018-07-08）

（33）车行半路没油了咋办？小情侣一路将车推到加油站，悲催的是……（中国宁波网，2018-07-19）

（34）一周降温近20℃，下周真的要下雪了，更恐怖的是……（搜狐网，2018-01-19）

主语有表达排行的词语，例如：

（35）刚刚，官方公布6月70城房价指数，仅4城下跌！涨幅第一竟是……（搜房网，2018-07-20）

（36）湖南省上半年环境质量状态发布 空气质量排前三的是……（澎湃新闻，2018-07-16）

主语有最义级层的词语，例如：

（37）不要买房了，八年后最便宜的是房子车子，而最贵的是……（搜狐网，2017-10-27）

（38）46所高校要改名！变化最大的是……（凤凰科技，2018-01-22）

（39）热热热！热到树自燃，车厢变烤箱！今天最热的地方是……（东莞时间网，2018-07-20）

（40）长投学堂：想变成百万富翁，最重要的是……（东北新闻网，2017-11-14）

除了上文所指类别外，还有其他类型，我们将之归为其他类。例如：

> (41) 重磅！我省将建成 9 条城际轨道交通线，涉及泰州的是……（澎湃新闻，2018-07-06）
>
> (42) 2018 洛阳首个重磅新闻，未来这里炙手可热，与它密切相关的竟然是……（搜狐网，2018-02-03）
>
> (43) 肇庆一外卖小哥送餐途中撞伤人，最后承担赔偿责任的是……（澎湃新闻，2018-07-07）
>
> (44) 香港高铁"动感号"通车在即：车上空调 Wi-Fi 全有，票价是……（腾讯网，2018-04-12）
>
> (45) 马来西亚总理迎来 93 岁生日，他的愿望是……（新浪网，2018-07-10）

2.2 "是"字句式

新媒体文章标题中的宾语省略，分布在"是"字句中。构造简单，"是"充当联系项，连接主语和宾语。"是"字句位于标题的后面部分。"是"字句中还经常出现的反预期词语，有转折连词、语气副词等。

转折连词，具有反预期性。如用转折词语"却"，例如：

> (46) 中国小姐妹同被英国名校录取震惊国人，背后的真相却是……（中华网，2018-03-17）
>
> (47)《非诚勿扰》女嘉宾说她的公司在香港上市了，而真相却是……（凤凰网，2018-07-17）
>
> (48) 生死关头他们竟然拒绝救援，原因却是……（网易，2018-07-05）

语气副词，具有反预期性。如"竟""竟然""居然""不料"等，例如：

> (49) 鸽派官员卡什卡利呼吁美联储暂停加息！原因竟是……（和

讯网，2018-07-17）

(50) 澳洲 104 岁科学家飞往瑞士，这段单程旅行的目的竟是……
（凤凰网，2018-05-04）

(51) 环卫工路边发现疑似女性尸体，警方查明真相竟然是……
（参考消息，2018-07-19）

(52) 出镜以分秒算，章子怡、刘德华受欺负，好莱坞请不动周星
驰的原因居然是……（凤凰网，2017-11-29）

(53) 粗心女子忘拔电瓶车钥匙被偷 不料窃贼竟是……（凤凰网，
2018-07-04）

2.3　宾语的省略

新媒体文章标题中的宾语省略，前面已谈到包括"是"字宾语的省略、
"是"字句中介宾短语中宾语省略和"是"字句中动宾短语中宾语的省略，形
式上具有特殊性，省略的宾语用省略号"……"标记。因标题里省略的内容
可以在正文中找回，所以属于蒙后省。

3. 从意义和功能看新媒体文章标题中宾语省略

3.1　意义的互动建构

苏联文艺理论家巴赫金提出对话理论，认为"语言只能存在于使用者
之间的对话交际之中。对话交际才是语言的生命真正所在之处。语言的整
个生命，不论是哪一个运用领域里（日常生活、公事交往、科学、文艺等
等）无不渗透着对话关系"（巴赫金，1998：242）。

新媒体文章标题的对话性特征非常明显，每个标题都可以看成作者与
读者的互动对话。例如：

(54) 听说镇江二手房房价跌了？新房成交量也跌了？真相竟然

是……(百家号，2018-01-17)

(55)不吃早餐有害健康？比这更伤身体的是……(凤凰网，2018-07-04)

(56)为什么鞋带老是松开？竟然是因为……(凤凰网，2018-07-04)

(57)台风"山竹"为什么不叫"榴莲"？原来是因为……(澎湃新闻，2018-09-19)

在新媒体文章标题中，作者用省略宾语的形式，引导读者到正文中去寻找缺省的内容，这样，作者可以与读者进行深层次的对话，语篇意义在互动中在线生成。

3.2 功能的错综实现

Halliday 把语言的纯理功能分为三种：概念功能、人际功能和语篇功能。概念功能包括经验功能和逻辑功能，经验功能是指语言对人们在现实世界(包括内心世界)中的各种经历的表达，逻辑功能指的是语言对两个或两个以上的意义单位之间逻辑关系的表达。人际功能就是指语言除具有表达讲话者的亲身经历和内心活动的功能外，还具有表达讲话者的身份、地位、态度、动机和他对事物的推断、判断和评价等功能。语篇功能指语言表达语篇和语境的关系，以及语篇内部组织的功能。语篇功能通过主位结构、信息结构和衔接等方式得到体现(参看胡壮麟、朱永生、张德禄、李战子，2008：115-156)。

通过新媒体文章标题中的宾语省略，语言的概念功能、人际功能和语篇功能错综实现。概念功能主要表现为与读者互动，传递信息。而传递的信息正是读者最为关切的、期待获取的信息，作者有意省略，将之留在正文中呈现。人际功能表现为作者表明了自己对陈述命题的传信态度，试图影响读者的态度和行为，建构话语联盟。语篇功能表现为标题和正文构成话题和说明的关系，题文照应，衔接自然紧密。

4. 从文体和修辞看新媒体文章标题中宾语省略

4.1 文体特征

4.1.1 标题化

新媒体文章的显著特点是题文分开，呈现在读者面前的首先是标题。因此，只有读者对标题感兴趣，才会去点击看正文。

新媒体文章标题中省略宾语，是新媒体的一种语篇组织模式，能提高文章的点击率，增强文章的传播效果。因此，越来越多的新媒体标题选择了宾语省略形式。可以说，该形式已经标题化，即因表达上的特殊功效而固定下来充当新媒体文章标题。

4.1.2 悬念体

悬念，是叙事性文学常用的一种表现手法，意即到了某个关头故意停住，让读者对情节、对人物牵肠挂肚，以达到吸引读者的目的，最后通过解悬使读者恍然大悟或茅塞顿开，产生强烈的艺术感受。

新媒体文章标题中的省略宾语，已经形成一种悬念体。"是"字句省略号、反预期词语等，是悬念体的风格特征。读者一看到标题，就迫切地要求解悬，于是点击标题，打开正文阅读。

4.2 修辞及表达效果

4.2.1 修辞

陈望道先生（2001：187）把省略看成一种修辞，指出"话中把可以省略的语句省略了的，名叫省略辞"。谭永祥（1996：107）设立修辞新格"留白"，定义为"留出艺术空白让听者、读者自己去填补，这种修辞手法叫留

9

白"。刘云(2004)也指出，采用语义留白的方式让该说的内容留在正文里说，起到吸引读者的作用。

可以看出，留白是让读者去想象填补的，省略是在上下文可以找回的。因此，本文所讨论的新媒体文章标题中的宾语省略，看成省略辞要好一些。

4.2.2 修辞动机

新媒体文章标题属于话语的一部分。作者(包括标题制作者、编辑或数据分析师)具有个人性和机构性。个人性指作者的话语只为个人的利益服务，比如个人微信公众号的话语。机构性指作者的话语为所代表的机构的利益服务，比如官方媒体的话语生产。

新媒体文章标题在制作时就具有指向性，即指向读者或潜在的、想象的读者。作者通过话语修辞手段，从表达策略、修辞策略、谋篇布局等方面来实现对读者或潜在的、想象的读者的拉拢或说服，这就是修辞的动机。

作者或媒体为了向读者推介文章，对读者观点或意识形态进行说服，在表达策略上，将读者或潜在的、想象的读者所期待的信息安排在句末，即宾语的位置，体现了从旧信息到新信息的编排策略。在修辞策略上，巧妙运用省略辞，形成信息缺省。在谋篇布局上，标题相当于谜面，巧设悬念；正文相当于谜底，揭晓答案。

4.2.3 修辞效果

4.2.3.1 语义重心的缺省效应

一句话的语义重点通常在陈述部分或谓语部分，如果谓语部分带有宾语，宾语通常成为语义的重点，或称"自然焦点"。Bolinger(1952)曾提出一条"线性增量原则"，是说在没有干扰因素的条件下，随着句子由左向右移动，句子负载的意义越来越重要。Fibras(1992)进一步提出"动态交际值"(degree of communication)的概念，简称"CD值"，指出一个陈述句符合

"线性增量原则"，从左向右 CD 值逐渐增高（参看沈家煊，1999：226-228）。

在新媒体文章标题中，宾语是自然焦点，是语义的重点，CD 值最高。作者将语义重心省略，读者期待的重要信息在标题中得不到满足，从而激发其点击标题阅读正文的强烈欲望。

4.2.3.2　渲染造势的叠加效应

在语义重心缺省的情况下，作者为了渲染造势，运用多种词汇语法手段，造成多重叠加效应。例如：

（58）惊恐！半夜点蚊香炸翻屋顶 一家 5 口重伤 原因竟是……（新浪网，2018-07-10）

（59）没想到，孩子的眼里，最辛苦的人竟然是……（澎湃新闻，2018-07-14）

（60）男子下楼取快递捡到一个编织袋，打开一看，吓得报警！里面竟全是……（凤凰网，2018-09-23）

（61）美女租房后，推开门一声尖叫，里面竟然全是……（凤凰网，2018-09-19）

例（58）用消极情感评价词语"惊恐"，反预期词语"竟"；例（59）用反预期词语"没想到""竟然"；例（60）用消极情感评价语汇"吓得报警"，反预期词语"竟"；例（61）用消极情感评价语汇"一声尖叫"、反预期词语"竟然"，这些语言资源渲染造势，与宾语省略一起，形成叠加效应，将读者引向作者所期望的地方。

4.2.3.3　标题化的"吸睛效应"

在当今这个"碎片化阅读""快餐阅读"的时代，读者对文章标题的反应可以是顺应性的，即欣然接受；也可以是逆反性的，表现为拒绝或排斥；还可以是漠不关心，无动于衷。

为了抓人眼球，新媒体标题制作者首先需要在标题上下功夫。"吸睛"往往是第一步，而后才能"入胜"，进而"圈粉"，形成公众号的品牌和风格，而后才能提高网络文章的点击率，增强传播效果。

"吸睛"和"标题化"是相辅相成的，因"吸睛"而"标题化"，因"标题化"而"吸睛"。新媒体文章标题的宾语省略是产生"吸睛效应"的修辞策略。

5. 结　　语

在"碎片化"阅读时代下，如何抓人眼球？如何引导读者进行深度阅读？如何有意识地对读者进行拉拢或说服？这是事关新媒体传播力、引导力、影响力的重大课题。

新媒体文章标题巧妙地运用宾语省略的修辞话语，从表达策略、修辞策略、谋篇布局等方面来实现对读者或潜在的、想象的读者的拉拢或说服，产生了很好的表达效果。

◎参考文献

[1][俄]巴赫金：《诗学与访谈》，河北教育出版社 1998 年版。

[2]陈望道：《修辞学发凡》，上海教育出版社 2001 年版。

[3]胡壮麟，朱永生，张德禄，李战子：《系统功能语言学概论(修订版)》，北京大学出版社 2008 年版。

[4]刘云：《汉语篇名中的省略号》，载《汉语学习》2004 年第 3 期。

[5]沈家煊：《不对称和标记论》，江西教育出版社 1999 年版。

[6]谭永祥：《修辞新格》，暨南大学出版社 1996 年版。

[7]尹世超：《标题语法》，商务印书馆 2005 年版。

(本文原载《广西师范学院学报》2019 年第 4 期)

英汉因果标记的不对称性及其认知机理[①]

邓云华　　蒋知洋

（湖南师范大学外国语学院）

1. 引　　言

　　人类语言的语法系统建立总是遵循着一定的原则，其中之一就是经济原则。对于两个相对的范畴，一种语言一般只设立一个语法形式来标记一方，另一方则用零形式表示，一般不会双方各设立一个标记来表示，因为那样就不够经济。对于两个相对的范畴，到底哪一方会用语法形式标记，哪一方会采用零标记，是有原则可循的，可以用语言应用的例子来说明。比如，英语的名词有单数与复数的形式差别，单数是大多数现象，复数是少数现象。再如，英语、汉语、法语等有主动句和被动句的形式区别，主动句为常见的结构，被动句为少有的结构，选择标记时人们会标记少数现象，如复数和被动句。这一点也印证了语言表达的经济示差律，即语言表达时示差与经济处于对立统一的关系，人们往往通过最经济的形式以达到最有效的示差(徐盛桓，2001)。

　　学界关于因果标记的认知研究不多。张滟(2012)分析了因果关联词的

---

　　①　本文为湖南省社科基金重点课题"英汉因果关系标记个性和共性的认知研究"(项目编号：16ZDB013)和国家社科基金课题"英汉因果复句句法语义的历时演变及其认知研究"(项目编号：16BYY017)的阶段性成果。

句法—语义—话语界面框架，指出因果关联项的主观性意义标记程度是逐步演变的，据此深入阐释了因果复句的句法行为。曾冬梅、邓云华、石毓智(2017)通过对比英汉因果标记的特征指出，汉语的语法标记具有独特性，即汉语的一些语法标记既可标记原因，又可标记结果。荣丽华(2017)通过定量研究，对汉语常用的因果标记进行了分类。朱献珑(2017)以汉语和英语为主要例证，对因果标记词汇的最初意义进行了对比分析。邓云华、齐新刚(2019)从识解的角度对比研究了英汉原因标记分句语义的主观化历程。本文基于以往关于因果标记的认知研究，遵循"基于心智是语言最基本的性质"(徐盛桓，2011)的原则性论断，以心智哲学中的"意识"和"意向性"维度以及识解理论中的"视角"维度为理论观照，探求语言运用中因果标记不对称性的深层认知机理。

2. 因果关系在认知上的不对称性

根据人们的认知心理，原因往往先于结果，条件往往先于行动(邓云华、郭春芳，2016)。然而在结果没有发生之前，也就无所谓原因了，它们甚至不会进入人们的认知视野，也不会出现于话语交际中。因果事件关系的认知方式大多为"由果溯因"，基于已知的结果发掘结果事件的原因(朱献珑，2017)。也就是说，认知过程与现实过程正好相反，人们先认知结果，然后再尝试获知原因，原因是这个认知过程的焦点。"由果溯因"的意识活动体现了认知主体自我意识与对象意识的统一。例如：

> (1)古代有一个渔翁，一天，在井里网捞了两条大鲤鱼；第二天，
> 在井里捞到了三条鲫鱼；第三天，仅仅捞到了几只米虾；第
> 四天，第五天……什么也没捞到，这是为什么呢？(http://
> edu.sina.com.cn/gaokao/2007-05-21/162283637.html，引用时间
> 2019 年 9 月 25 日)

例(1)中，"由果溯因"的认知过程为，首先我们看到结果事件：渔翁

每天去井里捞鱼，但捞到的鱼越来越少，由此结果现象，人们往往会好奇结果背后的原因："为什么渔翁捞到的鱼越来越少呢?"根据看到的结果去追寻事件的原因是人们对已发生的结果事件的一种自然的反应，是正常的认知心理。

原因和结果作为一组相对的范畴，但它们并不像"肯定—否定"或者"单数—复数"那样在使用频率上存在着明显的差别，因为原因和结果总是相伴相随。认知主体首先确定一个现象是"结果"，基于由已知探求未知的意向性，选定注意对象，进而反溯其原因为何，由此实现"原因"在认知过程中的聚焦。

3. 因果关联词语义和语用特征演变的不对称性①

本节将从语义来源和语用频率演变两个方面来详细分析英汉因果关联词的不对称现象。

3.1 因果关联词语义来源的不对称性

在历时演变过程中，英汉原因和结果关联词的语义在来源上表现出极大的不对称。根据其语义特征，我们把它们归为以下六类。

---

① 语料来源：本文语料数据主要源于作者和课题组成员自建的语料库。古英语语料来自文学作品 *Beowulf*；中古英语语料来自作品 *The Canterbury Tales*, *Sir Gawain and the Green Knight*；近代英语语料来自 *Romeo and Juliet*, *The Sonnets*, *The Taming of the Shrew*, *The Tragedy of Hamlet*, *Prince of Denmark*, *The Tragedy of King Lear*；现代英语语料来自 *Pride and Prejudice*, *Jane Eyre*, *The Scarlet Letter*, *Great Expectations*；当代英语语料来自 *The Great Gatsby*, *The Moon and Sixpence*, *In Between the Sheets*, *White Noise*。上古汉语语料来自《国语》《论语》《尚书》《左传》，中古汉语语料来自《法显传》《搜神记》《拾遗记》《世说新语》，近代汉语语料来自《红楼梦》《水浒传》《西厢记》，现代汉语语料来自《阿Q正传》《边城》《倾城之恋》《围城》，当代汉语语料来自《青春之歌》《城南旧事》《活着》《蛙》《陆犯焉识》。

3.1.1 初始义为"原因"义

因果关系认知中的不对称性，反映在语言上即表达"原因"和"结果"的标记呈现不对称性，主要表现为表达"原因"的词汇语法化为因果连词，因"原因"的识解角度不同而产生了不同的语法标记。

从逻辑上讲，"表达原因"和"表达结果"的词语同样都有可能发展成因果连词，因为两者的地位是平等的。然而事实并非这样，"原因"是"由果溯因"意识活动中的意向关指对象，是因果认知过程的焦点，明确的证据是各种语言因果连词语法化的来源。在汉语和英语中，因果连词的语法化词汇来源更多的是"原因"概念的词语，很少有"结果"概念的词语。一般来说，人们都是站在结果的位置来观察和解读原因的特征。这就好比观赏庐山风景，观察者在感受庐山的面貌，却不会同时感觉自己所站位置的山川地形。

英语里初始义为"原因"义的原因关联词是"because"；汉语里初始义为"原因"义的原因关联词是"故""缘""所以"。

当代英语中使用频率最高的原因事件的标记是"because"，它最初出现于中古英语，根据 *Webster's New Collegiate Dictionary* (11*th Edition*) 和 *Oxford Dictionary of English Etymology* (11*th Edition*)，bi(by/be) 和 cause 结合成一个词以后用作连词，形式为 by cause that。现代英语里存在相同的原因标记词语 by reason of，此 reason 表达"原因"。法语的 par cause de 也是标记原因的连词，其中的 cause 与英语的对应词意思相同。英语的 because of 则专门标记表示原因的名词短语。英语中虽然有一个 as a result(结果)，但是它的使用频率很低，并不是一个典型的因果连词。

在古代汉语中，先后有"故""缘""因"等表达"原因"意义的实词语法化为因果连词，然而却没有一个因果连词是来自表达"结果"概念的实词。其中"故"的来源和用法很有启发性，与其他三个标记不同，它主要标记结果小句，但它是来自表原因的词语，而不是表结果的词语。

作为因果关联词，古汉语的"故"的初始义也是"原因"或"理由"。

例如：

(2)王问于内史过曰："是何故？固有之乎？"（《国语》）

和英语的"because"不同，经过语法化后，汉语的"故"被用来引入结果事件。例如：

(3)夫君子之居丧，食旨不甘，闻乐不乐，居处不安，故不为也。
（《论语》）

"故"与"缘"意义相似，近代汉语里，它们一起结合为双音词"缘故"，作名词，意为"原因或理由"。例如：

(4)小姐寄来这几件东西，都有缘故，一件件我都猜着了。（《西厢记》）

但是，和"故"完全不同，作因果关联词时，"缘"仅标记原因。例如：

(5)虽欲率物，亦缘其性真素。（《世说新语》）

汉语的"因"最初作为介词使用时，意思是"通过、依靠"，即"依靠某人完成某事"（马贝加，1996），后来作为介词和连词，拓展出"原因"的意义。现代汉语的双音词"因为"为出现频率最高的引入原因事件的连词。例如：

(6)因为诬上，卒从吏议。（《报任安书》）

(7)因为夜间玩月观花，被风刮至于此。（《西游记》）

在现代汉语里，"所以"为出现频率最高的标记结果事件的连词，但其初始意义为"原因"。先秦时期，"之所以"就是一个惯用法，相当于"……的原因"。例如：

(8)先王名士达师之所以过俗者，以其知也。（《吕氏春秋》）

"之所以……以"是先秦时期汉语的一个稳定构式，"之所以"所在的部分表达结果，"以"引出原因。现代汉语书面语里仍保留这一格式，只是"以"变成了"是因为""为了"等。例如：

> （9）恩娘永远也不会知道……之所以得到焉识的眷顾，都是因为她的怪虐。（《陆犯焉识》）

"之所以"一般和原因分句关联词"是因为"搭配为框式连词结构，前后呼应，但"之所以"偶尔也单独使用。

3.1.2 初始义为"目的"义

从自身需要出发，通过观念和意识的作用，说话人预设事件的目标和结果，故结果类同于因果事件的"目的"。此类标记虽是从"目的"角度来识解结果，但是这类标记只可引入原因，不可引入结果。英语介词"for"的一个主要用法是标记目的，后来它拓展出原因的意义。例如：

> （10）Robert is going to get materials for a new book. （目的）
> （11）Many thanks to you for what you have told me. （原因）

汉语的"为"是最常见的目的标记，基于"目的"意义进而引申出"原因"的意义，引入原因。例如：

> （12）岂不穀是为？先君之好是继，与不穀同好……（《左传》）（目的）
> （13）何为哭吾师也？（《穀梁传》）（原因）

现代汉语里"为"常用于双音词"为了"。"为"和"因"结合为双音词"因为"，标记原因事件。

3.1.3 初始义为"来源"或"工具"

如果将原因视作导致结果的"起源"或实现结果的"工具"，因果关系则可以被识解为来源关系。英语中"from"语义为"来自",标记起源;介词"with"语义为"用"或"以",一般标记工具。两者均可标记原因。例如:

(14) They got tired from irrigation yesterday.

(15) She was shivering with cold.

汉语"由"的初始义为"随从",如"信马由缰"。在古汉语中,"由"一般用来标记动作事件来自何时、何地或何人,即表示动作行为的"来源"。例如:

(16) 信不由中,质无益也。(《左传》)

"以"和"用"均是古今汉语中高频使用的"工具"类介词标记,它们后来皆演变为引入原因。例如:

(17) 而吾以捕蛇独存。(《捕蛇者说》)(工具)

(18) 勿以兄弟之情,误了国家重事。(《水浒传》)(原因)

(19) 故敬其事,则命以始;服其身,则衣之纯;用其衷,则佩之度。(《左传》)(工具)

(20) 我祖底遂陈于上,我用沈酗于酒,用乱败厥德于下。《尚书》(原因)

3.1.4　初始义为"时间"义

英语的"since"最初标记时间事件,意为"自从……;自……以来(后)","since"引入的事件先发生,根据其事件发生的先后顺序,先发生的自然是原因,后发生的自然是结果,由此"since"衍生出标记原因事件的意义。例如:

(21) I have brought him up ever since he was three years old, and his name is Tranio. (*The Taming of the Shrew*)(时间)

(22) And since I cannot do it, Jane, it must have been unreal. (*Jane Eyre*)(原因)

英语的"as"最初标记时间分句，意为两个事件同时发生。在此基础上自然衍生出标记原因的意义，即原因出现时，结果随之出现。例如：

(23) He…seem'd to ask…as he was drinking. (*The Taming of the Shrew*)(时间)

(24) As she was no horsewoman, walking was her only alternative. (*Pride and Prejudice*)(原因)

汉语的"既"最初为副词，意思为"已经(完成)"，前一事件的完成，自然产生后一结果事件，"原因"意义就此引申出来。例如：

(25)既毕，宾、飨、赠、饯如公命侯伯之礼而加之以宴好。(《国语》)(时间)

(26)既来之，则安之。(《论语》)(时间和原因)

(27)既然我坐首席，那我就行令吧。(《蛙》)(原因)

例(25)的"既"为"时间"义，意为"已经"，这是最初的意义；例(26)中为过渡的意义，既有"时间"义，又有"原因"义；例(27)中已从"时间"义完全演变为"原因"义，且已双音化为"既然"。

3.1.5 初始义为"程度"义

英语里常用的结果事件标记"so"源自其程度副词，意为"如此、这么"。程度高自然有可能导致某种结果的产生，"so"就被引申为标记结果，但不标记原因。例如：

(28)…and poisonous breath; so I bring with me breastplate and board. (*Beowulf*)

（29）I put down my notes and eased her around slightly so that she looked straight up as I spoke. (*White Noise*)

表示"程度"义时，"so"有时还和连词"that"前后呼应，整个复句表达因果关系，如例(28)。大多数情况下，"so"单独使用引入结果分句。但有时它可以和连词"that"结合，一起引入结果事件，说明原因事件直接导致了结果事件，原因和结果事件有紧密的联系，如例(29)。

3.1.6 初始义为"地点"义

英语中结果事件的标记"therefore"最初既表达"时间"义，也表达"地点"义，"fore"意为"前面的，之前的"，"there"最早是表示某个地方或已发生的事情，"there"和"fore"联结，一起回指前面的原因分句(朱献珑，2017)。

基于上述的描述和分析，我们把英汉因果标记的语义来源进行具体总结，见表1。

表1　英汉因果标记的语义来源①

初始义/语言	英语	汉语
原因	because	故，因，缘，所以
目的	for	为
来源/工具	from，with	以，用，由
时间	since，as	既/既然
程度	so	×
地点	therefore	×

———————

① 考虑到语料规模的庞大和因果关联词的典型性，本文的语料搜集对象主要为语用频率较高的因果关联词，频率很低的特别是当代语言中已废弃的因果关联词没有被收入，如英语的 hence、consequently，汉语的"缘"等。

表 1 显示，英语因果标记主要源自原因、目的、时间、程度、来源/工具和地点等词语，汉语因果标记主要来自原因、目的、时间或来源/工具等词语。它们标记因果事件的不对称性表现在：①英汉因果关联词的初始义都主要为表原因、目的、时间或来源/工具意义的词语，英语还有表达程度意义的词，没有表达结果意义的词语；②英汉因果标记的初始义都与原因意义相关，都不与结果意义相关。因果关联标记的初始义的偏向也说明了说话人对原因的一种主观的关注和凸显。英语尤其如此，后文提到的因果关联词频率的差异也将进一步证明这个观点。

3.2 因果关联词语用频率演变的不对称性

首先，英语因果关联词的语用频率从古至今一直表现出较大的不对称性，语料数据统计，见表 2。

表 2　英语因果关联词的语用频率的演变

关联词	上古时期	中古时期	近代时期	现代时期	当代时期
原因关联词	67(50.76%)	747(79.55%)	427(73.49%)	955(79.12%)	343(59.04%)
结果关联词	65(49.24%)	192(20.45%)	154(26.51%)	252(20.88%)	238(40.96%)
共计	132(100%)	939(100%)	581(100%)	1207(100%)	581(100%)

表 2 显示，在演变过程中，英语因果复句中原因分句关联词的语用频率一直高于结果分句关联词，特别是从近代到现代，原因分句关联词的语用频率较多地超过结果分句关联词。它们语用频率的优先序列为：原因分句关联词 > 结果分句关联词。

我们又对英语原因关联词语用频次和结果关联词语用频次的演变情况分别做了统计，见表 3 和表 4。

表3 英语原因关联词语用频次的演变

原因关联词	上古时期	中古时期	近代时期	现代时期	当代时期
as	19	41	19	113	29
because	1	20	26	328	203
for	31	549	307	482	90
since	16	137	75	32	21
共计	67	747	427	955	343

表4 英语结果关联词语用频次的演变

结果关联词	上古时期	中古时期	近代时期	现代时期	当代时期
so	52	75	77	138	228
therefore	1	98	51	75	3
thus	12	19	26	39	7
共计	65	192	154	252	238

表3显示，英语原因关联词语用频次序列演变的过程为：for＞as＞since＞because → for＞since＞as＞because→for＞since＞because＞as→for＞because＞as＞since → because＞for＞as＞since。英语原因关联词语用频次最高的前两位从"for＞as/since"演变到最终的"because＞for"，即初始义关联词演变的过程为"目的＞时间 → 原因＞目的"，目的和原因都属于原因类关联词。

表4显示，英语结果关联词语用频次优先序列演变的过程为：so＞thus＞therefore → therefore＞so＞thus→so＞therefore＞thus→so＞therefore＞thus→so＞thus＞therefore。英语原因关联词语用频次最高的基本上一直是初始义为程度意义的词"so"。

汉语因果关联词的语用频率从古至今一直表现出较大的不对称性，语料数据统计，见表5。

表 5　汉语因果关联词语用频次频率的演变

因果关联词	上古时期	中古时期	近代时期	现代时期	当代时期
原因关联词	25(5.39%)	70(15.84%)	2739(57.71%)	600(57.58%)	625(61.21%)
结果关联词	439(94.61%)	372(84.16%)	2007(42.29%)	442(42.42%)	396(38.79%)
共计	464(100%)	442(100%)	4746(100%)	1042(100%)	1021(100%)

表 5 显示，和英语不同，在演变过程中，汉语因果复句原因分句关联词的语用频次频率发生了较大的改变，其不对称性的特征一直发生变化。其优先序列演变的过程为：结果关联词>原因关联词→结果关联词>原因关联词→原因关联词>结果关联词→原因关联词>结果关联词→原因关联词>结果关联词。在上古和中古时期，结果关联词一直占据绝对的优势，但自近代起，标记原因分句的关联词占据了相对的优势(邓云华、李曦, 2019)。

在此基础上，我们对汉语原因和结果关联词语用频次的演变情况分别做了统计，见表 6 和表 7。

表 6　汉语原因关联词语用频次的演变

原因关联词	上古时期	中古时期	近代时期	现代时期	当代时期
因	3	22	1495	53	16
为	1	4	42	0	0
因为	0	0	206	484	502
由	3	6	8	0	0
由于	0	0	0	10	46
既	4	32	868	0	0
既然	0	0	118	53	61
以	2	0	2	0	0
用	12	6	0	0	0
共计	25	70	2739	600	625

表7　汉语结果关联词语用频次的演变

结果连词	上古时期	中古时期	近代时期	现代时期	当代时期
以	175	39	0	0	0
故	157	174	0	21	3
用	20	1	0	0	0
是以	60	28	26	0	0
是故	15	5	2	0	0
所以	8	17	587	311	278
因	1	98	757	0	0
故此	0	0	86	0	0
因而	0	2	5	0	11
因此	0	8	544	110	104
共计	436	372	2007	442	396

表6显示，汉语原因关联词语用频次优先序列演变的过程为：用>既>因/由>以>为→既>因>用/由>为→因/因为>既/既然>为>由>以→因为/因>既然>由于→因为/因>既然>由于。汉语原因关联词语用频次最多的前三位优先序列的演变过程为：工具>时间>原因→时间>原因>工具→原因>时间>目的→原因>时间>来源→原因>时间>来源。汉语里，主要原因关联词基本上一直是初始义为时间和原因意义的词。

表7表明，汉语结果关联词语用频次优先序列演变的过程为：以>故>是以>用>是故>所以>因→故>因>以>是以>所以>因此>是故>因而>用→因>所以>因此>故此>是以>因而>是故→所以>因此>故→所以>因此>因而>故。汉语结果关联词一直主要是初始义为原因意义的词。基于语料分析，我们总结出英汉因果关联标记不对称性演变过程具有三个主要特征。

①英语中标记原因分句的关联词语用频率一直高于标记结果分句的关联词，从近代起尤其如此；汉语中因果分句关联词频率在演变过程中发生了改变，从标记结果分句的关联词占优势发展到标记原因分句的关联词占

优势。②英语原因分句关联词频率的优势序列从初始义为目的义的关联词发展到"原因"义的关联词，汉语原因分句关联词一直是初始义为时间和"原因"义的关联词占优势。③英语结果分句关联词一直是初始义为"程度"义的关联词占优势，汉语结果分句关联词一直是初始义为"原因"义的关联词占优势。

总之，经过历时的演变，英汉因果分句关联词都倾向于标记原因分句，特别是英语；英汉原因分句关联标记都以初始义为原因类意义的关联词为主，但汉语还包括初始义为时间的关联词；英汉结果分句关联词一直都是初始义为"原因"义的关联词或与"原因"义相关的"程度"义关联词。一句话，英汉语中，标记原因分句的关联词都是初始义为"原因"义或与"原因"义相关的关联词；同时，标记结果分句的关联词也是初始义为"原因"义或与"原因"义相关的关联词，都不用初始义为"结果"义的关联词。因为因果关系认知中的不对称性，反映在语言上即表达"原因"和"结果"的标记呈现不对称性，主要表现为表达"原因"类意义的词汇语法化为因果连词；因"原因"的识解角度不同而产生了不同的语法标记。

3.3 汉语因果连词中回指代词的标记对象

古今汉语中存在大量的复合连词，这些连词多包含一个代词成分，用于回指其前出现的事件。根据对世界数百种语言的调查研究（Heine & Kuteva，2002；Traugott & Heine，1991），汉语这种回指现象不见于其他语言，比如英语中就没有这种现象。现代汉语复合连词"因此""由此""于是"等的第二个语素就是来自代词回指。古今存在着多种代词回指标记，它们都遵循这样一个抽象构式：X 原因，Pro 回指原因+ Y 结果。

在回指的构式中，原因部分一定出现在前，指代词用于回指原因并引出结果。也就是说，不允许出现这样的构式：结果部分出现在前，其中的指代词回指结果部分。即使在现代汉语里，这一特点仍然限制着有关连词的用法。比如用"因为"引出的原因小句既可以出现在结果小句之前，也可以出现在结果小句之后。然而当用"因此"引入结果小句时，语序一定是固定的，只能是原因在前，结果在后。例如：

> （30）因为今天下暴雪，高速公路禁止通行。→高速公路禁止通
> 行，因为今天下暴雪。

> （31）今天下暴雪，因此高速公路禁止通行。→ ＊因此高速公路禁
> 止通行，今天下暴雪。

古代汉语中含有代词回指的因果构式十分丰富，其中的代词"是"与"兹"分别与"故""唯""以""用"等一起引入结果部分。例如：

> （32）为国以礼，其言不让，是故哂之。（《论语》）

从抽象构式"X 原因，Pro 回指原因 + Y 结果"中可以看出，认知主体在表述因果的意识过程中，先阐明原因，进而通过指代词的回指功能使原因再次焦点化，突显了认知主体关指原因的意向性。

4. 因果标记不对称性的认知识解

在语言应用的心智过程中，意识活动发挥了重要的作用（徐盛桓，2013、2014）。意向性是意识的关指所在，是对注意的选择做出定位。无论是认识还是实践，都属于对象性活动，要求认知主体具有关指对象的能力。基于关指能力，经过认知、实践活动，认知主体的心智与外部世界发生联系（徐盛桓，2010）。因果标记的词汇来源有多种类型，这都与人们如何识解因果关系有关，识解为从不同角度对同一个情境进行概念化的能力（Langacker，2008）。在"由果溯因"的认知过程中，活动主体基于心智对结果事件的体验，得到原初意识，同时在意向性主导下，对其进行回忆、联想和推理等格式塔转换，进而形成原因事件的反思意识，并用语言表达将其固着外化，如图 1 所示。

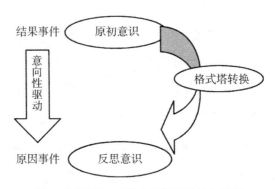

图 1　因果复句事件由果溯因的认知过程

　　识解的视角正是认知主体意向性主导下自我意识的关指所在，即对关指对象注意、选择、定位，进行回忆、联想、推理，是自我意识与对象意识统一的映现。在由结果事件原初意识向原因事件反思意识的格式塔转换中，认知主体会对因果事件中的多样构成元素进行关指和加工，由此实现识解视角的多样化。因果事件中"来源""工具""目的"等构成元素与促成结果出现的原因紧密相关，正如无论庐山是"横看成岭"还是"侧成峰"，均在于观察者观赏的视角。认知主体正是因为意向性的驱动，在由结果事件原初意识到原因事件反思意识的格式塔转换中，对原因事件中的构成要素分配注意、行使选择，既鉴照了转喻的思维机制，也解释了为什么表"原因"概念义词汇语法化的来源具有多样性。

　　同时，英语和汉语特别是英语因果分句关联词倾向于标记原因分句，英汉原因分句关联标记都以初始义为原因类意义的关联词为主，这两点特征说明，英汉人民在识解因果事件时，倾向更多地标记原因事件，即从图形—背景的角度理解，结果事件倾向于被识解成背景，原因事件倾向于被前景化，这正好也符合语言的自然信息结构，即从已知信息到未知信息。因此，作为前景，原因事件倾向被侧显。

5. 结　语

　　本文以心智哲学的"意识"和"意向性"维度及识解理论的"视角"维度为理论观照，探讨了语言运用中因果标记不对称性的深层认知机理。无论是"对象"的定位，还是"视角"的选择，都是认知主体在意向性主导下的意识活动。基于结果事件去关指、分析、推断原因事件，符合人类由已知出发探求未知的意识活动规律。如果将因果关系视作认知的基体，原因则是认知的侧显，这对因果关系语法化产生了重要影响，主要表现在如下三个方面：①只有表示原因概念的词汇演化成了因果标记，而表达结果概念的词语则鲜有这种发展，原因标记的手段远比结果标记的手段丰富；英语原因事件标记的频率一直高于结果标记的频率，汉语原因事件标记的频率从近代起一直高于结果事件标记的频率；②因为人们基于结果来反向识解原因，来源、工具和目的等均是原因事件中的构成元素，由此，相应的介词也发展成为原因标记，鉴照了人类的转喻思维机制；③有代词回指的构式中，回指的一定是出现在前的原因，而且这种构式的语序也是固定的，必须原因在前，结果在后。相比描述直观的客观结果，"由果溯因"需要更多的认知努力，而因果关系认知中的不对称性，反映在语言上即表达原因和结果的标记呈现不对称性，映现了语言运用中的经济示差律，契合了认知语法"现实—认知—语言"的基本观点。本文的研究还为语言的标记设计原理提供了新视角，同时也对语言类型学和语法化理论有所裨益。

◎参考文献

[1] 邓云华，郭春芳：《英汉因果复句逻辑语义的优先序列》，载《外语教学》2016 年第 6 期。

[2] 邓云华，李曦：《英汉因果复句语序和关联词标记模式的演变及其认知阐释》，载《中国外语》2019 年第 3 期。

[3] 邓云华，齐新刚：《英汉因果复句主观化的历程和机制》，载《外语教学

与研究》2019 年第 5 期。

[4]马贝加:《介词"因"辨义》,载《语文研究》1996 年第 2 期。

[5]荣丽华:《从标记词语的来源论因果复句的分类》,载《北京师范大学学报》2017 年第 2 期。

[6]徐盛桓:《语言学研究方法论探微——一份建议性的提纲》,载《外国语》2001 年第 5 期。

[7]徐盛桓:《心智哲学与语言研究》,载《外国语文》2010 年第 5 期。

[8]徐盛桓:《语言研究的心智哲学视角》,载《河南大学学报》2011 年第 4 期。

[9]徐盛桓:《意向性的认识论意义——从语言运用的视角看》,载《外语教学与研究》2013 年第 2 期。

[10]徐盛桓:《意象建构与句法发生——语法语义接口研究的"用例事件"模式》,载《华南理工大学学报》2014 年第 5 期。

[11]曾冬梅,邓云华,石毓智:《汉语兼表原因和结果的语法标记》,载《语言研究》2017 年第 3 期。

[12]张滟:《因果复句关联标记句法—语义研究——基于"交互主观性"认知观》,载《外国语》2012 年第 3 期。

[13]朱献珑:《汉英因果标记语法化的认知对比研究》,载《中国外语》2017 年第 4 期。

[14] Heine B, Kuteva T. World Lexicon of Grammaticalization. Cambridge: Cambridge University Press, 2002.

[15]Langacker R W. Cognitive Grammar: A Basic Introduction. Oxford: Oxford University Press, 2008.

[16] Traugott E C, Heine B. Approaches to Grammaticalization Vol. 1. Amsterdam: John Benjamins, 1991.

处所"被"字句处所角色的识别方式：优势和局限性

丁加勇

（湖南师范大学文学院）

1. 引　　言

处所角色充当"被"字句主语的句子就是处所"被"字句。汉语"被"字句的主语可以由处所角色充当，这个现象许多学者已经注意到，如吕叔湘（1980：56）、李临定（1986）、宋玉柱（1990）、吕文华（1990）、李珊（1994）、程琪龙（1995）、潘海华（1997）、范晓（1998：163）、张斌（2001：25）等。而其他语言如英语，处所角色很少做句子的主语特别是被动句的主语（潘海华，1997；束定芳，2000：117），这也体现了汉语"被"字句有特别之处，邓云华（2011）就把处所"被"字句看作特殊被动句。

储泽祥（2004）研究了处所角色宾语的判定及其典型性问题，指出了"处所宾语"一个术语有两种内涵的情况：一种处所宾语是一种语义范畴，与施事、受事、时间等相对立，是以动词与所带宾语的语义关系为基础对宾语进行分类的一个结果，表示动作行为直接涉及的处所，包括原点、经过、起点、终点；一种处所宾语是指由处所词或处所词组充任的宾语。其还指出了用"V +哪儿"判定处所角色宾语的不足之处，并提出判定处所角色宾语的双层形式标准。储文很好地区分了处所角色和处所词，为本文区分"被"字句主语位置上处所角色和处所词提供了很好的借鉴。

本文在前贤研究的基础上,讨论"被"字句主语位置上处所角色的识别问题,即识别"被"字句主语位置上的处所角色,涉及哪些方式,其优势和局限性如何。本文认为,在处所"被"字句中,处所角色作为动词的语义角色总跟动词发生一种格关系,当我们识别"被"字句的处所角色时,通常会涉及两种方式:利用方所标记识别处所角色和利用动词的格关系识别处所角色。后一种方式是动词配价的做法。这两种方式有其优势,同时也有局限性。处所角色由于占据"被"字句主语位置成了句式的论元角色,即受影响论元角色,所以本文提出了用动词配价和句式配价相结合的方式来处理处所"被"字句里处所角色的问题。

2. 处所"被"字句处所角色的句法形式

2.1 "被"字句处所角色采用"N·方"形式

"被"字句主语位置上的名词性成分大多是和后置方位词一起构成方位短语("N·方")充当处所角色的,即"被"字句主语位置上的普通名词入句后,往往要构成"N·方"形式,借助后置方位词赋予处所角色。如:

(1) 女更衣室的棚子上被人挖出一个个洞,经常发生有人偷看女更衣室的故事。(王朔《看上去很美》)

(2) 我打开灯,看见窗子上被人用手指捅出数不清的洞眼。(残雪《山上的小屋》)

(3) 八角桥西边路南京源路口有个汽车站,站牌上被涂了好多蜡,看不到站名。(《京华时报》2003 年 12 月 2 日)

其中的"女更衣室的棚子""窗子""站牌"都是普通名词或名词性短语,后面都有方位词,"N·方"在"被"字句主语位置上充当处所角色。

2.2 "被"字句处所角色由处所词语充当

处所词语在与动词组合时，可以借助处所词语本身的处所意义直接获得处所语义角色。也就是说，处所词语因自身的语义特点而带上一定的处所角色意义，在与动词组合时会自动获得处所角色。这类处所词又被看作"赋元方所名词"（刘丹青，2002）。比如"被"字句：

> (4)20 日，北部城市卡杜纳发生严重骚乱，<u>《今日报》设在当地的办公室</u>被人放火，整个城市的局面也随之失去了控制，许多年轻人挥舞棍棒刀具冲上街头，一边高喊"世界小姐是罪恶之源"，一边开展了"打砸抢"活动。（《环球时报》2002 年 11 月25 日）

其中的"《今日报》设在当地的办公室"是处所词语，在句中充当动词的处所角色。

但是由于这类处所词语具有实体性（事物性）和处所性双重意义（储泽祥，1997），为了确定处所词的处所角色身份，依然要借助后置方位词获得处所角色。储泽祥（2004a）把后置方位词的这种作用叫做择定作用。下面的句子有歧义：

> (5)宾馆被他们闹得乱七八糟。

"宾馆"可以是机构名称，指称事物，充当受事角色；也可以指称处所（"在宾馆闹"），充当处所角色。如果借助后置方位词"里"，"宾馆里"一般指称处所，如：

> (6)宾馆里被他们闹得乱七八糟。

由此可见，利用处所词本身的词汇意义来给处所角色赋元，存在局限性，依然要借助其他因素。

2.3 "被"字句处所角色由普通名词充当

"被"字句主语位置上的普通名词也可以直接充当处所角色,而不需要出现后置方位词。即普通名词没有借助后置方位词,而是借助动词的格关系获得语义角色(比如借助与动词的变换形式)。这说明,汉语里充当处所角色的形式不一定是处所词。下面是普通名词后没有后置方位词,直接充当"被"字句处所角色:

(7)宋全推测,估计侄女喝的酒被人"下了药"。(《重庆商报》2006年9月7日)

(8)刘先生回忆说,两三个月前他就发现自家房门被塞了口香糖,怀疑有人想撬锁。(《深圳晚报》2005年11月16日)

(9)推开重重防盗门,高闻正被屋里一片狼藉惊呆了:衣橱、书桌、音响柜、厅柜全被翻得乱七八糟。(陈凯《窃案追魂》)

其中,普通名词"酒""房门""衣橱、书桌、音响柜、厅柜"与动词有处所关系:"在侄女喝的酒里下了药""在自家房门上塞了口香糖""在衣橱、书桌、音响柜、厅柜里翻"。根据《动词用法词典》,"翻箱子、翻抽屉"中的宾语为处所,"翻钱"中的宾语为目的,可以说"在箱子里翻钱"。很明显,上面的句子不关注事物的具体方位,比如"塞"的具体方位应该是"房门的锁孔里",而"书桌"的具体方位可能是书桌上,也可能是书桌里。

"被"字句主语位置上的名词性成分如果没有出现后置方位词,处所角色就缺乏直观的认定依据,且事物的具体方位也不明确,从而导致处所角色的处所义减弱,此时句子在突出它的遭受影响义。比如有的句子就可以理解成"把"字句,而不是"在"字句,如例(9)可以说成:

(10)有人把衣橱、书桌、音响柜、厅柜全翻得乱七八糟
   *有人在衣橱、书桌、音响柜、厅柜全翻得乱七八糟

要注意的是,当普通名词在紧挨动词的位置(动词前后)与动词直接发

生处所关系时，要求强制性地出现后置方位词。如动词"画"与普通名词"本子"发生处所关系，要说成"在本子上画""画在本子上"或"画本子上"，不能说成"在本子画""画在本子"或"画本子"。以上述句子为例，可以说成：

（11）在这些饮料中投毒 　　　把毒投在这些饮料中

　　　在侄女喝的酒里下了药 　　把药下在侄女喝的酒里

　　　在自家房门上塞了口香糖 　把口香糖塞在自家房门上

　　　在衣橱、书桌、音响柜、厅柜里翻

不能说成：

（12）* 在这些饮料投毒 　　　* 把毒投在这些饮料

　　　* 在侄女喝的酒下了药 　　* 把药下在侄女喝的酒

　　　? 在自家房门塞了口香糖 　* 把口香糖塞在自家房门

　　　* 在衣橱、书桌、音响柜、厅柜翻

3. 利用方所标识别处所角色

现代句法理论认为，小句结构内的每个名词短语都应被赋予一个特定的语义角色（又称"语义格""题元"），赋格（或赋元）的途径则有形态变化、虚词标记、句法位置和语义条件多种（刘丹青，2002、2003：77）。汉语"被"字句主语位置上处所角色的识别，跟后置方位词、动词类型及其配价能力、句法位置和句子结构类型等因素有关。在处所"被"字句中，处所角色作为动词的语义角色总跟动词发生一种格关系，当我们识别"被"字句的处所角色时，通常会涉及两种方式：利用方所标记识别处所角色和利用动词的格关系识别处所角色，后一种方式是动词配价的做法。下面先分析利用方所标识别处所角色，然后再分析利用动词的格关系识别处所角色。

3.1 方所赋元

借助后置方位词赋予某个语言单位以特定的处所语义角色(即方所题元),是汉语方所赋元的一种主要形式,其中的后置方位词被看作赋予处所角色的标记。关于方所赋元,刘丹青(2002),储泽祥、彭建平(2006)有详细的分析,他们认为方所名词(方位词)常常用在一个名词短语后,使那个名词短语成为处所角色,并且方所角色通常需要由句法位置和方所标记共同赋予。储泽祥、彭建平(2006)认为,在动宾结构"V+N·方"里,N不是处所角色宾语,"N·方"才是处所角色宾语;"N·方"凭借自身的语义获取处所角色身份,在很大程度上不依靠动词来赋元;后置方位词是处所属性标记,如果N本身能表示处所,它可能隐去不用。比如下面的句子不成立:

(13) *他床睡觉。　　*你房间坐。　　*你小王呆着。

尽管其中的普通名词"床""房间""小王"占据的是方所角色常占的句法位置,即动词前状语位置,但句子不合法。如果加上方所标记成分,不但句子合法,而且普通名词作为方所角色的身份也非常明确,即:

(14)他床上睡觉。　　你房间里面坐。　　你小王那儿呆着。

又如下面的动宾短语:

(15)a. 放桌子　　关笼子　　撞墙　　藏箱子
　　 b. 放桌子上　关笼子里　撞墙上　藏箱子里

其中a句中的宾语没有方位词,为受事角色宾语;b句中的宾语(N·方)含有方位词,为处所角色宾语。其中宾语位置上的"N·方"可以凭借句法位置和自身的处所语义直接获得处所角色。

请看下面的"被"字句:

（16）a. 小小楼道里被鼓声震得山呼海啸了。

　　　b. 他们一进屋，屋里立刻就被塞得满满的。

　　这一组"被"字句的主语都被认为是由处所角色充当（宋玉柱，1990；吕文华，1990），a 句相当于"鼓声把小小楼道里震得山呼海啸了"，而不是"鼓声在小小楼道里震得山呼海啸了"（宋玉柱，1990）。b 句相当于"立刻就把屋里塞得满满的"，而不是"立刻就在屋里塞得满满的"。可见里面的处所角色跟动词的处所关系不是很紧密，但是被认定为处所角色，主要依据处所角色中的后置方位词，因为后置方位词有赋元作用（刘丹青，2002）。所以上述"被"字句的主语处所角色确定主要借助后置方位词。如果把这个方位词去掉，句子依然成立，"被"字句主语依然是处所角色，但是缺乏方位词那样的直接形式了。对比：

（16'）a. 小小楼道被鼓声震得山呼海啸了。

　　　 b. 他们一进屋，小小的屋子立刻就被塞得满满的。

3.2　优势和局限性

　　有了后置方位词，我们不仅可以很直观地认定它的处所角色身份，而且可以知道事物的具体方位。但是这种直观认定作用也存在局限性，它不能很好地判断处所角色与动词的密切程度。有的"N·方"作为处所角色，它和动词的处所关系也不太密切，不能用"在"一类的处所介词来引出，即动词与"N·方"的处所关系不能通过介词的格关系得到确认和实现，只能通过里面的方位词得到确认，句子依靠方所赋元。如"小小楼道里被鼓声震得山呼海啸了"中"小小楼道里"和动词"震"的关系不太密切，不能用介词"在"引出，即不能借助介词短语与动词的格关系来判断，而是直接使用方位词来确认。

　　利用方所标记识别处所角色，跟句法位置有关。结合句法位置利用后置方位词识别语义角色，是一种比较直观的识别语义角色的方式，可以用来准确区分处所角色与非处所角色。比如在状语位置上，后置方位词赋予处所格的能力很明显，如"你房间里面坐"。在宾语位置上，普通名词 N 后面的后置方位词是处所属性标记，这时"N·方"处所角色的获得，主要不是依靠动词而是依靠后置方位词(储泽祥，2006)，如例(15)"放桌子上"不同于"放桌子"。可见，在宾语位置，方所赋元的能力很明显。

利用方所标记识别处所角色，跟句子结构的类型也有关。比如存在句，在"N1+V+N2"的句子形式中，我们通常凭借 N1 是否有后置方位词来判断句子是否属于存在句，因为存在句要求句首是表示处所的词语。如：

> (17) a. 他的头上戴着一顶草帽。
>
>   b. 他戴着一顶草帽。

其中 a 句的 N1 含有后置方位词，属于存在句；b 句的 N1 不含后置方位词，为一般动词句(李临定，1986：79)。可见，在存在句中，用方所形式标示处所角色，作用非常明显。

以下是"被"字句，一句的处所角色有后置方位词，一句没有，也反映了后置方位词具有很强的标示处所角色的能力：

> (18) a. 长方形的黑板上被他们画上了一只很大的手表。
>
>   b. 整个黑板都快被他们写满了，五花八门、一应俱全。
>
> (19) a. 其中有对情侣写得格外肉麻，每张纸条上都被他们写满了"我爱你"的字样。
>
>   b. 那张纸已经完全被他们写满了。

其中，含有后置方位词的处所角色，处所意义要强一些，能变换成"在"字句，不能换成"把"字句；不含后置方位词的处所角色，处所意义要弱一些，能变换成"把"字句，不能换成"在"字句。即：

> (20) a. 他们在长方形的黑板上画上了一只很大的手表。
>
>   b. 他们在每张纸条上都写满了"我爱你"的字样。

     c. ＊他们把长方形的黑板上画上了一只很大的手表。

     d. ＊他们把每张纸条上都写满了"我爱你"的字样

(21)a. 他们把整个黑板都快写满了，五花八门、一应俱全。

     b. 他们把那张纸已经完全写满了。

     c. ＊他们在整个黑板都快写满了，五花八门、一应俱全。

     d. ＊他们在那张纸已经完全写满了。

    如果"被"字句主语没有方位词，就是普通名词充当主语了，其语义身份除了受事以外(受事不出现或者在宾语位置，如"整个黑板都快被他们写满了""整个黑板被他们写满了字")，还可能是处所，也可能是工具、材料角色等，如何识别就成了问题，不能依靠方所赋元，只能借助该名词与动词的格关系来识别。

    上述情况可以看出处所"被"字句中利用方所标识别处所角色的情况。

    ①处所角色可以借助后置方位词获得，所以后置方位词对"被"字句中作主语的名词性成分的处所角色的识别有很强的直观认定作用。处所角色带上后置方位词，能增强处所角色的典型性。

    ②通过方所标记获得处所角色，跟句法位置有密切关系。处在动词前后的处所成分位置离动词最近，与动词的关系最密切(动词的宾语或状语)，一般强制要求后置方位词获得处所角色。处在"被"字句主语位置的处所成分，由于离动词较远，与动词的密切程度降低，后置方位词可以不出现。但是当处所角色占据"被"字句主语位置时，其语义特征会发生变化，介词无法反映这种情况。

    ③名词性成分借助后置方位词，只能获得处所角色身份和具体的方位意义，不能判断处所角色与动词的密切程度，不能判断处所词语与动词发生怎样的处所联系(比如是场所、起点还是终点)，这些都还得借助动词的格关系才能解决。也就是说，这种处所关系最终要在动词的格关系中得到落实。

4. 利用动词的格关系识别处所角色

4.1 处所"被"字句里动词的格关系

先看下面的"被"字句：

(22)a. 日前，可口可乐韩国分公司召回在韩国三个地区销售的共
8 万瓶可口可乐饮料，原因是怀疑<u>这些产品被人投</u>
<u>毒</u>。……随后，韩国警方 10 日逮捕了一名姓朴的 41 岁女
子，她涉嫌<u>在这些饮料中</u>投毒。(《南方日报》2006 年 7 月
13 日刊)

b. <u>该大厦一民房内</u>又被查出 5 万张盗版碟。

在 a 句"这些产品被人投毒"中，主语位置上的普通名词"这些产品"的
后面没有方位词，但由于它与动词存在一种"动作—处所"的格关系，普通
名词"这些产品"被认为是动词"投(毒)"的处所角色，后面的"在这些饮料
中投毒"(一种变换形式)可以证明这一点。b 句主语位置上的处所角色尽
管含有后置方位词，但它与动词依然存在"动作—处所"的格关系，通过变
换形式还可以进一步弄清它其实是个起点处所角色，相当于"在/从该大厦
一民房内又查出 5 万张盗版碟"。这里的"被"字句主语位置上的处所论元
角色明显是借助动词的格关系得到的，是利用动词的格关系识别处所
角色。

利用动词的格关系识别语义角色，其实是考察动词用什么方式赋予与
它相关的名词性成分以何种语义角色，这其实反映了动词的配价能力和属
性，属于动词配价的做法。很多语义角色通常要借助专门的、通常是介词
性的标记来表示，比如汉语的处所角色主要是借助前置介词和后置方位词
来表示。

利用方所标记识别"被"字句主语位置上的处所角色，是一种重要的、

直观的方式。但是，这种处所关系最终要在与动词的依存关系中得到落实。同时，如果要进一步了解动词到底给了"被"字句主语何种处所角色，还要仔细辨认。所有这些均离不开动词的格关系。利用动词的格关系识别语义角色，是基于动词配价的做法，其中一个方法就是采用句式变换的办法去分析、推导动词语义角色的身份。袁毓林（1998、2003）从语法形式上界定了不同论元角色所应该具备的一套语法指标，为我们定义不同的语义角色提供了可把握的操作程序。詹卫东（2004）采用的对策是根据句式变换标准来定义动词的不同论旨角色，主张句式变换特征可以而且应该用来作为像施事、受事、工具、处所等论旨角色概念的形式定义标准。我们结合袁毓林（1998、2003）、詹卫东（2004）的做法来确定动词的处所角色类型。下面分析"被"字句中动词与语义角色的关系，主要关注动词赋予了主语位置上的处所成分以什么类型的处所角色，关注处所角色的来源。

4.2　处所角色与动词之间的处所关系密切

我们通常使用方所标记直接认定"N·方"为处所角色。如果仔细辨认"N·方"与动词的处所关系，就会发现不仅这种处所关系很密切，而且处所关系还有场所、源点、终点的区别。场所、源点、终点的区分主要依据袁毓林（2003）、詹卫东（2004）的做法。很明显，这种区分方式除了借助后置方位词，还借助了前置介词。句式变换的主要形式有：（NL 表示处所词语）

A1 式：在+NL+V（场所）

A2 式：从+NL+V（源点）

A3 式：往+NL+V（终点）

A4 式：V+在/往/到+NL（终点）

意思是，只能变换成 A1 式的，为场所角色（或事件处所角色）；能变换成 A2 式的，为源点角色；能变换成 A3 式或 A4 式的，为终点角色。从变换形式可以看出，动词给了它处所角色身份，其句法位置通常在状语位置或补语位置。当我们使用这种变换方式来确定"被"字句中 NL 的处所身份时，我们实际采用的主要是利用动词的变换方式。上述变换形式可以看做识别动词语义角色的句法格式。

（一）NL 为事件活动的场所

如：（b 句为 a 句的变换形式）

(23) a. 天一晴，你们就晒被子，外面的绳子上总被你们晒满了被子。

   b. 你们总在外面的绳子上晒满了被子。

(24) a. 那红色的砂石上被他踏出了一条白色的小路。

   b. 他在那红色的砂石上踏出了一条白色的小路。

(25) a. 一幢 4 层建筑的东面外墙上被导弹炸出两个大洞。

   b. 导弹在一幢 4 层建筑的东面外墙上炸出两个大洞。

（二）NL 为动作的源点处所

如：

(26) a. 昨天，该大厦一民房内又被查出 5 万张盗版碟。

   b. 在/从该大厦一民房内又被查出 5 万张盗版碟。

(27) a. 王老板的账上被划走了 4000 元。

   b. 从王老板的账上划走了 4000 元。

(28) a. 刘先生账上又被人分四次支取了 71100 元。

   b. 有人又从刘先生账上分四次支取了 71100 元。

（三）NL 为动作的终点处所，动词多为定位动词

如：

(29) a. 他家的墙上被人涂满了标语和图画。

   b. 有人在/往他家的墙上涂满了标语和图画。

(30) a. 她的酒里被人掺了东西。

   b. 有人往她的酒里掺了东西。

（31）a. 在葬殓完毕后，棺椁内又被倒入 4 升珍珠和 2200 块宝石。

　　　b. 又把 4 升珍珠和 2200 块宝石倒入棺椁内。

这类处所"被"字句需要注意以下两点。

第一，进入处所"被"字句的动词可以是"定位动词"（顾阳，1997）或置放动词（徐峰，1998），如上面的"晒""涂"；也可以是非定位动词或非置放动词，如上面的"踏""炸""查""划"。定位动词的基本义素里含有处所意义，可以指派处所论元，并在定位动词构成的事件中充当事件的结果（顾阳，1997）。但是非定位动词（非置放动词）的基本义素里没有处所意义，不能指派处所论元，就不好处理了。相比之下，定位动词带处所成分的能力要强于非定位动词，比如"桌子上被我放了一本书"可以说，但"桌子上被我看了一本书"不能说，可参考顾阳（1997）、潘海华（1997）的论述。

第二，动词的受事宾语往往要出现，没有必要把主语位置上的处所角色看成受事。

4.3　处所角色与动词之间的处所关系不密切

有的"被"字句，NL 与动词没有上述的变换关系，二者之间的处所关系不太密切，NL 的处所角色身份已不典型或不明显，但是 NL 与动词存在以下的变换格式：

B1 式：把+NL+V（NL 做"把"字句"把"的宾语）

B2 式：S+V+NL+N（NL 成了动词宾语的一部分）

①NL 与动词没有密切的处所义关系，动词真正的受事宾语没有出现，NL 通过转喻方式负载了受事的一些信息，在句子中成了二价动词一个必有成分，NL 的处所角色身份已不典型。此时句子变换成"在"字句倒显别扭，但能变换成"把"字句。如：

（32）床上被收拾得整整齐齐。

　　　房子里已被小偷翻了个底朝天。

存折里被取得一干二净。

（33）＊(他)在床上收拾得整整齐齐。

　　? 小偷已在房子里翻了个底朝天。

　　＊在存折里取得一干二净。

"收拾""翻""取"是个二价动词，它们真正的受事宾语应该分别是"床上的东西""房子里的东西""存折里的钱"一类。在这里，这个受事通过转喻的方式，用处所词语来表达，可以充当"被"字句主语，也可以做"把"字句"把"的宾语，即：

（34）把床上收拾得整整齐齐。

　　小偷已把房子里翻了个底朝天。

　　把存折里取得一干二净。

方位词表达是一种空间关系，表空间方位的处所词语就相当于容器，而空间存在的事物就是内容。比如我们可以把"清理桌子上的东西"说成"清理桌子、把桌子上清理一下"，把"收拾一下床上的衣物"说成"把床上收拾一下"。一般情形下，总是容器比内容显著，用容器转喻内容也是司空见惯的(沈家煊，1999a)。

②NL与动词没有密切的处所义关系，它与动词后面的宾语在语义上有领属关系，此时NL的处所角色身份已不明显。如：

（35）村里哪一年到了年关，都得被财主们逼死几个人。(转引宋玉柱，1990)

相当于"财主们都得逼死村里几个人"，动词"逼"与"村里"不一定有处所关系，但一定跟宾语"几个人"有领属关系。又如：

（36）10月16日，南京红山地区一家合资企业向红山派出所报案称，公司一办公室被人破窗入室偷走一台价值近2万元的手

提电脑。(《江南时报》2002 年 11 月 15 日)

该句相当于"有人破窗入室偷走办公室一台价值近 2 万元的手提电脑"。

4.4　优势和局限性

凭借动词识别语义角色，我们可以了解"被"字句主语位置上的处所角色跟动词的处所关系。对于处所角色与动词的处所关系密切的"被"字句，我们可以了解处所角色来源于何种处所类型，是来源于动作的场所、源点还是终点。对于处所角色与动词的处所关系不密切的"被"字句，我们可以分析出处所角色的转喻用法和领属用法，可以看出处所角色的处所义减弱的现象。所有这些都是利用动词识别处所角色的优点。

同时我们也看到，在上面那些认定处所角色的变换形式(A1～A4 式)中，句子和处所角色几乎已经没有受影响的意义。这说明如果只采用动词识别的方式理解处所角色，还不能准确地反映"被"字句的句式语义和处所角色的语义特征。我们几乎也找不到一个能与所有的处所"被"字句相对应的、能够互相转换的句式。这刚好反映了句式的独立性，符合构式语法的观点，即句式是一种"形式—意义"配对，有独立的语义(Goldberg，1995：5)。为此，我们还得借助句式来理解"被"字句的处所角色。通过动词配价和句式的结合和互动，比如处所"被"字句关注处所是否受影响，凭借与动词的变化形式，我们可以更进一步确定是动作的场所受影响，还是源点或终点受影响。

5. 利用句式配价来理解处所角色

5.1　句式义对"被"字句处所角色的影响

在处所"被"字句中，普通名词可以充当处所"被"字句主语，非定位动词(非置放动词)能进入处所"被"字句,这些情况用动词配价的做法都不能很好地处理,主要原因是因为动词配价没能反映"被"字句的句式义,即"被"字句主语总是受影响者角色。

比如,如果处所角色没有受影响语义特征,即使是定位动词,一般也不能用处所"被"字句来说。如:

> (37)头上戴了帽子。——*头上被戴了帽子。
>
> 银行卡里存着钱。——*银行卡里被存了钱。
>
> 床底下扔着一双鞋。——?床底下被扔了一双鞋。

主要原因是处所角色没有因动作行为而遭受影响。如果动作行为能使处所或当事人遭受影响,句子就成立了。如:

> (38)头上被戴上了一顶奇怪的绿帽子。
>
> 银行卡里莫名其妙地被存了4000元钱。
>
> 床底下被扔了一只死老鼠。

其中"奇怪的绿帽子"有侮辱当事人的意思,"银行卡里莫名其妙地被存了4000元钱"当然意味着领属者受损(但"存了钱"无受损义),"一只死老鼠"会给当事人造成影响,句子含有受影响的意义。

另外,上述提到的受事和处所词语有转喻关系的处所"被"字句,里面处所角色的处所义减弱了,但处所角色的受影响义增强了,主要表现为动词后带有结果补语或状态补语且受事宾语没有出现。上述提到的处所角色与动词后面的宾语有领属关系的"被"字句,这类"被"字句处所角色的处所义也减弱了,突显了处所角色作为领属者遭受损失。

5.2 用句式配价来理解"被"字句处所角色:受影响者论元

我们建议利用句式配价观来理解"被"字句的处所角色,主要是基于构式语法(Construction Grammar)以下观点:句式本身有独立的形式和语义;

动词跟句式相关但各自独立，框式结构(skeletal constructions)可以提供论元；构式可以决定动词论元的个数，句子中论元成分之间的关系和论元数目直接跟框式结构相联系。就像 Goldberg(1995：9-13)提到的不及物动词 sneeze 能带宾语用法、及物动词 bake 能带双宾语的用法等都是由它们所处的构式(如动补结构和双宾结构)赋予的一样。沈家煊(2000)针对动词价与句式价不一致的情况，提出了"句式配价"，句式配价是指抽象的句式配备的、与谓语动词同现的名词性成分的数目和类属(建议为了与传统所说的"动词配价"相区别，可以改称为句式的"论元")。句式配价理论认为，句式的配价或论元主要是由句式的整体意义所决定的，所以"王冕死了父亲"所属句式的整体意义要求这个句式有两个论元，尽管动词"死"只有一个参与角色。

利用句式配价理论来解决本文讨论的处所"被"字句，一个方法就是利用"被"字句句式义来理解主语位置上的处所角色。比如句式赋予处所角色哪些句法语义特征，通过怎样的方式让处所角色成为一个句式论元。按照构式语法理论，"被"字句作为一种构式，可以赋予句子一些句式论元，不仅赋予它句法特征，而且赋予它语义特征。"被"字句主语位置上的受影响者论元就是这样的论元，而动词的处所角色刚好充当了受影响者论元(参看丁加勇，2005、2006)，因为"被"字句主语位置上的处所角色含有受影响语义特征，并占据"被"字句主语位置，已经成了一种句式论元角色。这个含有受影响语义特征的句式论元角色主要是借助句式形成的，是利用句式特征理解处所角色。

基于构式语法的句式配价，强调"被"字句的句式义对处所角色的影响，强调用"被"字句句式特征理解处所角色，可以看出"被"字句处所角色已经成了句式的论元角色，即受影响者论元角色，这种做法可以弥补动词配价的不足。同时也应该看到，对处所角色的认定和句法位置的安排必须借助动词的格关系，即句式配价也离不开动词配价，句式配价要以动词配价为基础。

6. 小   结

①处所"被"字句有两点值得特别注意：一是处所"被"字句的谓语动词可以是非附着义动词或非定位动词，其处所身份不能从动词词库属性中得出，即不能从动词本身的句法语义属性中推导出来，那么这个表示处所身份的名词如何取得论元位置；二是普通名词可以直接充当主语，其处所身份如何识别。如下面"被"字句都是由普通名词直接充当主语：

(39) a. 操场几乎被坐满了，上千人说话、谈笑，发出巨大的嗡嗡声像一架飞机低空飞行。(王朔《看上去很美》第六章)

b. 原先的三十六张桌子已全被坐满，楼里新加的十二张桌子也都坐满了人。(明晓溪《烈火如歌》第一部)

c. 到了第3年，家里寄出的包裹突然被盖上了"查无此人"的印章，退了回来。

d. 我们到福建去的时候，很多海滩都被盖上了房子，都是什么什么人盖的。

②识别和理解处所"被"字句，可以利用方位词来实现，显示了方所赋元的重要性；也可以利用主语位置的名词和动词的格关系因素来确认；除此之外，还要考虑句式的因素，前两者主要是利用分析法从组成成分(动词和相关的名词性成分)中分析和推导处所角色，后者主要是利用综合法从句子的整体意义出发来理解和概括处所角色。利用方所标记识别处所角色，可以很直观地判断"被"字句处所角色的处所身份和事物的具体方位；利用动词识别处所角色，可以弄清"被"字句中的处所角色到底是哪一种处所角色类型(场所、源点、终点)以及处所角色的典型性；利用"被"字句句式特征识别处所角色，可以看出"被"字句中这个处所角色含有受影响语义特征，处所角色已经成了句式的论元角色。本文的分析表明，只有把分析法和综合法结合起来分析，把动词配价和句式配价结合起来分析，寻求动

词配价和句式的结合和互动，才能更全面更准确地理解"被"字句主语位置上的处所角色。

◎ 参考文献

[1] 程琪龙：《"语义结构"体现关系的探索》，载《国外语言学》1995 年第 3 期。

[2] 储泽祥：《现代汉语方所系统研究》，华中师范大学出版社 1997 年版。

[3] 储泽祥：《汉语"在+方位短语"里方位词的隐现机制》，载《中国语文》2004 年第 2 期。

[4] 储泽祥：《处所角色宾语的判定及其典型性问题》，载《语言教学与研究》2004 年第 6 期。

[5] 储泽祥，彭建平：《处所角色宾语及其属性标记的隐现情况》，载《语言研究》2006 年第 4 期。

[6] 丁加勇：《隆回湘语被动句主语的语义角色——兼论句式配价的必要性》，载《中国语文》2005 年第 6 期。

[7] 丁加勇：《湘方言动词句式的配价研究——以隆回方言为例》，湖南师范大学出版社 2006 年版。

[8] 邓云华：《英汉特殊被动句的整合方式》，载《外语教学与研究》2011 年第 2 期。

[9] 范晓：《汉语的句子类型》，书海出版社 1998 年版。

[10] 顾阳：《关于存现结构的理论探讨》，载《现代外语》1997 年第 3 期。

[11] 李临定：《现代汉语句型》，商务印书馆 1986 年版。

[12] 李珊：《现代汉语被字句研究》，北京大学出版社 1994 年版。

[13] 刘丹青：《方所题元的若干类型学参项》，载《中国语文研究》2001 年第 1 期。

[14] 刘丹青：《赋元实词与语法化》，载潘悟云主编：《东方语言与文化》，上海东方图书出版公司 2002 年版。

[15] 陆俭明：《词语句法、语义的多功能性：对"构式语法"理论的解释》，

载《外国语》2004 年第 2 期。

[16] 吕文华：《"被"字句中的几组语义关系》，载《世界汉语教学》1990 年第 2 期。

[17] 吕叔湘：《现代汉语八百词》，商务印书馆 1980 年版。

[18] 潘海华：《词汇映射理论在汉语句法研究中的应用》，载《现代外语》1997 年第 4 期。

[19] 沈家煊：《转指和转喻》，载《当代语言学》1999 年第 1 期。

[20] 沈家煊：《语法研究的分析和综合》，载《外语教学与研究》1999 年第 2 期。

[21] 沈家煊：《句式和配价》，载《中国语文》2000 年第 4 期。

[22] 束定芳：《现代语义学》，上海外语教育出版社 2000 年版。

[23] 宋玉柱：《处所主语"被"字句》，载《天津师范大学学报》1990 年第 1 期。

[24] 徐峰：《现代汉语置放动词配价研究》，载《语言教学与研究》1998 年第 3 期。

[25] 袁毓林：《汉语动词的配价研究》，江西教育出版社 1998 年版。

[26] 袁毓林：《论元角色的层级关系和语义特征》，载《世界汉语教学》2002 年第 3 期。

[27] 袁毓林：《一套汉语动词论元角色的语法指标》，载《世界汉语教学》2003 年第 3 期。

[28] 张斌：《现代汉语虚词词典》，商务印书馆 2001 年版。

[29] 张伯江：《被字句和把字句的对称与不对称》，载《中国语文》2001 年第 6 期。

[30] 詹卫东：《论元结构与句式变换》，载《中国语文》2004 年第 3 期。

[31] 朱德熙：《在黑板上写字及相关句式》，载《语言教学与研究》1981 年第 1 期。

[32] Dowty David. Thematic Proto-Role and Argument Selection. Language，1991，67(3)：547-619.

[33] Fillmore C. The Case for Case. In E. Bach, R. Harms (ed.). Universals in Linguistics Theory. New York: Holt, Rinehart and Winston, 1968. 译文见：胡明扬《“格”辨》，见《语言学译丛》(第二辑)，中国社会科学出版社 1980 年版。

[34] Goldberg Adele E. Construction: A Construction Grammar Approach to Argument Structure. Chicago: The University of Chicago Press, 1995.

动物量词的语义类型学研究

樊中元

(广西师范大学文学院)

1. 引　　言

　　量词的基本功能是计量，但是基于量词本身的附属性语义特征，量词又成为对名词进行语义分类的一种语言形式，在这个意义上，量词也被称为"分类词"(classifier)。量词对名词的分类主要体现在两者语义上的共性特征和句法上的组合表现。共性语义特征是形成量词和名词的组合基础，当具有某种语义特征的名词与某个量词的语义特征具有一致关系时，它们就可能形成句法上的名量适配组合关系。因此，当名词和量词形成现实上的组合关系时，这种组合就成为两者语义共性特征的形式表现。而在量名组合中，能与某个量词组合的名词可形成一个具有共性语义特征的聚合类，同时，该量词的语义特征也成为给名词分类的语义参项。从跨语言的角度看，由于语言系统、语言演变、历史文化和民族认知等不同，不同语言形成的量词系统也不相同，因而，以量词作为对名词进行分类的语义参项系统以及由此形成的名词类别也各不相同。从已有的研究看，人们对于量词分类功能的研究主要体现在从语义角度探讨量词的语义参项及其对名词的分类范畴上。Adams & Coklin(1973)通过对亚洲多种语言的考察，提出了量词对名词的三种分类范畴：人类/非人类、有生命/无生命、人类而有生命的/非人类而有生命的/无生命的。同时，他也发现实体形状对分类词有重要的作用。Aikhenvild(2006)依据量词和名词的选择关系，也提出了量词对名词进行分类的四个标准，即生命度、物理性质、功能性质、排列。Croft(1994)提出了量词对名词进行分类的语义特征的层级系统，即[有生性[动物/人类[亲属关系/地位<性别]、无生物/非人类[形状/维度]]]。张赪、王晓哲(2014)认为，有生性、形状、功用等是普遍存在于各个体量词型语言的个体量词系统中的语义参项。蒋颖(2009)从类型学角度对汉藏语系的名量词作了比较全面的研究，揭示了汉藏语系名量词的语法语义及其发展的层次特征等。具体语言中，汉语量词对名词的语义分类及其选择关系的研究比较深入。赵元任(1979)比较系统地从语义角度概括了量词和名词的组合关系。邵敬敏(1993)也从汉语量词的语义特征和语义选择关系上解释了汉语量词的语义参项及其与名词的选择关系。李锦芳(2005)对汉藏语系中的量词分别从语法、语义等角度进行了研究和描写，揭示了汉藏语系不同语言中的量词特征。

有关研究表明，在世界量词型语言中，作为一种分类形式，普遍地存在通过量词给动物名词分类的现象，从而形成了称量动物的量词。但从类型学角度对动物量词的进一步研究，包括动物量词在量词系统中的地位以及动物量词的语义特征等尚不充分。本文试图在比较广泛的语言调查基础上，对动物量词的语义系统特征以及动物量词的语义特征进行一些探讨，以期对量词语义的类型学研究提供一些参考。本文的量词都指个体量词。

2. 动物量词的语义关系

我们考察了 86 种世界量词型语言，① 主要是分析不同语言中动物量词

---

① 本文考察的语言及其语料来源主要有：《中国少数民族语言简志丛书》(1—6卷)(中国少数民族语言简志编委会)、《中国新发现语言研究丛书》(孙宏开主编)、《量词的跨语言研究》(李知恩)、《汉藏语系量词研究》(李锦芳)等。文中例子不再一一注明出处。

在量词系统中的语义关系和语义特征。

2.1 动物量词的语义关系

动物量词的语义关系是指动物量词在语言的量词系统中和其他量词形成的语义缺失、语义兼容、语义对立及语义层次等关系。语义缺失是指在某些语言中没有专门用来称量动物的量词，或者说量词语义特征系统中没有对动物进行分类的语义参项，也并不因此形成由量词对名词进行的动物名词的分类范畴。这样的语言主要有藏语、门巴语、仓洛语、维吾尔语、塔塔尔语等。语义兼容是指某些语言具有用来称量动物的量词，但该量词与称量人的量词相同，即称量动物和称量人使用相同的量词。因此，该量词在语义上具有[+动物、+人类]的兼容性特征。由于[+动物]与[+人类]都属于生命性特征，因此，这样的量词语义特征可表示为[+有生]。具有兼容性的[+有生]特征的量词，在量词语义系统中也就和其他[-有生]量词形成语义对立区别，并且在对名词的分类范畴上，指称人的名词和指称动物的名词就构成一个依据量词[+有生]参项而形成的名词类别。具有量词语义兼容的语言及其量词主要有黔东苗语的 dail、勉族瑶语(勉语)的 tau^{31}、京语的 kɔn^{33}、白语的 tə^{33}、村语的 lət^5、临高话的 tu^2、白马语的 ŋɡɐ^{53}、桑孔语的 aŋ^{55}、克蔑语的 tɔ^{31} 等。语义对立是指某些语言有专门用于称量动物的量词，该量词具有[+动物]语义特征，因而，这就和具有[+有生]共性的称量人类的量词形成[+人类]与[-人类]的语义对立，同时又与具有[+事物]语义特征的称量事物的量词形成[+有生]与[-有生]的语义对立。因此，我们也可以把语言中专门用来称量动物量词的语义特征表示为[+有生、-人类]。在世界量词型语言中，大部分语言都具有这样的量词，例如，汉语的"头、匹"、壮语的 tak^8、泰语的 tua^{33}、布赓语的 mbi^{44}、印尼语的 ekor、阿侬语的 dɯ^{31}、侗语的 tu^2、傣语的 to^1 等。根据我们对 86 种具有量词的语言的统计，分别具有语义缺失、语义兼容和语义对立的语言在量词型语言中的数量及其所占比例，见表1。

表 1　量词语言统计

	语义缺失	语义兼容	语义对立
数量	5	9	72
比例	5.8%	10.5%	83.7%

从表 1 的统计情况看，关于动物量词的语义关系表现为以下几个特点。

一是动物量词语义缺失的语言所占比例很少，只占所统计语言的 5.8%。具体来看，这类语言的量词具有这样的特点：量词不丰富，量词类别比较少，量词不是作为对名词进行语义分类的主要形式。这些语言中的个体量词一般除了表示度量的单位量词外，其他个体量词很少，并且没有称量人和动物的具有[+有生]语义特征的量词。少量的个体量词中，有的是从其他语言中借用过来的，如维吾尔语的 nɛper(位)等，有些是从该语言中的其他词类语义发生变化而作为量词使用的，如塔塔尔语的 typ(棵)、tal(根)、bet(页)，藏语的 phɔ^{55}pa^{52}(碗)、tshɣ^{55}(寸)等。另外，在语法特征上，数词和名词之间一般不用量词，形成数词和名词的直接组合。例如：

仓洛语：pu^{13}tɕ‘i^{55}la(蛇)jen^{13}(八)　　　八条蛇

门巴语：bar^{35}za^{35}(帽子)sum^{53}(三)　　三顶帽子

二是动物量词和人类量词形成语义兼容的语言也比较少，只占所统计语言的 10.5%。(村语和京语中，除了有动物和人类语义兼容的量词外，称量人还有另外的量词)称量人和动物使用相同的量词，这些量词具有[+有生]语义特征。一方面，这是称量人类量词的[+人类]特征和称量动物量词[+动物]特征融合形成[+有生]的兼容性特征；另一方面，这些量词也和称量植物及其他事物的量词形成[+有生]和[−有生]的语义对立关系。因而，这类语言在以量词作为对名词进行语义分类的参项时，形成的是有生名词和无生名词的范畴，使用时指称人的名词和指称动物的名词使用的量词相同。例如：

村语：tsi⁴(一) lət⁵(个) ŋa：u¹(人)　　　　　　一个人

tsi⁴(一) lət⁵(只) zɛŋ¹(羊)　　　　　　　一只羊

京语：ha：i³³(两) kɔn³³(个) ŋɯəi²²(人)　　　两个人

ha：i³³(两) kɔn³³(头) təu³³(牛)　　　　两头牛

桑孔语：ta31zɯŋ³³(客人) ŋa³¹(五) aŋ⁵⁵(个)　五个客人

a³¹mboŋ³¹(马) n̩i³¹(两) aŋ⁵⁵(匹)　　　两匹马

　　三是大多数语言中具有专门称量动物的动物量词，这类语言占所统计语言的 83.7%。专门称量动物的量词具有[+动物]语义特征([+有生、−人类])，它们在语言的量词语义系统中和其他量词形成语义上的[+动物]和[−动物]的对立关系，而在对名词的分类中，通过动物量词给名词分出动物名词类。在具有专门动物量词的语言中又有两种情况：一是大部分语言中只有一个动物量词，如越南语的 con、克木语的 dɔ、侗语的 tu²、黎语的 laŋ⁵³、仡佬语的 san³³、畲语的 thaŋ⁴等；二是在部分语言中，称量动物的量词有两个或两个以上，如汉语中有"只、头、匹、条、口、峰、尾"等，壮语中有 tak⁸、me⁶、ço⁶、pou⁴、ha：ŋ⁶，普米语有 stie²⁴、ʒʤie²⁴，泰语中有 tua³³、tɕ'ɯak⁴¹、tɕ'a：ŋ⁴⁵，日语中有匹、頭、羽等。

　　以上我们提到，Adams 和 Coklin 认为，量词对名词的分类范畴包括人类/非人类、有生命/无生命、人类而有生命的/非人类而有生命的/无生命的三种，Croft 也提出了量词对名词进行分类的语义特征的层级系统，即[有生性[动物/人类[亲属关系/地位<性别]、无生物/非人类[形状/维度]]]。根据 Adams 和 Coklin、Croft 等的相关研究以及我们的考察，我们认为，量词对名词分类的语义参项及其对名词形成的分类范畴可以简单概括为以下层级关系：

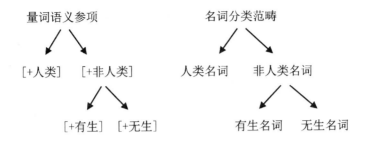

结合上述名词分类范畴或量词语义参项的层级关系，并根据我们对动物量词的考察，可以从动物量词的语义参项及其对名词分类形成的范畴角度概括为以下层级关系：

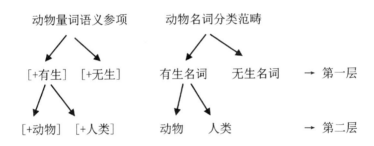

该层次关系体现的是：第一层次是称量动物的量词和称量人类的量词在语义上形成[+有生]的兼容关系，因而在名词上区分出有生名词和无生名词类；第二层次是称量动物的量词和称量人类的量词分别在语义上构成[+动物]和[+人类]的语义对立，因而在有生名词中区分出动物名词和人类名词。

2.2 动物量词的语义特征

在有专门用来称量动物量词的语言中，大部分语言只有一个动物量词，即该语言中所有的动物名词都使用同一个量词来称量。但是，在部分语言中，称量动物的量词却有两个或两个以上，这就形成了称量动物名词的量词系统。在这样的量词系统中，各量词成员或以交叉或以互补的方式和不同的动物名词进行语义上的选择性组合，即当某个量词和某些动物名词具有相同的语义特征时，它们就能形成量名组合，在这样的组合关系中，一方面反映了具有相同语义特征的动物名词所形成的类别；另一方面也体现了量词对动物名词进行分类时的语义特征，或者说语义参项。根据我们的统计，在72种具有动物量词语义对立关系的语言中，有19种语言有两个或两个以上的动物量词，占26.4%。同时，我们也对这19种语言的动物量词语义特征进行分析，并概括出形状、生命、性别和文化等四种语义特征。

2.2.1 形状特征

形状是事物呈现于外界的表象方式，也是人们感知和认识事物的基本依据，因而也成为人们对事物进行分类的主要标准。在量词型语言中，形状特征往往成为量词对名词进行分类的主要语义参项。在存在多个动物量词的语言中，通过形状特征对动物名词进行分类成为量词的一个主要的语义参项。这样的语言主要包括汉语、普米语、日语、独龙语等。

汉语中有比较丰富的称量动物的量词，如条、只、个、口、头、峰等（例如一条蛇、一只鸟、一口猪、一头大象、一峰骆驼等）。其中"条""口""头""峰"是具有形状义特征的量词。"条"表现的是整个动物的形状特征，特别是具有明显条状的动物，如蛇、鱼、蚯蚓等基本上用"条"称量，而其他呈长状而非条形状的动物如狗、牛等有时也可用"条"。"口""头""峰"体现的是动物局部的形状特征，这些局部形状由于在人们对动物的观察中具有显著的认知度，因而指称这些局部形状的名词在发展过程中容易虚化为称量动物的量词。普米语中，一般动物如牛、羊、马、鸡等可不需要量词，但是形状比较突出的"蚯蚓、蛇、毛毛虫、蛔虫"等要用形状量词 stie^{24}（条）。日语中称量动物的量词有"匹、頭、羽"，它们的功能也基本上是以动物形体大小来区分，小型兽类、昆虫类、鱼类用"匹"，大型动物用"頭"，鸟类和兔子用"羽"。独龙语中，一般动物都用 gɯ^{55}来称量，但是强调"大猪"时则专用量词 duŋ^{53}。瑶语（勉语）称量动物一般用 tau^{31}，但是体细小或呈圆形的动物如蚊子、团鱼等也习惯用 nɔ³³。连南八排瑶语中长条形动物如鱼、蛇等要用名量词 tiu⁵³，其他动物则用量词 tsa⁴⁴。纳西语中用于动物的量词有 phu⁵⁵、khɯ³¹、me³³三个，其中 khɯ³¹用于条形动物。京语中，动物一般用 kɔn³³称量，但在称量一些小动物时，可用量词 ka:i⁴⁵，两者显示了形体大小的区分。在动物量词的形状语义特征中，长条特征和体积大小特征是构成量词的主要特征。

2.2.2 生命特征

动物属于有生体，因此在部分语言中，人和动物使用相同的量词进行称量，以显示两者共同的有生特征。但是，在某些语言中，能够通过量词和名词的选择关系来反映动物是属于有生命态还是属于失去生命态，即动物的不同生命态选择不同的量词，以此在动物名词中分出生命态和非生命态的类别，这样的语言主要有汉语和普米语。汉语和普米语在称量名词"鱼"时，根据鱼的生命状况选用不同的量词。汉语中称量鱼的量词有"条"和"尾"，当称量是活鱼时，可以用"条"和"尾"，例如"我看到河里游着一条鱼"，可说成"我看到河里游着一尾鱼"；但当称量的鱼是死鱼时，就只能用"条"，而不能用"尾"，例如可以说"炒了一条鱼"，不能说"炒了一尾鱼"。普米语中关于鱼的称量是，在江河里的鱼一般不用量词，而称量用来食用的鱼要用量词 ʒdʒie²⁴，这实际也体现了鱼的生命态特征。

2.2.3 性别特征

性别是根据生物特征对人或动物进行划分的类属。世界语言中普遍存在着运用语言对性别进行表征的形式，从而形成语言的性别范畴。语言的性别范畴成为人们对人或事物进行性别指认的方式。语言中指称具有性别特征的成分是名词，但不同的语言对名词性别意义的表现形式不同。量词型语言中，部分语言的量词成为表达名词性别意义的语言形式。在有的语言中，称量动物名词时，需要区分出动物的性别特征。即在动物量词和动物名词的组合关系上，只有性别具有一致关系的动物量词和动物名词才能形成组合。这样的语言有壮语和哈尼语。壮语中，tak^8 和 pou^4 只分别称量公兽和雄禽，me^6 用来分别称量母禽、兽。哈尼语中的 phø^{55} 和 ma^{33} 可用来区别动物的性别，例如：

xa^{33} phø^{55} tɕhi^{31} phø^{55} 一只公鸡   xa^{33} ma^{33} tɕhi^{31} ma^{33} 一只母鸡

公鸡   一   只   母鸡   一   只

2.2.4 文化特征

语言是文化的载体，语言要素承载着文化意义。从跨语言的角度看，不同的民族语言反映了不同民族和社会的文化特征，不同民族和社会的文化含义通过不同民族语言表现出来。从载体形式看，语言中具有丰富的体现文化意义的手段和形式，包括语音、词汇和语法等。人们对语言中的文化研究，较多地从词汇形式分析其所包含的文化含义，但实际上，语音、语法等语言要素也承载着丰富的文化含义。作为以计量为主要功能的量词，在有些语言中还同时具有文化特征。泰语中可用来计量大象的量词有 tua^{33}、tɕʻɯak^{41} 和 tɕʻaːŋ^{45}，但是它们在计量大象时具有明显的文化功能特征，tua^{33} 计量大象时只能用于野象，tɕʻɯak^{41} 用于计量家里收养的大象，而 tɕʻaːŋ^{45} 用于计量皇家的大象。因此，泰语量词 tua^{33}、tɕʻɯak^{41} 和 tɕʻaːŋ^{45} 既体现了人们对于大象的认知特征，也体现了该民族对于大象的社会文化特征。缅甸语中计量动物的量词有 kɔŋ 和 si，但是 kɔŋ 是猪、牛、羊等动物的计量单位，si 是能用来骑的马、象等动物的计量单位。因此，缅甸语中通过动物量词 kɔŋ 和 si 来体现人们对动物功能差异的认知文化特征。傣语中计量动物时使用量词 to^1，而马还可用 tun^1 计量，但此时已经把马神化了，因此，量词 tun^1 体现了人们对动物"马"的认知义和文化义。

以上可以看出，动物量词的语义特征中，形态特征是动物量词的优势语义特征，在 19 种具有动物量词语义特征的语言中，有 14 种语言的动物量词具有形态语义特征，而生命特征、性别特征和文化特征分别只分布在较少的语言中。这种分布不均的现象和整个量词语义系统的特征是一致的。在各语言的量词语义系统中，主要是以人和事物的形态特征作为量词对名词进行语义分类的参项，也即量词对名词的分类主要是基于形态特征的。这是因为人们对事物及其自身的形态具有最直观的感觉，是对事物和自身的第一感应，在认知上具有突显性，因而最容易成为分类的标准，在类别上也具有易识性。

3. 结　　语

本文通过考察 86 种量词型语言，从类型学角度探讨了动物量词的语义关系和语义特征。从语义关系上看，动物量词具有语义缺失、语义兼容、语义对立以及语义层次等关系；从语义特征看，动物量词具有形态特征、生命特征、性别特征和文化特征等，而形态特征是整个动物量词语义特征中的优势特征。有关量词的研究表明，语言的量词及其语义系统的形成是与语言系统、语言演变、社会文化、民族信仰和认知特征等密切相关的，同样，语言中动物量词及其语义系统的形成也与语言、社会、文化、民族和认知等因素密切关联。探讨动物量词及其语义系统形成的动因是动物量词研究的重要组成部分，但是由于涉及的语言众多，研究范围比较广泛，调查材料比较繁杂，本文难以对各语言的动物量词的语义形成做出解释，因此，对此暂不展开讨论。

◎参考文献

[1]蒋颖：《汉藏语系语言名量词比较研究》，民族出版社 2009 年版。

[2]李锦芳：《汉藏语系量词研究》，中央民族大学出版社 2005 年版。

[3]邵敬敏：《量词的语义分析及其与名词的双向选择》，载《中国语文》1993 年第 3 期。

[4]赵元任：《汉语口语语法》，商务印书馆 1979 年版。

[5]张赪，王晓哲：《汉语和东南亚语言个体量词系统对比及个体量词教学》，载《海外华文教育》2014 年第 3 期。

[6] Adams K L, Coklin N F. Towards of Natural Classification. Paper from the 9th Regional Conference of the Chicago Linguistic Society, 1973: 1-10.

[7] Aikhenhaid A Y. Classifiers and Noun Classes: Semantic, In Asher(ed). The Encyciopedia of Language and Linguistics, Volum 2. Pergamon Press, 2006: 463-471.

[8] Croft Willian. Semantic Universals in Classifier Systems, Word 45. 21, 1994: 145-171.

(本文原载《重庆文理学院学报》2016 年第 6 期)

现代汉语"是/不是+N"格式的语义偏移现象研究

郭海瑞

（华中师范大学文学院）

1. 引 言

　　语义偏移作为一种跨语言的普遍现象，在世界语言中具有类型学的意义。邹韶华(1986、2001、2004)、沈家煊(1996、1999)、张家骅(2001)等都分别对汉语、英语、俄语中的中性词的语义偏移现象进行过深入研究。关于汉语中性词的语义偏移问题，最早是由吕叔湘先生在 1983 年第 5 期《中国语文》上发表的一篇短文《中性词与褒贬义》里提出来的。该文章指出，有些中性意义的词，连起"有"字来用就有了褒义或贬义的色彩，前者如"这就看他的人缘儿了(中性) | 他很有人缘，你放心。(含褒义)"；后者如"他们两个人的看法不一样(中性) | 群众对这个领导有看法(含贬义)"。

　　邹韶华先生认为，吕先生的见解可以看作汉语中性词语义偏移研究的开端。此后，他便对现代汉语中性词的语义偏移现象进行了系统研究，先后发表了《名词在特定环境中的语义偏移现象》(1986)、《中性词语义偏移的原因及其对语言结构的影响》(1988)等文章，对汉语中性词语义偏移的类型及其制约因素进行了深入探讨，尤其是提出语境频率联想理论，对中性词语义偏移的原因进行了解释。邹先生(1986)认为,汉语的语义偏移情况非常复杂,通常是某些名词出现在某些特定格式里,使原本中性的格式产生了向两极偏移的语义特点,而在这些格式中,能产性较强的主要包括"有/没有+N"和"是/不是+N"等,此外,还包括一些已经固定的格式,如"要 N1 有/没 N1,要 N2 有/没 N2"和"N1 是 N1,N2 是 N2"等。关于"有/没有+N"等格式,前人的研究成果已经十分丰富,而对于"是/不是+N"格式的语义偏移问题,目前只有在邹韶华(1986)、曾小明(2008)等少数几位学者的文章中可以粗略看到,但大多没有对其展开分析。为此,本文主要对该格式的语义偏移现象进行详细探讨。

语义偏移,概括来讲,主要指一些原本是中性的格式,出现了向褒义或贬义方向偏移的倾向。而关于语义偏移问题,前人研究中达成的共识主要有以下几点:①语义偏移的类型主要分为两种——向积极意义的偏移和向消极意义的偏移,但各家对积极意义和消极意义的具体界定有差异;②语义偏移的方向,向积极意义偏移的现象占多数,向消极意义偏移的现象很少,可以进行穷尽性的概括。而对于语义偏移的原因,目前学界尚未达成共识,其中最有影响力的主要是张家骅先生(2001)提出的"标尺两级"规律、沈家煊先生提出的"乐观原则"以及邹韶华先生提出的"语频效应"。

2. "是/不是+N"格式的构式地位认定及特征分析

Goldberg & Casenhiser(2006)对构式的定义如下:"假如 C 是一个独立的句式,当且仅当 C 是一个形式(Fi)和意义(Si)的对应体,而无论是形式或意义的某些特征,都不能完全从 C 这个构式的组成成分或另外的先前已有的句式推知。"据此定义分析本文即将探讨的"是/不是+N"格式,很明显,我们也不能根据该格式的组成成分对其做常规理解,如当说"你来的真是时候""你这东西放的真不是地方"时,人们多不会按照字面意思对其进行解读,而是自然地把"是时候"解读为"是合适的时候",把"不是地方"解读为"不是合适的地方"。因此,我们不妨把该格式看作汉语中的一种特殊构式。并且本文将从结构特征、语义特征及语法功能等三方面对该格式进行详细考察。

2.1 从结构上看

通过语料分析发现，"是/不是+N"格式有很强的凝固性，总是以一个整体的形式出现在交际语境中。而且该格式对能进入其中的 N 有很大的选择限制。在对 BCC 语料库中能进入"是/不是+N"格式后呈现语义偏移的名词进行统计分析后发现，满足条件的主要有以下几个名词，如"地方、时候、事儿、东西、问题、办法、滋味"等。举例如下：

(1)鸭子似乎也很满意这样的天气，显得比平常安静得多。虽被提着脖子，并不表示抗议。也由于那几个鸭贩子提得是地方，一提起，趁势就甩了过去，不致使它们痛苦。(汪曾祺《鸡鸭名家》)

(2)我心平气和地承受着病痛，因为它们来得是时候，也因为它们使我更好地回忆起逝去的、长长的、无限幸福的生活。(蒙田《蒙田随笔全集》)

(3)不要因为找不到工作就心情不好，跟生命健康比起来，这都不是事儿。

(4)师傅越夸续弦好，杨百顺就越觉得这个女人不是东西。说她不是东西不是仍念她不让自己借宿，而是她改了曾家的天地之后，开始事事紧逼，让人没个喘息处。(刘震云《一句顶一万句》)

(5)在现代社会，距离不是问题，"没有地方是到不了的那么远"，中国南方航空公司开辟的澳大利亚航线正为国人架设着这道"空中彩虹"。(《人民日报》2003 年)

(6)这个装，让吴摩西觉得自己变了。自己过去不会装神弄鬼。但一天天这么装下去，也不是办法。(刘震云《一句顶一万

句》)

(7) 我的那瓶红色酒，到现在还是多半瓶，前天我偶然借了房东的锅子烧了点儿菜，就在火盆上烧的。小桌子，摆好了，但吃起来不是滋味，于是反受了感触。(萧红《致萧军》)

通过分析发现，一般来说，能进入该格式的名词必须满足以下三个条件。

首先，应该是中性名词或零度名词。这是从词的语义色彩来看的。我们对中性名词的认定标准是：名词本身不含有程度义，只有在被相应的程度形容词修饰之后才表示程度，如"地方"一词本身无所谓好坏，只有在受"好"或"坏"修饰时，才有"好地方"和"坏地方"之分。

其次，应该是抽象名词。这是从名词所指对象的具象性来看的。抽象名词主要表示人们对人或事物等实体概念的某一方面属性的认识，词语指称的是该实体具有的一种抽象特征，这种抽象特征对实体具有依赖性，一般不能独立存在。以对"地方"一词的理解为例，我们可能无法单独回答"地方"一词表示的具体是什么意思，但根据人类的认知经验，通常可以借助于一个具体实体得知，它表示的是人们对某一个具体实体存在的空间的认识。

最后，还应该是相对名词。这是从词所表示意义的相对性和绝对性来看的。如"地方""时候"等词，它们表示的性质意义，一般都会随着时间条件、外在语境、甚至话语交际者的不同等评价标准的变化而发生认知上的变化。可能以前在人们认知中是好的地方、合适的时候，但随着时间等条件的变化就会被认为是不好的地方、不合适的时候。甚至在同样的客观条件下，在一个交际者看来是好的地方、合适的时候，换一个交际者，就会被认为是不好的地方、不合适的时候。

2.2 从语义上看

正如上文所述，"是/不是+N"格式不能仅从字面意思去理解，该格式的语义内涵不是其组成成分的简单相加，而是有其独特的整体构式义。一般来说，语义偏移现象不仅涉及性质的好坏，还涉及数量的大小多少，程度的高低深浅，以及属性的强弱等。通过语料分析发现，以上所述的那些中性名词，在进入该格式后发生的语义偏移，一般都偏向于"好"或"大"。该格式因而呈现出偏向"正面"或"积极"的构式义。这可以从该格式的肯定式"是+N"和否定式"不是+N"的语义对比中体现出来。举例如下：

> (8)田麻子不去抢枪，而照准了二狗的太阳穴一拳打去。他的拳，因为打得是地方，得法，二狗登时倒在了地上。(老舍《火葬》)

> (9)钱夫人也笑着叫道，"来晚了，累你们好等。""哪里的话，恰是时候，我们正要入席呢。"窦夫人说着便挽着钱夫人往正厅走去。(白先勇《台北人》)

> (10)只有伟大的信仰才会产生伟大的激情。有还是没有年金，这才是问题，恰如莎士比亚所说。(巴尔扎克《邦斯舅舅》)

上述三例中的"地方""时候""问题"本来都是中性词，但在进入"是+N"格式后语义色彩发生了变化，即都向"好"和"大"方向偏移。"是地方"要理解为"是合适的地方""是好地方"，"是时候"要理解为"是合适的时候"，"是问题"要理解为"是大问题"。

而通过上述例句与其相对应的反义格式对比后，更容易看出名词在进入该格式后的语义偏向。上述三个例句相对应的反义格式如下：

> (11)(8b)他的拳，因为打得不是地方……

> (12)(9b)哪里的话，不是时候……

> (13)(10b)有还是没有年金，这不是问题……

根据汉语的一般语感，这些反义格式中的"地方""时候""办法"隐含的性质特征仍然是偏向"好"和"大"，因此，该格式中的基础格式(肯定式"是+N")整体还是呈现出了偏向"正面"或"积极"的构式义。

　　而根据对语料的统计分析发现，尽管这些名词的语义偏移方向是一致的，都倾向偏向"好"或"大"，但它们各自经常出现的格式还是有差异的，如"地方，时候"在肯定式和否定式中都有出现，且出现比例相差不大。而"事儿、东西、问题、办法、滋味"则多出现在否定式"不是+N"格式中。

2.3　从语法功能上看

　　通过语料统计发现，"是/不是+N"格式前经常可以出现"很、太、恰、正、挺、非常、真"等程度副词，举例如下：

> (14)马林生仍像个贪图舒服的白熊泡在水里。"我觉得你最近有点郁郁寡欢。""还郁郁寡欢——少跟我臭拽你会的那几个词!"马林生十分不屑地说。"留神一下用光了。""我觉得我用得挺是地方，就该用在这儿。"(王朔《我是你爸爸》)

> (15)他跪得很是地方，拾遗补阙，四人像围棋子一样，将简方宁团团围在中央，再也迟不出半步。(毕淑敏《红处方》)

> (16)她甚至到这层基石当中寻找维克多·雨果或拉马丁的引语。她吟诵得恰是地方，美丽的眸子流露出真挚的感情，使人惊讶，使人心醉神迷。(普鲁斯特《追忆似水年华》)

　　程度副词在这里修饰的是"是/不是+N"整个格式。通过语料分析，这一格式整体相当于一个形容词，从而具备形容词的语法功能。它既可以在句中作谓语，也可以在句中作补语。

　　作谓语的情况举例如下：

> (17)致秋教戏有瘾。他也会教，说的都是地方，能说到点子上。——他会得多，见得也多。(汪曾祺《故里三陈》)

> (18)民治看见自己来的不是时候，便想转身退出；可是父亲的眼光已经瞥到他身上，他只好重复站住，又慢慢的移步上前。(茅盾《霜叶红似二月花》)

（19）健忘不是问题，忘掉才是问题。（村上春树《东京奇谭集》）

（20）有庆是个好孩子。他上学第一天中午回来后，一看到我就哆
嗦一下……吃饭的时候，他老是抬起头来看看我，一副害怕
的样子，让我心里很不是滋味，想想早晨我出手也太重了。
（余华《活着》）

作补语的情况举例如下：

（21）小时候，一个算命的老道曾说，这块黑痣长得不是地方，压
在肩膀上，是挑担儿的命。（从维熙《阴阳界》）

（22）看她那神气有点鬼头鬼脑，他才想起来她刚才的笑容有点
浮，就像是心神不定，想必今天来得不是时候。（张爱玲《半
生缘》）

3. "是/不是+N"格式语义偏移体现的语用策略分析

中性词为什么会在"是/不是+N"格式中发生语义偏移？人们为什么要
选用一个本来是中性的格式来表达一种偏移的语义内涵，而不是直接选用
"是/不是+程度形容词+N"等有更加明确语义倾向的格式来表达同样的意
义呢？通过分析发现，这其实是人们言谈交际时的一种语用策略的体现，
而其中含蓄原则、适量原则、经济原则对解释人们选用"是/不是+N"格式
表达偏移义的原因和动机起到了关键作用。

3.1 含蓄原则

中国人说话从来都是讲究"不能说太满，要留有几分余地"，无论是赞
美对方的话语，还是批评别人的言辞，都需要把握分寸，避免使用太过直
白和激烈的言辞，从而形成"只可意会、不可言传，意在言外"的表达效
果。这种避免直接表露自己态度和立场的含蓄的表达方式，体现的就是言

语交际中的"含蓄原则"。

刘勰的《文心雕龙·隐秀》曾对含蓄表达的特点有过精彩的论述:"夫心术之动远矣,文情之变深矣,源奥而派生,根盛而颖峻,是以文之英蕤,有秀有隐。隐也者,文外之重旨者也;秀也者,篇中之独拔者也。隐以复意为工,秀以卓绝为巧。"刘勰所说的"隐"和后来讲的"含蓄"义近,要有"文外之重旨",这和"意在言外"相似。但"隐"不仅仅要求有言外之意,更重要的还在"隐以复意为工",就是要求所写事物具有丰富的含义,这和古代"辞约旨丰"之类的要求有密切联系。此外,"隐"不只是对作品内容的要求,也包括对形式方面的要求:必须"深文"和"隐蔚"结合起来,才能产生"言有尽而意无穷"的艺术效果。而所谓"秀",基本上承陆机"一篇之警策"的说法而来,和后世的"警句"相近,即在关键时候一定要用明确直白而又警醒的话语来亮明自己的立场和态度。由此可见,刘勰谈到的"隐"和现在的"含蓄"虽然不完全一样,但这足以说明古人很早就意识到了"隐"也即间接的含蓄表达,与"秀"也即直接的露骨表达方式是既相互对立又相互依存的辩证关系。

通过语料分析发现,"是/不是+N"格式的语义偏移一般都发生在评价性语境中。而根据汉民族的习惯,无论是作正面评价还是负面评价,都讲究要注意分寸,避免太过直接露骨的表达方式,因此,"是/不是+N"格式的选用正好满足了人们的这种表达需求,同时它也恰恰体现了"含蓄原则"的三个要求:一是形式的含蓄性;二是表意的含蓄性;三是立场的含蓄性。跟其他表义近似的格式相比,该格式中由于没有直接出现表达立场的评价性语词,从而为表意留有了一定的弹性空间,属于主观性较弱的含蓄表达方式。

含蓄原则与西方语用学中提出的礼貌原则很相似,两者都强调话语交际者在言谈时要尽量多给对方一些方便,而让自己多吃一些亏,从而在交际时使对方感到充分受尊重,同时反过来获得对方对自己的好感,进而保证交际的顺利进行。但其实这两个原则的差异也是很明显的。礼貌原则追求的是褒贬态度的极致性,即尽量多赞誉、少贬低。含蓄原则则追求褒贬态度的趋中性,既可以赞誉也可以批评,但无论是作哪一种评价,都要表达得"圆通"和有"弹性"。所以,相比西方的礼貌原则,含蓄原则更适合对汉语的语言现象进行解释,可以说是中国特色的礼貌原则。

3.2 适量原则

美国语言学家格莱斯认为,人们在交谈时为了使谈话过程顺利进行,并保证谈话目标圆满实现,谈话双方必须共同遵守一些基本准则,而其中最重要的是要遵循"合作原则"。合作原则包括四个范畴:量的准则、质的准则、关系准则、方式准则。量的准则,要求话语交际者在话语输出时要适量,其所说的话既要包含交谈目的所需的信息,同时又不应该包含超出需要的信息。但后来的学者察觉到,有时为了实现一些特殊的交际意图,出现违反合作原则的现象其实是很常见的,如有时话语交际者不遵守合作原则正是出于礼貌或其他需要。

正如本文谈到的"是/不是+N"格式,如果从字面意思来看,这句话所提供的信息量是不够的,远远少于交谈所需的信息量。而话语交际者在违反适量原则的前提下选用该格式,正是出于礼貌的考虑,为了更好地实现表达方式尽量委婉、含蓄的目标。而当说话一方没有提供足够的信息量时,会话修正和调整的权力就交给了听话者一方,这时就需要听话者根据语境自己去推理和弥补缺失的信息,也正是这个时候,"是/不是+N"格式的语义内涵才发生了方向的偏移,否则,谈话序列可能无法继续进行。也就是说,每一个谈话目标的顺利实现,都是交谈双方相互补充、相互配合的结果。如下例所示:

(23) 有人在墙上工整地写下一些名诗,字真不错,可惜写的不是地方,素质分无论如何打不高。(《都市快讯》)

(24) 柳娟不做声,心里盘算着,开窗跳楼不是办法,万一摔断腿,就甭想上舞台了,要大喊大叫,肯定在他的势力范围里,不会有人来救她的。(李国文《冬天里的春天》)

例(23)中"写的不是地方"从表面来看是违反了适量原则,因为字写在哪里都要占据一定的空间,又怎么会"不是地方"呢?如果说话者没有提供足量的信息,而听话者又没有对谈话进行弥补时,即"不是地方"如果不发生语义偏移,理解为"不是合适的地方",那此次谈话将无法顺利进行。例(24)也是同理,"开窗跳楼不是办法"按照字面意思理解,这句话提供的信息量是不够的,因为对于一个问题来说,任何一种行为都会是一种解决办法,只是说办法也有好坏、明智与不明智的区别。而这种表面看来是逻辑判断的谬误正是在该格式发生了语义偏移后才得到了纠正。

3.3　经济原则

语言的经济原则,又常被称为"省力原则",最初是由法国学者马丁内提出,他认为语言经济原则是语言系统演变和发展的内在原理和根本动力。其后有很多学者相继对语言经济性的本质进行了诠释。Zip(1949)认为,省力原则普遍存在于人类社会的各个领域,就语言系统内部来看,经济原则主要体现为追求简洁和优化,与"冗余"和"啰嗦"相对立。向明友(2002)提出,确定话语经济与否不能仅以用词多寡为依据,在语用行为中,只有经过优化配置的言语才称得上经济。徐正考、史魏国(2008)认为,语言的经济原则主要指在表意明确的前提下,尽可能采用简洁的符号形式以提高语言的交际效率。根据以上学者的观点,我们认为,语言的经济性,简单来讲就是,尽量用最少的语言符号去表达最大限度的信息量。因此它应该满足两方面的条件:一是语言符号的尽量缩减;二是表达效用的尽量提高。

"是/不是+N"格式如果从字面意思来看,没有提供足量的信息,因而可能会影响话语的正常理解。但要提供足量的信息,完全可以通过添加语言符号的方式对此进行弥补,说成"是/不是+评价义形容词+N"等完整形式,但我们发现,在实际的交际过程中,说话者还是倾向于选择省略掉形容词的"是/不是+N"简单格式,并通过使其语义发生偏移的方式对缺失的信息进行补充。而这其中,显然是语言的经济性原则起到了关键作用,被放在了优先考虑的地位。

其实,说话者在优先考虑语言经济性的前提下,尽量缩减语言符号的数量,选用"是/不是+N"格式,并没有影响到话语意图的明确表达。因为任何一种言语行为都不是一个孤立的语言片段,而是存在于一定的话语序列中,所以话语理解离不开语境因素的支持。而通过语料分析发现,"是/不是+N"格式即使在没有明确表意倾向的前提下,它的上下文也会为它的语义理解提供足够的语境参考信息,以保证会话含义的准确传达。如下例所示:

> (25)这时,有一个交通民警走到停放小汽车的地方,大声地训斥着司机,说车停的不是地方。(张洁《爱,是不能忘记的》)
>
> (26)职工们越想越不是滋味,越想越有气,我们工人在这个公司里干了一辈子,如今是你们把这个公司给活活糟蹋了。(张平《抉择》)
>
> (27)这儿子,死的时间是太不合适,要死也不应当到这个时候死。早死点,则傩寿先生可以再找一个伴,看傩寿先生不是再能养两个儿子的;迟到这老子归土以后再死,那就更妙。死得不是时候,则简直是同时死了两个人了。(沈从文《爹爹》)

例(25)中虽然只是说"车停的不是地方",但通过上文"民警""大声训斥"等提示信息,也是可以判断"不是地方"指的是"不是合适的地方"。例(26)中通过下文"越想越有气"等提示信息,也是可以判断"不是滋味"说的是"心里不是好滋味"的意思。例(27)中上文已经给出了"死的时间不太合适"的判断,所以下文就没有必要再进行重复,在这个语境下,"死的不是时候"的信息量已经是足够的,一般不会发生话语理解偏误的情况。

4. "是/不是+N"格式的语用价值探讨

根据邢福义老师的"小三角"理论:任何语言事实都存在语表形式、语里意义和语用价值三个层面。而只有对这三个层面进行全面深入的考察，才能更好地揭示语言背后蕴含的规律。"小三角"的第三个角是"值角"，即任何格式都有自己独特的"语值"。语值有时是修辞值，即特定格式有自己特定的修辞效果；有时是语境值，即不同格式有适应不同语境的价值。通过与其他同义格式的对比分析发现，"是/不是+N"格式之所以被广泛使用并被大众普遍接受，与它独特的语用价值是分不开的。

4.1 施行评价功能

通过语料分析发现，"是/不是+N"格式的语义偏移经常发生在评价性语境中，从话语功能来看，它主要完成的是一种施行评价功能。评价行为主要表示说话者对某一对象的一种心理评判，而根据评判标准的不同，评价又可分为主观评价和客观评价，两者虽然都是基于一定的认知基础对某一对象的性质和特点作出的判断，但客观评价的焦点更多的是在某一对象的实际状态上，而主观评价则不可避免地带有个人主观感情色彩的痕迹。"是/不是+N"格式在语境中施行的主要是主观评价功能，因为正如上文所述，"时间、地点"本身是无所谓好坏与合不合适的，在某个人认为是合适的时间，换一个评判者就可能变成不合适的了。所以它的评断结果就会随着评判主体的不同而产生差异，也正是因为这个因素的存在，"是/不是+N"格式的使用就有了更加自由的表达可能。而为了明确评判结果的观点归属，该格式前面通常会出现诸如"我认为、我觉得、我知道"等主观提示性成分。即使没有这些成分出现，也可以根据语境做相应的添加。如下例所示：

(28) 过几天我回去时，家珍已经睡着了，她闭着眼睛躺在那里。我也知道老这么骗下去不是办法，可我只能这样，骗一天是一天，只要家珍觉得有庆还活着就好。（余华《活着》）

(29) 老潘晚上看见儿子腰里系的是国家的电线，问明情况，抓过老婆就打。老潘是当兵的，揍人很是地方，打的老婆疼的脸

都变色了。(李唯《腐败分子潘长水》)

例(28)中是说话者对自己行为的评价,前面已经出现了"我也知道"等标示主观提示信息的成分,即表明"这样骗下去"不知道别人感觉怎么样,但说话者自己已经认为这不是一个好办法了。例(29)中是说话者对老潘打人行为的评价,可以根据语境作相应的评判结果的观点归属补充,即打人在一般情况下看来虽然是不对的,但在说话者看来,老潘打人的技法似乎还不错,能一下就打中要害。

4.2 隐曲呈现方式

与"是/不是+N"格式同义的表达格式主要有"N+A""是/不是+(形容词)+N"等,而"是/不是+N"格式与这些格式的差别,其实就是呈现方式的差别,即"隐曲性呈现方式"和"明示性呈现方式"的差别。而"是/不是+N"格式的独特性也正体现于此,它虽然也是在施行一种主观评价行为,但它却寓主观评价于客观呈现之中。如下例所示:

> (30)炕上铺着白毡子,被窝垛垛得整整齐齐,八仙桌上有座钟,墙上有美人画,茶壶茶碗虽是粗瓷,也擦抹得亮晶晶的,东西归置得很是地方,摆设安置得也很到位,谢娘是个很能干的人。(叶广芩《梦也何曾至谢桥》)
>
> (31)这会儿,她下班回家,诧异地发现父亲安坐在她起居间的沙发里,这使她很不高兴。他来的太不是时候,她正急着要把自己尽量打扮得更有魅力,梳理好头发,选择一件合适的衣服。(米兰·昆德拉《为了告别的聚会》)

例(30)中是叙述者对东西摆放位置的评价,但是通过上文对房间里其他东西的描述,根据语境已经可以判断"很是地方"指的就是"很是合适的地方",所以说话者就采用了这种把评价形容词省略掉的既经济又不影响表意效果的隐曲呈现方式。如果换用其他同义表达格式,如"东西归置的地方很合适"或"东西归置得很是合适的地方",一方面是没有必要,另一方面则会显示说话者表达方式的直接与显露。例(31)中更是如此,说话者本意是想对父亲的到来作出负面的评价,即认为父亲来的时间不合适,但为了表达得尽量委婉,而不至于伤害到父亲的面子,就选用了省略掉能表明态度倾向的语词的格式,淡化了语言表达的主观性。如果换用其他同义的格式,如说成"他来的时候太不合适了"或"他来的太不是合适的时候了",则会显得主观性和情感倾向性太强。尤其是在即将对别人的行为作出负面评价的语境下,这样的表达多多少少会因为言辞太过激烈和显露而显得不恰当。

4.3 独特间接语力

对语力的系统性研究,最早是伴随哲学家奥斯丁言语行为理论的创立开始的。语力的概念也随之诞生,它主要指说话者的具体话语在交际场景中所发挥出的特殊功能。如当我们说"小心点"的时候,根据语气、语境的不同,既可以是表示真诚的关心和问候,也有可能是在实施警告、命令或威胁等话语行为。所以,在真实的交际过程中,误解和分歧的产生大多不是因为不能理解彼此话语的具体语词,而往往是错误地解读了对方想要表达的真实交际意图。因此,根据语境正确解读说话者隐藏在语言表面下的真实交际意图,就成为一个交际活动能否成功的关键所在。

而基于语力动态模型可以将言语行为分为两种:直接言语行为和间接言语行为。直接言语行为主要包括承诺、表情、宣告、断言、指令等。而关于间接言语行为,塞尔认为:"通过实施另一种来实现某一种需要属于间接言语行为,这是两种语言行为的结合。"所以,间接言语行为没有直接言语行为的语力那么强烈,"它具有关联性和可推导性,即听话人可以根据语境对间接的言语行为进行推导,但由于其间存在一个过程的间隔,间接言语行为也具有可取消性。即在一定的语言环境中,可以通过特定的话语取消语言行为中隐藏的会话含义。如果再增加了某些前提,甚至可以直接让间接言语行为的效力消失"。所以交际过程中间接言语行为的使用,不仅可以使语言的表现更加丰富有趣、通俗简练，还可以增加语言使用的灵活性和变通性，扩展语言理解的弹性空间。这不仅可以展示出说话者在言语交际时懂得体谅他人的良好特性，更有利于语言能力的发展以及人际关系的和谐。

"是/不是+N"格式经常出现在主观评价性语境里，这一话语功能就决定了它必须采取间接言语行为的模型，因为对某一对象的评价，无论是正面评价还是负面评价，都不应展现太强的语力。让听话者根据关联信息进行推导似乎是更好的选择。况且，这一做法也符合接受美学的原则。即在言语交际时，不要低估了听话者的理解和推导能力，而要把对方放在和自己平等的地位上，因为，相比直接去理解一段非常直白和显露的话语，人们在付出一定努力和代价后获得的理解更容易产生一种美感，从而获得一种智力上的享受。因此，相比"是/不是+N"格式的简约和含蓄，"是/不是+形容词+N"格式和"N+A"格式似乎就显得多余和直接，这看似是说话者交际时考虑周全的体现，但从另一方面讲，也是对听话者智力和理解能力的一种低估。

5. 结　　语

综上所述，在从构式地位认定、语用策略分析和语用价值探讨三个维度对现代汉语"是/不是+N"格式的语义偏移现象进行分析后，可以得出以下结论。在构式认定方面：第一，从结构上看，"是/不是+N"格式有很大的凝固性，它总是以一个整体的形式出现在交际语境中，且该格式对能进入其中的 N 具有很大的选择限制，一般要同时满足以下三个条件，即是中性名词、抽象名词和相对名词；第二，从语义上看，该格式（中的肯定形式"是+N"）倾向呈现偏向"正面"或"积极"的构式义；第三，从语法功能上看，"是/不是+N"格式经常可以受"很、太"等程度副词修饰，因而具备了形容词的语法功能，既可以在句中作谓语，也可以在句中作补语。在语用策略方面：通过分析发现，人们不直接选用"是/不是+程度形容词+N"等有更加明确语义倾向的格式来表达同样的意义,而是让"是/不是+N"格式发生语义偏移,实则是交际时的一种语用策略的体现,而其中含蓄原则、适量原则和经济原则对解释该格式语义偏移的动机起到了关键的作用。在语用价值方面,从话语功能来看,该格式主要完成的是一种施行评价功能,且以一种隐曲的方式呈现,在淡化了主观性的同时,也收获了独特的间接语力,并在尊重听话者智力和理解能力的基础上收到了特殊的美学表达效果。

◎**参考文献**

[1]陈伟:《"有+N"的语义负向偏移——以"有问题"为例》,载《新疆大学学报(哲学·人文社会科学版)》2019年第4期。

[2]黄叔琳:《增订文心雕龙校注》,中华书局2000年版。

[3]靳开宇:《汉语中性词情感评价义的认知过程阐释》,载《河北师范大学学报》2019年第3期。

[4]吕叔湘:《中性词与褒贬义》,载《中国语文》1983年第5期。

[5]沈家煊:《认知语法的概括性》,载《外语教学与研究》2001年第1期。

[6]石毓智:《论社会平均值对语法的影响——汉语"有"的程度表达式产生的原因》,载《语言科学》2004年第6期。

[7]束定芳:《"有+零度(中性)名词"结构的认知和语用阐释》,载《当代修辞学》2018年第6期。

[8]温锁林:《汉语的性状义名词及相关问题》,载《语言教学与研究》2010年第1期。

[9]温锁林:《从"含蓄原则"看"有+NP"的语义偏移现象》,载《汉语学报》2014年第1期。

[10]向明友:《论言语配置的新经济原则》,载《外语教学与研究》2002年第5期。

[11]徐正考,史维国:《语言的经济原则在汉语语法历时发展中的表现》,载《语文研究》2008年第9期。

[12] 许红菊：《"动静""好歹"非偏义复词说——兼论反义复词的中性词语义偏移现象》，载《语言研究》2021 年第 1 期。

[13] 约翰·塞尔：《言语行动——论语言哲学》，剑桥大学出版社 2002 年版。

[14] 邹韶华：《名词在特定环境中的语义偏移现象》，载《中国语文》1986 年第 4 期。

[15] 邹韶华：《中性词语义偏移的原因及其对语言结构的影响》，见《中国语文丛书：语法研究和探索》(四)，北京大学出版社 1988 年版。

[16] 邹韶华：《中性词语义偏移的类型与成因》，载《外语学刊》2007 年第 6 期。

[17] 张家骅：《"标尺两级"规律与词汇语义偏移》，载《中国俄语教学》2001 年第 4 期。

[18] 曾小明：《几种结构中名词的语义偏移现象分析》，载《语文学刊》2008 年第 11 期。

[19] 张治：《汉语中性格式的语义偏移》，载《汉语学习》2008 年第 3 期。

[20] 张阳阳：《"有味"的语义偏移》，载《现代语文(语言研究版)》2016 年第 4 期。

湖北仙桃方言复数标记"们俦[sou¹]"

黄　芳

（湖北师范大学文学院）

　　仙桃市位于湖北省中部，仙桃方言属于西南官话武天片。仙桃方言的人称代词系统与普通话的人称代词系统基本一致，第一人称、第二人称和第三人称的单复数形式都与普通话相同，复数标记"们"的用法也与普通话保持一致。值得注意的是，仙桃方言除了有复数标记"们"之外，同时还存在一种特殊的复数标记"们俦"（俦，音[sou¹]）①，是由复数标记"们"与类指人名词"俦[sou³¹]"连用构成的复合式复数标记，"俦[sou³¹]"语音弱化为"[sou¹]"，主要用于表达尊称复数，例如"婆婆们俦""老师们俦"等。

　　仙桃方言中"们俦"也有不表达尊称复数，只表示人称类别的用法。与"们"相比，复数标记"们俦"具有鲜明的语用功能，这种现象也出现在仙桃周边的天门、潜江等地。本文主要考察仙桃方言中的复数标记"们俦[sou³¹]"的语法语用功能。

1. 仙桃方言人称代词系统及"们俦"的语法特征

1.1　仙桃方言人称代词系统通称与尊称严整对应

　　仙桃方言有一套和普通话一致的人称代词单复数系统，人称代词单数

---

　　①　笔者母语为仙桃沙湖话，"俦"语音为"[sou¹]"；张道俊教授对其母语仙桃姚嘴话的记音为"[tsʰou¹]"。

形式为"我、你、他(她)",与此相应的是附加复数标记"们"构成的"我们、你们、他(她)们"复数形式。与这一套表通称的人称代词系统相对应,仙桃方言中还存在一套表尊称的人称代词系统,见表1。

表1　仙桃方言中表尊称的人称代词

	通称		尊称	
	单数	复数	单数	复数
第一人称	我	我们		
第二人称	你	你们	恁郎①、恁郎家	恁郎们、恁郎们侸、恁郎家们侸
第三人称	他(她)	他(她)们	他郎、他郎家	他郎们、他郎们侸、他郎家们侸

从以上人称代词系统可以看出,除第一人称的单复数没有通称形式,仙桃方言第二人称与第三人称单数不仅有通称、尊称相对应的形式,而且复数标记也有通称、尊称相对应的形式,对应于通称复数标记"们"的是尊称复数标记"们侸",显示出严整的通称与尊称对应的规律,表现出与普通话人称代词系统明显不同的特征。

仙桃方言中复数标记"们侸"主要用于第二人称、第三人称代词尊称之后,表达复数概念。例如:

(1)恁郎们侸都来哒。(您们都来了。)

①　仙桃方言第二人称单数尊称的语音形式为:"恁郎[nen¹³la³³]""恁郎家[nen¹³la³³ka³³]"。仙桃方言第三人称单数尊称的语音形式为:"他郎[tʰa⁵⁵la³³]""他郎家[tʰa⁵⁵la³³ka³³]"。北京话中有尊称"您[nin³⁵]""怹[tʰan⁵⁵]",与北京话的语音形式相比较,仙桃方言的尊称"恁郎[nen¹³la³³]""他郎[tʰa⁵⁵la³³]"表现为双音节形式,语音还没有脱落成为合音形式。邢福义(1996)引朱建颂《武汉方言研究》(1992)指出,武汉方言中有个"你家",念快了,就是[nia⁴²],书面上写作"你家(您驾)",复数形式是"你家们(您驾们)"。表示尊重的第三人称"他你家",复数形式是"他你家们"。邢福义(1996)引刘兴策《宜昌方言研究》(1994)和陈有恒《蒲圻方言》(1989)指出,湖北宜昌和湖北蒲圻方言中也有跟武汉话的"你家"和"你家们"同类的现象。

（2）他郎们俦不想去哒。（他们不想去了。）

（3）他郎家们俦都走哒。（他们都走了。）

　　仙桃方言中第二人称代词单数尊称有"恁郎""恁郎家"两种形式，第三人称代词单数尊称有"他郎""他郎家"两种形式。相对于"恁郎""他郎"来说，"恁郎家""他郎家"一般用于年纪更长的人。仙桃方言中实义的"家"语音为[$tɕia^{55}$]，用作人称尊称时读音为[ka^{33}]，汪化云（2012）在论述长江中下游地区的汉语方言中 tɕ 类复数标记来源时，也指出过这种现象。他认为，虚化的"家""更容易保存中古见母 *k 的读法，跟实义的'家'声母颚化为 tɕ 不同……江淮官话黄孝片东部的黄冈各县市方言就是这样：其'作家、一家人'中实义的'家'念文读 tɕia，'人家、自家、女子家'中虚化的'家'念白读·ka"。

　　关于长江中下游地区的汉语方言中 tɕ 类复数标记的来源，汪化云（2012）指出，"吕叔湘认为丹阳方言 tɕi 的本字是'家'，李荣等（2002）不将其记作'家'，赵元任等（1948）把湖北东部某些方言的复数标记记作'家'"，汪化云（2012）则认为，"tɕi、·tɕi 来自'几个'的省略"。仙桃方言中的"家"与这种"tɕ 类复数标记"的不同之处在于，仙桃方言中的"家"只用作人称代词尊称，不表示复数概念，是一种人称代词单数的尊称标记。

　　仙桃方言中的复数标记，同时存在着"们"和"们俦"两种形式，"们"既可以用于尊称复数，也可以用于通称复数，而"们俦"则一般多用于尊称复数。以例（1）（2）（3）中的复数标记"们俦"都可以换成"们"，如"恁郎们、他郎们、他郎家们"，只是表达习惯上表示尊称时更倾向于用复数标记"们俦"；而"们俦"却不能出现在表示通称单数人称代词"你、他（她）"之后，仙桃方言没有"你们俦、他（她）们俦"的说法。以下说法在仙桃方言中不出现：

（4）＊你们俦都来哒。

（5）＊他们俦不想走。

仙桃方言"们俦"与"们"在句中的句法功能基本一致。"们俦"能够与人称代词单数尊称一起构成名词性词组，作句中主语、宾语、定语等句法成分。例如：

(6)恁郎们俦来哒。(您们来了。)

(7)恁郎家们俦的心意我领哒。(您们的心意我领了。)

(8)得罪恁郎们俦哒。(得罪您们了。)

(9)把恁郎们俦的钱还抵恁郎们俦。(把您们的钱还给您们。)

1.2　与"们俦"搭配的词语

仙桃方言"们俦"一般用于表达人称复数概念，多用于尊称。能与"们俦"搭配的词语有以下几种。

1.2.1　称谓名词

仙桃方言中复数标记"们俦"能出现在称谓名词之后。称谓名词可以是亲属称谓名词，也可以是社交称谓名词等，例如：

(10)舅舅们俦都来哒。

(11)领导们俦都来哒。

(12)老师们俦走哒没有？

例(10)中"舅舅"是亲属称谓名词，例(11)(12)中"领导""老师"是社交称谓名词。在仙桃方言中，不仅表达年长或位尊的称谓名词能使用复数标记"们俦"，年龄、身份、地位相对较低的也可以使用复数标记"们俦"，例如"侄儿子们俦""学生们俦""伙计们俦"等也是常见的说法。

亲属或社交称谓名词连用能够与"们俦"搭配，表达复数，例如：

(13)娘母子们俦真不容易。

以上各例中的"们侪"在仙桃方言中都可以用"们"来替换，也就是说，既可以用"们"，也可以用"们侪"，但是在语用上有细微的差异。

1.2.2　表人名词

仙桃方言中复数标记"们侪"还能出现在表人名词之后，例如：

(14)劳力们侪吃的多些。(男人们吃的多些。)

(15)姑娘婆婆们侪不懂道理。(女人们不懂道理。)

例(14)(15)中"劳力们侪""姑娘婆婆们侪"都表达人称复数。用于表人名词之后时，"们侪"只用作复数标记，没有区别身份地位的功能。例(14)(15)中的"们侪"在仙桃方言中也可以用"们"来替换。

1.2.3　指人"的"字短语

普通话中有指人"的"字短语，例如"男的""卖菜的""开车的"等，在普通话中，这些指人"的"字短语复数形式一般不直接用"'的'字短语+们"的形式，例如，"＊男的们""＊卖菜的们""＊开车的们"并不常见，在表达复数概念时，"的"字短语一般要明确标示出人称来，例如"卖菜的大叔们""开车的师傅们"。

仙桃方言中，"们侪"的用法有些不同，"们侪"可以用于指人"的"字短语之后，例如：

(16)男的们侪都吃哒。(男人们都吃了。)

(17)那里有蛮多卖菜的们侪。(那里有很多卖菜的。)

在仙桃方言中，例(16)(17)都是常使用的说法。"们侪"的这种用法与武邑话的"们"有类似之处。张晓静、陈泽平(2015)指出，"武邑话的'们'可以相当自由地后附于充当主语、定语、宾语的各类'的'字结构，表达复数的语法意义"。例如：

(18) 郎干苦力的们郎钱来得可不容易唵!(郎些干苦力的郎钱来得可不容易啊!)(转引张晓静、陈泽平例)

指人"的"字短语附加上复数标记,在古代汉语中是常见的,例如在明清小说中就有"小的们"的说法。

除了以上这些词语搭配之外,仙桃方言中"们侤"还可以与不定代词搭配,例如:"是哪些人们侤?"

1.3 复数标记"们侤"与确数词的同现现象

关于普通话中复数标记"们"与确数词能否同现的现象,储泽祥(2000:63)认为:"如果复数标记既是语法标记,又是表示已知的语用标记,那么,不能与确数词同现并存;如果复数标记仅仅是语法标记,那么,有可能与确数词同现并存。"并且,明确指出"汉语的'们'是语法、语用双重标记"(储泽祥,2000:63)。我们对仙桃方言中复数标记"们侤"与确数词的同现现象也进行了考察。

仙桃方言中,"们侤"与确数词一般不能同现。在仙桃方言中,"五个伢们侤"不能说,"们侤"能与概数词同现,如"几个伢们侤"。再如:

(19) 把那几个客人们侤安排好了再说。
    把那些客人们侤安排好了再说。

例(19)中概数词"几""些"都能与"们侤"同现。如果换作确数词,"＊五个客人们侤"则不能说。

汉语方言中人称复数的表达还存在"数词+亲属名词"的结构。李旭平(2014:77)以吴语富阳话为例,考察了吴语、赣语、湘语等汉语方言"数词+亲属名词"的结构形式,他指出,很多南方汉语方言中,如吴语、赣语、湘语等方言中,数量成分通常出现在亲属名词前面。普通话中,亲属名词后面可以加上表示数量的标记,如"父子俩""夫妻俩""姊妹仨""婆孙四人"等。

仙桃方言中也有"数词+亲属名词"的表达形式，如"娘母子几个、三婆、两娘、两弟兄、弟兄几个、几妯娌"等(李军，2009：32)。这种"数词+亲属名词"表达式，当数词为概数词时，有时能够与人称复数后缀"们俦"同现，例如"几妯娌们俦""弟兄几个们俦"。当数词为确数词则一般不说，例如"＊弟兄六个们俦""＊三姊妹们俦"。由此可见，仙桃方言中"们俦"在是否与确数词同现方面，表现出与"们"基本一致的特点。

总体来看，"们俦"在仙桃方言中是普遍使用的一种复数标记，可以出现在人称代词的尊称形式、称谓名词、表人名词、指人"的"字短语等表人词语之后，用于表达人称复数。"们俦"的句法功能和"们"基本一致，也是一种表达人称复数概念的语法、语用双重标记，"们俦"与"们"不同之处主要体现在语用功能的差异上。下面我们将进一步分析仙桃方言"们俦"的语用功能。

2. 仙桃方言复数标记"们俦"的语用功能

仙桃方言复数标记"们"和"们俦"的差异主要体现在语用上。"们俦"具有以下几种语用功能。

2.1 标示人物年龄身份地位的功能

仙桃方言复数标记"们"与"们俦"在语用方面有着明显的分工。一般来说，"们"主要用于通称，"们俦"用于尊称，有标示人物、年龄、身份、地位的功能。仙桃方言"们俦"是一种对听话人表示尊敬的语言手段，"们俦"常用于比说话者(主观感觉)自己年龄、辈分要长，职位、社会地位、资历等要高的人物。例如：

(20)他郎们俦都走哒。(他们都走了。)

例(20)中所提到的"他郎们俦"一般都是指比说话者年长位尊的人，在仙桃方言中，比说话者(主观感觉)年龄、辈分小，职位资历低的人一般不用"他郎们俦"说法。例如，大人不会对小孩子们用"他郎们俦"的说法。

普通话中与第二人称通称"你"相对的有尊称"您"，第三人称"他（她）"没有相对的尊称形式，但在北京话口语中存在。江蓝生（1995b：11）指出，就目前所知，《妇语》是最早用"您"字标写单数第三人称礼貌式的资料。"您"只表单数尊称，不表复数。《妇语》里"您"共出现43次，却没有一例是表示复数的。第二人称代词尊称形式在汉语方言中是很普遍的现象，如武汉话中有第二人称尊敬式"你家"，书面上有写作"您驾"，长沙话有第三人称尊敬式"他郎家"（邢福义，1996），这些都只表单数尊称。

刘丹青（2008：373）在描写关于代词的语法参项时指出，"该语言是否通过代词指明较重要和较不重要的方式标示第三人称施事的不同地位（旁指的/第四人称）？这是否有强制性？"（p. 373）"该语言的代词是否标记身份区别，如：熟悉的，尊敬的等？"（p. 378）仙桃方言通过人称代词尊称形式和复数尊称标记"们俦"，用来标示人物身份地位等区别。

2.2 体现说话人的主观情感功能及类指功能

在话语交际中，仙桃方言中"们俦"也有不用于尊称复数，而只体现说话者的某种主观情感的功能。一般用于表达说话人对听话人或者说话人对所谈论对象的喜欢和爱怜的主观情感。例如：

(21) 同学们俦都走哒。（同学们都走了。）

(22) 你们这些家伙们俦一个个太不听话了。（你们这些家伙一个个太不听话了。）

(23) 丫头们俦呃，你们吃哒没有？（女孩们，你们吃了没有？）

刘丹青（2008：374）指出，谈话发生在说话人（第一人称）和听话人（第二人称）之间，听说双方的社会关系或心理距离在语形上的体现，仙桃方言中复数标记"们俦"的使用，能够体现说话人和听话人之间的社会关系和情感。

"们俦"主要用于尊称复数，当不用于尊称时，能体现说话者的主观情感。例(21)(22)(23)中"同学们俦""家伙们俦""丫头们俦",很显然这些人的身份、年龄、地位都不高于说话者,与说话者的关系而言,要么是平辈,要么是下辈或是年龄小的人,这些表人词语没有用复数标记"们",而是使用了"们俦"复数标记,是为了体现说话者一定的主观情感。比如例(22)中"你们"与"这些家伙们俦"构成同位短语,指称同一对象,说明"这些家伙们俦"是并不需要使用尊称"恁郎们俦"的对象,"们俦"用于"这些家伙们"只是为了表达说话者与听话者之间亲密的情感。例(23)中"丫头们俦""你们"同现的情况也是一样,"们俦"的使用表达了说话者亲切的态度和对听话者爱怜的情感色彩。

总体来看,仙桃方言通过"们俦"的使用可表达出喜欢、亲切或爱怜等情感,如果将"们俦"换成"们",在仙桃方言中也是可以说的,比如"同学们""家伙们""丫头们",但是情感色彩就要淡化很多。

敬称"您"也有类似的用法,江蓝生(1995b)发现,《燕京妇语》中长辈对晚辈说话也可以使用敬称"您",如"'甲:舅母您吃啊!丙:您吃罢。'"只不过其所表达的情感要随具体语境来考察。

一般来说,仙桃方言的复数标记"们俦"主要用于表人词语,但是也有用于动物的说法,例如:

(24)我屋里猪伢子们俦还等倒我克喂尼。(我家里的猪娃还等着我去喂呢。)

例(24)中"猪伢子"是动物,"们俦"用在这里是动物的拟人化用法,表达说话者对所表达对象喜欢和爱怜的情感,并且这种用法一般只见于刚出生不久的小动物,可以有"猪伢子们俦""牛伢子们俦",但"猪们俦""牛们俦"是不说的。这种用法普通话复数标记"们"也有,比如"鸟儿们"。

当仙桃方言中的复数标记"们俦"不用于尊称复数时,还能够表达喜欢、亲切或爱怜等情感。"们俦"语用上的情感功能源于其语法上的类指功能。这与前面提到的"们俦"与指人"的"字短语搭配是一致的,是因为"们俦"语法上具有类指功能,表达"类别"和"复数"概念。

2.3 社交礼貌功能

话语交际中，仙桃方言"们俦"承担了重要的社交礼貌功能。首先是用于尊称，尊称的使用起到了一定的区分身份、地位的作用，话语交际中的尊称是承载社交礼貌功能的重要形式。例如：

（25）恁郎们俦坐啊。（您们坐啊。）

在仙桃方言中，对于初次见面的陌生人，招待客人等情况下经常使用"们俦"，是一种客套礼貌用语。例（25）中是常见的礼貌用法。与复数标记"们"相比，"们俦"的礼貌功能更凸显。仙桃方言倾向于使用"们俦"来强调尊敬和客套，例如：

（26）他郎们俦都晓得了。（他们都知道了。）

例（26）中复数标记"们俦"用在第三人称尊称"他郎"之后，更加凸显对所指对象的尊敬。

仙桃方言复数标记"们俦"的独特之处在于，在人称代词有相应尊称形式的基础上，其复数形式也有相应的尊敬式，如前面表格中所示，复数标记"们"和"们俦"表现出比较严整的通称和尊称对应形式。

关于人称代词尊称的使用，刘丹青（2008：378）指出："初次接触的陌生人，一般都要使用该式，不然就是不礼貌的行为。熟悉的同辈，同辈亲人，夫妻恋人之间不轻易使用此式，起用'尊称'相当于公开声明疏远关系。"仙桃方言"们俦"主要用于社交礼貌场合，熟悉的同辈、同辈亲人之间一般不起用"们俦"，如果使用"们俦"，在关系上会略显生分和疏远。

尽管复数标记"们俦"在仙桃方言中往往与尊敬、礼貌密切相关，只要是用于礼貌交际场合，称谓名词大多可以使用复数标记"们俦"。但值得注意的是，也有相反的情况，在仙桃方言骂人用语中，"们俦"能够直接出现在指人"的"字短语之后用于骂人，例如：

(27)挨刀的们俫　　＊挨刀的们

死砍头的们俫　　＊死砍头的们

害人的们俫　　　＊害人的们

例(27)中左边"的"字短语后的复数标记"们俫"是不能替换成"们"的，也就是说，右边的说法在仙桃方言中都不出现。这种现象可以说明，在仙桃方言中，"们俫"虽然主要的语用功能是复数标记"们"的尊敬式，但是还具有明显的表达"类别""复数"和"群体"的类指语法功能，是一种具有明显语用特征的人称复数语法标记。

2.4　调节韵律功能

仙桃方言中复数标记"们俫"还具有一定的调节韵律的功能，例如：

(28)恁郎们俫莫怪我。

恁郎们莫怪我。

仙桃方言例(28)中两种说法都可以使用。单数尊称"恁郎"，在语音上是两个音节，复数标记"们俫"语音上也是两个音节，从音节韵律角度来看，双音节之间的搭配在语音上显得更齐整协调，尽管在仙桃方言中"恁郎们"也可以说。下面的例子更能凸显"们"和"们俫"在音节韵律方面的不同特点：

(29)姐姐们俫莫怪我。

＊姐们俫莫怪我。

仙桃方言例(29)中的第二种说法是不说的。双音节词"姐姐"和单音节词"姐"与双音节的复数标记"们俫"搭配起来，"姐姐们俫"是常见用法，而"姐们俫"则一般不可以说，这是"们俫"韵律特点的表现。

尤其是当前面的人称词语为多音节时，用"们俫"更显出韵律上的协调，例如"儿子伢们俫""姑娘伢们俫""爹爹婆婆们俫""老人家们俫"等。

这些说法在仙桃方言中虽然都可以用"们"来替代，如"儿子伢们""姑娘伢们""爹爹婆婆们""老人家们"等，但是就使用频率来看，仙桃人在表达复数尊称时，更多地倾向用"们俤"。

值得注意的是，在仙桃方言中当要更加凸显说话对象的尊长时，或者凸显对说话对象的尊重或强调说话对象时，还会在尊称之后附加另一个尊称式"家"，形成复合单数尊称式"郎家"，如前面提到的"恁郎家""他郎家""卖菜的郎家"。这种复合尊称式与"们俤"搭配，形成"郎家们俤"的说法，如"郎家们俤""他郎家们俤""卖菜的郎家们俤"。"郎家们俤"能够单用，如：

（30）郎家们俤呃！你们听我说哕！（你们啊！你们听我说啊！）

例（30）中"郎家们俤"原本没有具体指称对象，但用在具体的会话环境中，则能够指称具体的说话对象。"郎家们俤"用在例（30）中，所起的作用是凸显强调对说话对象"你们"的尊敬，也可以看作一种社交称呼语，这从后面与之相呼应的通称形式"你们"可以清晰地看出。在我们的调查中，比起年轻人，文化程度不高的老年人更多地倾向于使用这种复合尊称式。

"们俤"在仙桃人日常口语会话中出现，是一种口语语体现象。在书面表达中，还是以普通话为主，当然也有用文字记录下来的口语现象，以下是在百度搜索出的"们俤"用法（"们俤"也常写作"们首"）：

（31）帮帮忙吧!! 学霸们首!!① （互联网）

（32）仙桃好邻居的大妈逆天啦，冷郎门首这调皮考虑过模特的感受吗？（互联网）

（33）有在天门找工作的朋友们首吗？（互联网）

综上所述，仙桃方言"们俤"和"们"的不同之处主要表现在语用功能方

---

① 语料出自百度搜索结果，不一一注明具体网址。下同。

面，"们俦"具有"们"所没有的如标示人物年龄、身份、地位，体现说话人的主观情感，传达社交礼貌，调节韵律等各种特殊的语用功能。

3. 复合式复数标记"们俦"及"[sou¹]"的来源

下面主要探讨仙桃方言"们俦"的性质及关于仙桃方言复数标记后缀"[sou¹]"的来源问题。

3.1 复合式复数标记"们俦"

仙桃方言"们俦"是由复数标记"们"与类指人名词"俦[sou³¹]"连用构成的复合式复数标记。"俦[sou³¹]"语义上表示人的类别，表达复数、集体概念，用作复数标记"们"的后缀，语音上调值弱化为[sou¹]，构成具有不同于"们"语用功能的复合式复数标记。

汉语方言中也有类似的现象，张晓静、陈泽平(2015)指出，武邑方言有"们儿们"，由类指人名词"们儿"再后附"们"构成，如"乜老娘们儿们干么儿嗹？(郎些女人在干么呢?)"对于"们儿们"，张晓静、陈泽平(2015)借用徐丹(2011)的术语，称之为"假性复数标记"。

白云、石琦(2014)认为，晋语山西左权方言在表达人称代词的复数意义时有一种特殊形式"都们"，是复数标记"都"和"们"的叠加。复数标记"都"是古代表复数义助词"等"语法化的结果。白云、石琦(2014)指出："左权方言中第二人称代词没有表示尊称的复数形式，对听话一方的指称没有年龄限制，都可用'你都/你都们'或'你们'修饰。"

李树俨(2001)指出，银川方言人称代词的复数有在"们"基础上再加"都"的形式。

汉语方言中的还有其他复数标记叠加式，据彭晓辉(2008：135)引相关学者的研究成果，有受语言接触的影响产生的福建长汀话的"侪们"，还有贵阳方言"们些"(彭晓辉，2008：175)。

汉语普通话也有复数标记叠加现象，邢福义(1996)认为，"您"①是"你们"的复合，本身可以表示复数，但在后边再加上一个"们"，形成的"您们"明显地强调复数意义。

由此可见，汉语中存在着各种复数标记叠加的用法。与武邑方言"们儿们"、左权方言"都们"等形式的不同之处在于，仙桃方言"们俦"中的"俦"不能单用，只能附着在"们"的后面出现，语用上主要用于尊称复数标记。

3.2 "[sou¹]"来源分析及存疑

在本文的描写中，将仙桃方言复数标记后缀"们[sou¹]"中的"[sou¹]"记为"俦"字。关于"[sou¹]"的来源，我们有以下几种推测。

3.2.1 "俦"

"[sou¹]"来源于"俦"，《汉语大字典》(1990：97)："《广韵》直由切，平尤澄。"现代语音为[sou³¹]。中古全浊声母平声字在官话中读清声母送气音，仙桃姚嘴话"俦"字念"[tsʰou¹]"，正符合语音演变规律，只是与"们"连用构成复合复数标记时，在声调上发生了弱化，语音听感上接近上声。仙桃沙湖等地"俦"字念"[sou¹]"，应该是塞音进一步脱落演变的结果。

"俦"可以用作表人名词，本义为"伴侣"，《汉语大字典》(1990：97)："伴侣；匹偶。《玉篇·人部》：'俦，侣也。'""俦"还具有类别义，《汉语大字典》(1990：97)："同类；侪辈。《华严经音义》卷二：'《珠业》曰，……俦，类也。'《字汇·人部》：'俦，众也。'""俦"还可用作代词，表示疑问，相当于"谁"，《汉语大字典》(1990：97)："《字汇·人部》：'俦，谁也。'"

---

① "学界关于金元时期'您'的来源讨论较充分。吕叔湘(1940、1985)、高名凯(1948)、王力(1958)均认为'您'为'你们'的合音形式。"(转引自刘云，2009：98-102)向熹《简明汉语史》(1993)讨论过复数尊称"您们"，他认为，"'您'最早见于宋元话本和金元诸宫调里，有时表示尊称，有时不表示"。

类别义词与复数标记之间有着密切联系，王力(1980)指出，汉代出现的"等"跟"侪、属、曹、辈"是同义词，都表示多数或同一类。这些类别义的词，后来大都发展为复数标记，据彭晓辉(2008：66)的统计："单音节'_等'(梅县话)、'_侪'(连城话)、'_辈'(莆田话)"都是从类别义发展出来的复数标记。前面提到的复数标记"都"在汉语方言中多有出现，李树俨(2001)指出，山西南部就有七处方言是用"都"作人称代词复数词缀的。关于"都"的来源，有学者根据语音相似性推测其来源于表复数的"等"。

江蓝生(1995a：185)认为，复数标记"们"由类别义词"物"发展变化而来，论述了"物"虚化为复数标记的路径，"物"在先秦两汉时期表事物的类别，在魏晋南北朝泛指众人或总指一切人，具备了"跟'等'一样用在人称代词或指人名词之后表示某一类人、或进一步虚化为复数词尾的条件"(江蓝生1995a：185)。

汉语复数标记形式非常丰富，彭晓辉(2008：86)归纳出汉语复数标记的几种来源，包括处所名词、表示集体义的人称代词、集合量词、集体名词、数量短语、群体义的量词短语、表示群体义的定中短语、来源于领属助词等。从彭晓辉(2008：86)归纳的各种复数标记来看，汉语复数标记来源很多都与类别(集体)义有关。

由此可见，仙桃方言中"侪"能用作复数标记也与"侪"的类别义是相关的。以下例句可以看出"侪"虚化为复数标记的趋势：

(34)携朋挚侪。(韩愈《送穷文》)

(35)自少轩轾非常侪。(韩愈《刘生诗》)

(36)若夫田文无忌之侪，乃上古之俊公子也。(曹植《七启》)

(37)我闻今相国昆山顾秉谦者，严相国侪也。(侯方域《马伶传》)

以上语料尽管从时间上来看，三国要早于唐代，但我们还是可以看出"侪"的虚化轨迹。由例(34)中的"伴侣"义到例(35)中的"类别"义，例(36)中结构助词"之"连在"侪"和表人名词"田文无忌"之间，而到了明清时期例(37)中结构助词"之"的省略，"俦"直接附着在表人名词"严相国"之后，是"俦"能够用作复数标记的重要表征。

至于仙桃方言"们俦"这种复合式复数标记的尊称功能，江蓝生(1995b)指出，北京话敬称代词"您"更可能是"你们"的合音，用复数表敬是许多语言共有的现象。邢福义(1996)也曾指出："'您们'这种复数尊称现象，在现代汉语里是不是孤立的现象?"仙桃方言"们俦"是复数标记"们"和表复数的"俦"复合而成，具有凸显复数意义，在语用上，复数意义的凸显，与敬称功能有关，也可以看做一种复数表敬现象。与汉语普通话"您""您们"尊称用法不同之处在于，仙桃方言人称代词不仅有单数尊称形式，而且复数标记也有相应的尊称形式。

"俦"能够用作尊称标记，还可以从字形字义角度解释。《说文解字》："俦，从人，寿声。""寿"具有"老"的含义，《说文解字》："寿，久也，从老省。"而汉语中由"老"而成为敬称的现象是很普遍的。见下文论述。

综上所述，我们认为，仙桃方言"们俦"中"[sou¹]"的本字应为"俦"，原因如下：

①"们俦"中"[sou¹]"与"俦"本字语音相近；

②"俦"类别义是用作复数标记的关键；

③"们"和"俦"尊称语用功能的产生与"复数表敬"相关；

④ 字形字义方面，"俦"字蕴含"老"意义，也可能是其敬称功能的来源。

关于"[sou¹]"字的来源，我们还有其他的推测，这里提出来暂且存疑。

3.2.2 "叟"

"[sou¹]"的来源是否为"叟"?

《汉语大字典》(1990：168)："叟,《广韵》:'苏后切，上厚心。幽部。'"仙桃方言"叟"与复数标记后缀"[sou¹]"音近。

古汉语中"叟"一般指年老的男人，如"老叟"。"叟"可用作对老年男子的尊称,《汉语大字典》(1990:168):"赵岐注:'叟,长老之称也,犹父也。'唐李白《嘲鲁儒》:'鲁叟谈五经,白发死章句。'"

"叟"的本义并不强调性别,只指年老。《汉语大字典》(1990:168):"《说文·又部》:'叟,老也。'"《释名·释亲属》:"嫂,叟也,叟,老者称也。"《十三经注疏(上)》(1990:1114),《仪礼注疏》卷三十二:"郑玄注云:'嫂者,尊严之称。是嫂亦可谓之母乎?嫂,犹叟也;叟,老人称也。'"可见,"叟"本与"老人称"和"尊严之称"有关。如:

(38)回寻画龙堂,二叟鬓发斑。(白居易《游悟真寺诗》)

"老"在汉语中常用于尊称,汉语称谓词中有"老 X""X 老"等用法,"老 X"用于一般对年长者的尊称,"X 老"则适用于年纪更长而且德高望重者的尊称。

"老"与复数标记也有一定联系。刘云(2009:98-102)指出,关于北京话敬称代词"您"的来源,有"'你老'合音说",王力(1958)、吕叔湘(1985)、伍铁平(1982)①都持这种观点。刘云(2009:98-102)认为,"表敬代词'您'应是从'你老'发展而来,经由了你老(nǐ lǎo) > 你/您纳(ni-na)> 您(nín)的发展变化过程"。

所以,从语音、语义和语用上看,仙桃方言复数标记后缀"[sou¹]"的来源为"叟"也有一定的合理性。问题在于,"叟"在古汉语中一般为名词,数量特征上只表达单数,没有复数语义特征,而且也没有表现出虚化为复数标记迹象。例如:

(39)忽见三四老叟,伛偻而至,俱带泪痕。弃海询曰:"叟等何往?"(清《绣云阁》)

例(39)中,"三四老叟""叟等"表达复数分别采用的是"三四"数词连

---

① 王力(1958)、吕叔湘(1985)、伍铁平(1982)的观点转引自刘云(2009:98-102),故不列在参考文献中。

用和"等"。"叟"是名词。这样看来，仙桃方言"[sou¹]"的来源如果为"叟"又缺乏语法佐证。

关于"[sou¹]"的来源是否与用作动词和副词的"数[sou³¹]"有关，也是值得提出来思考的问题。仙桃方言中与复数标记后缀"[sou¹]"音近的还有用作动词和副词的"数"，如"数数"，仙桃方言读音为"[sou³¹sou³³]"。

语义方面，"数[sou³¹]"与数量有关，表示屡次，频数。《广韵·觉韵》："数，频数。"清·郝懿行《尔雅义疏·释诂》："数者，与屡同意，今人言数数，犹言屡屡也。"

(40)我数[sou³¹]倒说你都不听。(我总在说你都不听。)

例(40)中"数倒"除了可以表达动作的频次数量外，还含有表达动作进行状态的语法意义。这种用作副词表示屡次的"数[sou³¹]"，无论从语音上还是语义上似乎可以与复数标记后缀"[sou¹]"联系起来，但是缺乏更充分的证据证明其来源关系。

"们俦"网络上书面记音有"门首"二字。例如：

(41)目测，仙桃伢门首滴朋友圈又要被刷爆了！(互联网)

彭晓辉(2008：86)指出，有的复数标记来源于处所名词，如"家""里"，如湖南汨罗方言复数人称代词词尾"俚"。陈山青(2011)指出，"'我俚'由古有'聚居'义的'我里'衍生而来，'俚'的本字就是'处所'义的'里'。"我们也考察了北大语料库，古汉语语料"门首"都指的是"家门口"的意思，并未有进一步虚化的用法，也难以充分证明其与尊称复数之间的关系。

综上所述，仙桃方言复数标记后缀"们[sou¹]"中的"[sou¹]"的来源，相对合理的看法应是来源于表类别义的"俦"，附在"们"后面，构成表尊称的复合式复数标记，也可以用于表人的类别。

4. 结　　论

仙桃方言中，通称复数标记"们"和尊称复数标记"们俦"共存。"们俦"和"们"一样，也是一种语法、语用双重标记的复合式复数标记，也具有类指功能，但是还有着不同于"们"的独特语用功能。仙桃方言"们俦"和"们"的不同之处主要表现在语用功能方面，"们俦"具有"们"所没有的如标示人物年龄、身份、地位，体现说话人的主观情感，传达社交礼貌，调节韵律等语用功能，是仙桃方言中的一种口语语体语法现象。仙桃方言"们俦"是由复数标记"们"与类指人名词"俦［sou³¹］"连用而成。"俦［sou³¹］"表达人的类别、复数、集体概念，出现在复数标记"们"之后，语音弱化，构成一个复合式复数标记，"俦［sou¹］"不能单用。仙桃方言复数标记后缀"［sou¹］"的来源为表类别义的"俦"。

仙桃方言复数标记"们俦"的复数尊称功能，在日语中也有类似现象，日语第二人称和第三人称的复数都有加尊称标记的形式，这些形式既带有身份义(主要是年资)，又可表达说话人的主观态度。

◎参考文献

[1]白云，石琦：《山西左权方言人称代词复数形式"X 都/都们"》，载《汉语学报》2014 年第 1 期。

[2]陈山青：《湖南汨罗方言复数人称代词词尾"俚"的语源》，载《湖南科技大学学报(社会科学版)》2011 年第 1 期。

[3]储泽祥：《数词与复数标记不能同现的原因》，载《民族语文》2000 年第 5 期。

[4]汉语大字典编辑委员会：《汉语大字典》，湖北辞书出版社、四川辞书出版社 1990 年版。

[5]李军：《湖北仙桃方言封闭词类研究》，贵州大学 2009 年硕士论文。

[6]李树俨：《银川方言人称代词复数的两种形式及词缀"都"》，载《语文

研究》2001 年第 1 期。

[7] 李旭平:《吴语及其邻近方言中数词和亲属名词连用现象的考察》,载《中国语文》2014 年第 1 期。

[8] 刘丹青编著:《语法调查研究手册》,上海教育出版社 2008 年版。

[9] 刘云:《北京话敬称代词"您"考源》,载《北京社会科学》1984 年第 3 期。

[10] 吕叔湘:《汉语语法论文集》(增订本),商务印书馆 1984 年版。

[11] 江蓝生:《说"麽"与"们"同源》,载《中国语文》1995 年第 3 期。

[12] 江蓝生:《〈燕京妇语〉所反映的清末北京话特色》(下),载《语文研究》1995 年第 1 期。

[13] 彭晓辉:《汉语方言复数标记研究》,湖南师范大学 2008 年博士学位论文。

[14] (清)阮元:《十三经注疏》,中华书局 1982 年版。

[15] 汪化云:《汉语方言 tɕ 类复数标记的来源》,载《语言研究》2012 年第 1 期。

[16] 王力:《汉语史稿》,中华书局 1980 年版。

[17] 向熹:《简明汉语史》,高等教育出版社 1993 年版。

[18] 邢福义:《说"您们"》,载《方言》1996 年第 2 期。

[19] 张晓静,陈泽平:《河北武邑方言复数标记"们"》,载《中国语文》2015 年第 2 期。

[20] 赵元任:《赵元任全集·湖北方言调查报告》,商务印书馆 2012 年版。

（本文原载《湖北师范大学学报》2018 年第 6 期）

含人体器官时间副词的形成演变：
"N(人体)""N(人体)+X""X+N(人体)"

《现代汉语词典》(第7版)收录了不少含有人体器官的副词，其中有一部分词具有时间义。这些词中的典型代表是"回头"，如高增霞(2004)认为，"回头"发展出了话语标记的用法，李宗江(2006)研究了"回头"演变成时间副词和连接成分，胡纯和王军(2016)研究了"回头"时间义的认知机制。那么，除了"回头"这类"V+N(人体名词)"结构，还有哪些词是含有人体器官的时间副词？这些词的内部发展过程有哪些异同？

本文选取《现代汉语词典》(第7版)收录的"前脚""后脚""眼看""眼见""一头"和"随手"这6个含人体器官副词进行研究，以期能够揭示这类词的规律特征。

1. 从部位义到时间义

由"N(人体名词)"直接构成的时间副词有"前脚"和"后脚"。"前脚"和"后脚"在《现代汉语词典》(第7版)中收录了两种词性：一是名词；二是副词。名词义指的是迈步时在前面的或者在后面的那只脚；副词义表示在别人前面或在别人后面，强调时间上很接近。

1.1 前脚

"前"和"脚"的连用在六朝时期就已出现，一开始指的就是动物的脚，动物的四只脚分前后。这一用法一直沿用至后世。例如：

> (1)臂欲长，而膝本欲起，有力。前脚膝上向。肘腋欲开，能走。（《齐民要术》）
>
> (2)鼠以前脚捧青囊，囊有三寸许珠。（《太平广记》出《异苑》）

例(1)(2)中的"前脚"分别是马的脚和鼠的脚。至迟到了宋明时期的军事著作中，"前脚"开始广泛指人的脚。因人迈开两脚后，空间上形成了前后关系。例如：

> (3)又鼓一槌，齐唱杀声，陌刀齐亚，不得背面起陌刀头，却还本队立定(凡归队却行，皆须前脚续后脚，不得回面行也)。（《武经总要》）
>
> (4)两人大门对打，不进前脚，不折后脚，不能胜。（《纪效新书》）

明清时期小说繁荣，也正是在这个时期，"前脚"就开始从人体部位义向时间义进行演变。例如：

> (5)倪管家说："既狄奶奶要住下，我回家禀声爷去。"狄奶奶说："你只前脚去，我随后就死。"（《醒世姻缘传》）
>
> (6)谁知先生前脚出去，军门跟后就断气，立刻手忙脚乱起来。（《官场现形记》）

例(5)~例(6)中"前脚"位于句子的前半句，后半句通常会出现明显的标志后发时间的词语，如"随后""跟后"和"就"等，使得前后小句在事件发生的时间顺序上形成呼应，指前后事情在很短的时间内紧接着。根据上下文显义,这里的"前脚"在语境中就从指称人体部位的名词演变为一种时间关系,产生了与后发时间相对应的先发时间的语义功能。

"前脚"的时间义在现代更为凸显。例(5)~例(6)中"前脚"后接的动作都与脚部相关,如"去"和"出去"。而发展到了现代,"前脚"后续成分可以是与脚部无关的行为,语义进一步虚化。例如:

> (7)华为前脚在7月13日深夜发布了2020年半年报,7月14日,英国方面就宣布禁用华为设备。(《北京商报》)
>
> (8)海立股份控股股东前脚刚刚宣布终止股权转让,格力电器便随即大举增持,这一举动不免引来市场猜疑。(《新浪财经》)

1.2 后脚

"后脚"刚开始也是专指动物的脚,经常与"前脚"一起出现。例如:

> (9)因取大刀断犬腹,近后脚之前,以所断之处向疮口。(《搜神记》)
>
> (10)始皇转马还,前脚犹立,后脚随崩,仅得登岸。(《太平广记》出《三齐略记》)

同样在明清时期,"后脚"可以指人的脚,最终也实现了从人体部位到时间的连通和转换。例如:

> (11)阴阳要转,两手要直。前脚要曲,后脚要直。一把一揭,遍身著力。步步进前,天下无敌。(《纪效新书》)
>
> (12)王铭先跳上船,把后脚将岸一蹬,那船忽地里离岸有二三丈。(《英烈传》)
>
> (13)但瞒着一字儿,到明日你前脚儿过去,后脚我就吆喝起来,教你负心的囚根子死无葬身之地!(《金瓶梅》)
>
> (14)我们先生前脚到家,金大人后脚就跟了来,吃了半夜的酒,

讲了一夜的话。（《孽海花》）

例（11）～例（12）中"后脚"指迈步时在后面的那只脚，而例（13）～例（14）中"后脚"指时间上在别人后面。表示部位义时，"前脚"和"后脚"体现了空间上的位置和距离关系。表时间义时，"后脚"所在小句表达的事件紧承"前脚"事件发生。

"前脚"和"后脚"时间义的固定都与它们后续成分密切相关。但"前脚"和"后脚"的用法具有不对称性。表时间义时，"前脚"可以不必与"后脚"共现，其搭配对象更广泛，如例（5）～例（8）；但"后脚"通常与"前脚"共现，如例（13）～例（14）。"后脚"后续成分可以与脚部无关。例如：

（15）当年的中国养母展现了伟大的人性光辉，敌人前脚刚走，后脚她们愿意养活敌人的孩子，付出很多心血。（《人民网》）

（16）前脚推新歌，后脚就被网友指出似曾相识，这两年中，因此被推上热搜的音乐人不在少数，草根艺人和有知名度的音乐人都有。（《北京日报》）

Clark（1973）认为，时间理论系统大致可以分为两种：一种是"自我在动（moving-ego）"；另一种是"时间在动（moving-time）"。"自我在动"即人是主动运动的，沿着时间轴朝着未来的方向前进，比如"前程""向后看是为了向前看"中"前"表未来，"后"表过去。而"时间在动"即人是被动静止的，代表未来方向的时间沿着时间轴向个体靠近，比如"前人""后代"中"前"表过去，"后"表未来。

"前脚"和"后脚"就是立足于时间参照系统中"前"表过去，"后"表未来。时间有线性和单向的特点，具有位移性和方向性，基于时间流过程中"先动作的物体在前面，晚动作的物体在后面"这一事实，先迈出的那只脚是"前脚"，后迈出的那只脚是"后脚"。张媛（2019）指出，时间参照系统的重要功能是将事件通过参照点固定于时间中。就时间副词"前脚"和"后脚"来说，事件就是"前脚"和"后脚"所在的前后两小句动作行为，是将要被固定于时间中的目标事件，而参照点就是"前脚"和"后脚"，是以人体部位为固定目标事件的参照物。

"前脚"和"后脚"涉及对空间位置距离关系的体验感知，根据人体部位方位与事件发生序列的相似性，空间关系与时间关系的映射有了足够的经验基础，在隐喻机制的作用下，"前脚"成了先发时间，指在别人前面，"后脚"是后发时间，指在别人后面。

"前脚""后脚"演变机制大致如下：

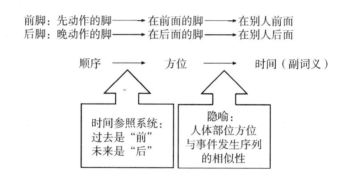

2. 从动作义到时间义

从动作义到时间义的一个重要代表是"回头"，关于"回头"这类"V+N（人体名词）"词语从客观动作到客观时间再到主观时间的演变，前人已经有过很多精彩论述，这里不再赘述。本节重点研究"N（人体名词）+V"构成的时间副词："眼看"和"眼见"。"眼看"和"眼见"在现代汉语中是一组同义副词，都能表示"马上"，指动作行为紧接着某个时候。

2.1 眼看

六朝时，"眼"和"看"就开始连用，指的是眼睛看着某个客观事件，"看"有较强的动作义。这一用法沿用至唐诗中也有出现。例如：

(17) 夫妇二人以先要故，眼看不语。贼见不语，即其夫前侵略其妇。(《百喻经》)

(18) 去年下扬州，相送黄鹤楼。眼看帆去远，心逐江水流。(李白《江夏行》)

例(18)中"眼看"和"心逐"对举使用，后接的还是"帆去远"这种客观实际的现实存在事件。在唐宋时期，"眼看"后接成分常常与时间概念相关。例如：

(19) 眼看春色如流水，今日残花昨日开。(崔惠童《宴城东庄》)

(20) 冠冕凄凉几迁改，眼看桑田变成海。(戎昱《赠别张驸马》)

(21) 细数元正隔两朝，眼看杨柳又新条。(廖行之《鹧鸪天》)

(22) 物盛还衰，眼看春叶秋萁。(辛弃疾《新荷叶》)

(23) 三十三年，客星堂上，几度曾来。眼看变化云雷。分白首、烟波放怀。(袁去华《柳梢青》)

例(19)~例(23)中的"春色如流水""桑田变成海""杨柳又新条""春叶秋萁"和"变化云雷"都是指变化很大。变化本来就是一个有起点有终点的过程，占有时间维度，而且往往是较长的时间。而"眼看"的本义"眼睛看见"，相对而言就是短时能完成的动作。当变化的长时进入"眼看"的短时，短时影响长时，变化也就能往短时的方向理解。这是受到了说话人情感因素的影响，从客观意义转为主观意义，表达了说话人的主观认识，正是沈家煊(2001)指出的"主观性"。

明清时期，"眼看"常接到目前为止还没有发生的事情。例如：

(24) 这日子近了，这不眼看就待领凭呀？(《醒世姻缘传》)

(25) 这不大哥眼看就到了，我敢扯谎不成？(《醒世姻缘传》)

(26) 二则如今我哥哥眼看要娶嫂子，多少针线活计并家里一切动用的器皿，尚有未齐备的，我也须得帮着妈去料理料理。

（《红楼梦》）

(27) 一个他的姨娘，不知什么事触怒了他，毒打了一顿还不算数，把那姨娘剥得赤条条地丢在雪地里，眼看快冻死了。（《孽海花》）

例(24)~例(27)中的"眼看"都能理解为时间义"马上"，用于未然事件，推知目标事件的发展趋势，预测将来的结果，可以表示一种有理有据的推测。

2.2 眼见

"眼见"在六朝时也已出现，能与"眼看"在上下文中共现。例如：

(28) 夫妇二人以先要故，眼看不语。贼见不语，即其夫前侵略其妇。其夫眼见，亦复不语。（《百喻经》）

"眼见"一开始也是表示看到的具体客观存在。到了唐宋时期，"眼见"在诗词中也可以后接时间概念。例如：

(29) 耳闻争战还倾覆，眼见妍华成枯槁。（吕岩《赠刘方处士》）

(30) 戏舞称觞，一堂家庆，眼见儿孙曾又玄。（何梦桂《沁园春·寿何逢原北堂》）

这里和"眼看"一样，"看"和"见"具有动作性，"眼看"和"眼见"后面所接的宾语具有过程性，有起点和终点。通过"眼看"或"眼见"，把过程的长时压缩至动作的短时。这种时间压缩与人对时间的主观体验有关，体现出人对客观时间的主观判断。

明清时期，时间副词"眼见"开始形成。例如：

(31) 眼见祸乱将兴，灾异叠见。不久宗庙丘墟，社稷易主。（《封神演义》）

(32) 年将半百，眼见要呜呼，又何必助淫僧去见陈谟。（《冷眼观》）

(33) 你家丈夫定然不久于人世，眼见要死了。（《施公案》）

(34) 不要骂我啦，眼见就要家败人亡，骨肉分离。（《三侠剑》）

(35) 先前对二婶娘说要立永远基业的话，如今祭田、义产眼见就可办成了。（《红楼梦补》）

例(31)~例(35)中的"眼见"往往带有提醒警示的含义，后续常接预测将来会出现的消极结果，表示说话人的某种心态。范开泰和沈敏（2007）也指出了"眼看"表示不如意的比例较高。可见，情绪与时间相关，情绪能够影响对时间的知觉。

"见"与"看"是一组同义动词，"眼见"的演变与"眼看"相似，都是先"看见"现在的客观存在，再"看见"从过去到现在的整个过程，最后能"看见"未来可能产生的结果。这是人对于"过去""现在""未来"的体验感知。在认知上"过程—结果"转喻驱动下，"眼看/眼见"就从"看见过程"引申出"看见结果"。

"眼看""眼见"演变机制大致如下：

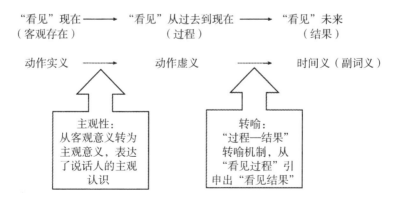

3. 从描摹义到时间义

由"X+N(人体名词)"构成的时间副词有"一头"和"随手"。张谊生(2000)称它们为描摹性副词,李铁范(2015)称其为方式词。这两个词的特点是,描摹义和时间义都是副词含义。副词"一头"可以表示头部往前、往里或往下;也可以表示时间义"突然,一下子"。副词"随手"可以表示趁着某种便利的条件,还可以表示时间义"随即"。

3.1 一头

先秦时期,"一"和"头"就开始连用,是一个由"数词+名词"构成的结构,表示"一个脑袋"。例如:

(36)蝎者,一头而两身。(《管子》)

宋元明时期,"一头"可以与特定动作动词搭配,表示头部往前、往里或往下。例如:

(37)一头撞去,被他闪过空。(《错斩崔宁》)

(38)鸨子怒发,一头撞去,高叫:"三儿打娘哩!"(《玉堂春落难逢夫》)

(39)多亏了御水河救了性命。小龙一头钻下水去。(《西游记》)

(40)看见是晁家的人,一头钻在房内。(《醒世姻缘传》)

清朝时期,"一头"就从描摹出一种突发、迅速的样态,进而表示短时突发义。例如:

(41)几日前你们姊妹两个正说话,赵姨娘一头走了进来。(《红楼梦》)

(42)过了些时,活该有事,被他爸爸回来一头碰见,气了个半

死，把他闺女着实打了一顿。(《老残游记》)

例(41)(42)正是《汉语大词典》收录的"一头"时间义的例句。这里的"一头"指动作突然而迅速，表示所述"赵姨娘走了进来""被他爸爸回来碰见"的情况在当事人的意料之外，具有反预期的情态特征，当事人没有注意到事件发生的苗头，凸显出事件的突然性或发生的即时性。在《现代汉语词典》(第7版)中，"一头"的描摹义和时间义都有收录，例句为：

(43)打开车门，他一头钻了进去。(《现代汉语词典》第7版)

(44)刚进门，一头碰见了他。(《现代汉语词典》第7版)

例(43)中"一头"描摹出头部急速往前、往里或往下的动作，描摹义是"一头"的客观意义，是从客观上描摹动作本身的细节方式，具有客观性。例(44)中"一头"表示突然、一下子。时间义是"一头"的主观意义，是一种主观小量，在主观上认为"头部往前、往里或往下"发生的时间很短，是从主观上描述人对这一动作方式的态度。从空间运动义到时间流逝义，把握住了事件的意外和时间的短促，身体和情境为时间的理解提供了基础。描摹义到时间义是从客观意义转变到主观意义的体现，贯穿着言者主观性的增强。

有时候，"一头"的描摹义和时间义的区分并不是特别明显，这正体现了描摹义与时间义的关系密切，也体现了语法化是一个连续统，在演变发展的过程当中，会有一些模糊的地带。

另外，《汉语方言大词典》中有记载与"一头"时间义相近的含人体器官副词。如"一头子"在西南官话中可以理解为"猛然"，表示忽然，骤然；"一脚走"在吴语中能够表示"一下子"。例如：

(45)一头子想起来。(云南方言，《汉语方言大词典》)

(46)索性一脚走写好仔吧。(江苏方言，《汉语方言大词典》)

3.2　随手

"随"和"手"在先秦时期就开始连用。例如：

> (47)以手按其腹，随手而起，如裹水之状，此其候也。(《黄帝内经》)

例(47)中"随手"表示腹部随着手的动作而发生变化。"随手"处于两个先后发生的动作"按"和"起"之间，连接了两件相继发生的事情，"随手"所在的小句是后发生的事件，语境中的时间关系就被"随手"吸收。

到了西汉时期，"随手"的时间义就已经出现了，表示"随即"，指事件接续，强调时间短。例如：

> (48)若欲捕我以自媚于汉，吾今日死，公亦随手亡矣。(《史记》)

《现代汉语词典》(第7版)只收录了"随手"的描摹义，表示趁着某种便利的条件，很轻易地一伸手。

> (49)出门时请随手关门。(《现代汉语词典》第7版)

而钟兆华《近代汉语虚词词典》(2015)标明了"随手"的时间义："随手"表示行为紧接着前一行为动作而发生，指"随即"。"随手"的时间义在现代口语中也有保留。例如：

> (50)立刻满面堆着笑，说道："你老兄真是个诚笃君子，兄弟失敬得很！通浙江做官的人都能像你老兄这样，吏治还怕没有起色吗？"随手又问了几句民情怎样，年岁怎样。(《官场现形记》)
> (51)曲黎敏：啊，对啊，哈哈哈……对。真是这么回事，所以你还得随手就得来，"大隧之中"呀，"大隧之外"，然后就这

么的，俩人就和好如初了，反正就把这个事就折回来了。
（《梁冬对话曲黎美》）

（52）我随手就来。（上海方言，《汉语方言大词典》）

例（49）中的"随手"是描摹义，表示趁着前一个手部动作行为的便利接着进行另一个手部动作，将事件导向时间的承继性。例（50）~例（51）中的"随手"后接的行为与手部无关，"随手又问了几句"和"随手就得来"，这里的"随手"是时间义，表示行为紧接着前一个动作发生，指"接着，随即"。例（52）中表明"随手"的时间义在吴语中有保留。

"跟手"与"随手"语义相近，既能表示描摹义也能表示时间义。例如：

（53）他一进屋子，跟手就把门关上。（《现代汉语词典》第7版）

（54）他接到电话，跟手儿搭上汽车走了。（《现代汉语词典》第7版）

（55）到那儿跟手就打电话啊！（天津方言，《汉语方言大词典》）

（56）蛤蟆脸男人一怔，跟手笑了："您真行！"（冯骥才《三寸金莲》）

（57）可一落进肚里，跟手一股劲"腾"地蹿上来，直撞脑袋。（《读者》）

"跟手"在例（53）中的描摹义和在例（54）~例（55）中的时间义的区分也不是很明显，而例（56）~例（57）中"跟手"的时间义就较为清晰，因为"跟手"后接的"笑"和"蹿"都是与手部无关的动作行为，句中"跟手"表示时间义"随即"。我们坚持连续统的观点，认为在语义发展过程中存在着两可的情况，描摹义和时间义互有牵连，有时不能截然分开。

古代汉语中曾经出现过一系列表示时间副词的"X手"，葛佳才（2003）和刘传鸿（2012）都有举例，如"应手""寻手""缘手""逐手"。郑伟（2015）分析了吴语中"手"构成的时间副词。

另外，跟"一头"一样，"随手"也有与其时间义相近的含人体器官副词，如"跟脚""跟脚板"和"跟身"。例如：

> （58）你刚走，他跟脚儿也出去了。(《现代汉语词典》第7版)
>
> （59）伊一走，我就跟脚板追上去。(上海方言，《汉语方言大词典》)
>
> （60）等到高金山跟身跨进门限，她已站在高金山平日睡觉的那张连二铺前。(李劼人《大波》)

"一头""随手"演变机制大致如下：

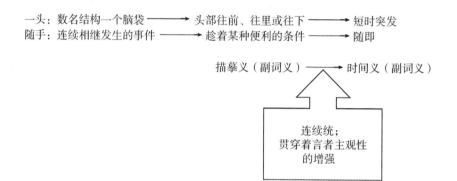

4. 含人体器官时间副词的形成演变

4.1 句法条件

从人体名词到时间副词的演变经历了含人体器官副词的形成这一过程。

含人体器官副词是现代汉语中较为常见的词语，它们有的已经从某一人体名词出发形成了一个副词体系，比如"X头"：从头、打头、当头、到头来、分头、回头、闷头、辟头、劈头、一头、迎头；"X手"：白手、趁手、带手、跟手、就手、劈手、亲手、顺手、随手、徒手、信手、一手；

"X脚"：跟脚、后脚、前后脚、前脚、捎带脚、顺脚；"X口"：极口、交口、绝口、空口、口口声声、苦口、满口、亲口、矢口、顺口、随口、一口、一口气；"X面"：当面、对面、劈面、一面、迎面；还有"X心""X身"等。有的人体名词目前只发展出一个含人体器官副词，比如：斗胆、亲耳、劈胸、拦腰。其中部分词是在已有词语的基础之上通过同义或近义语素替换类推而来。

句法是从人体名词演变到含人体器官副词的关键。张谊生（2000）指出，汉语实词虚化成副词的重要途径之一就是要充当状语或者说进入状位。比如"手"本是名词，但由于经常充当状语，引申出"亲手"的含义，最后就形成了有副词用法的"手"。例如：

（61）吾妻死之年所手植也。（《项脊轩志》）

最有可能演变成副词的是经常处于谓语动词之前充当状中结构的状语成分，有时会出现在补语位置。目前名词"头""背"在普通话中并没有显示出副词化的倾向，而根据曾达之和罗昕如（2013）的研究，它们在湘语中有时间副词的用法。例如：

（62）你走头，我走背。（转引自曾达之和罗昕如的论文）

例（62）中的"头""背"表示时间副词，指"你先走，我后走"。

现代汉语中含人体器官副词的形成也都是因为较为频繁地直接作状语，后面主要接动词。含人体器官词语在虚化过程中不再是组成成分与人体名词的简单相加，而是倾向组合在一起。组成成分在虚化，人体名词的语义也在弱化，语义的泛化导致词义不断融合，含人体器官词语开始凝固紧凑，不再进行扩展和拆分，开始高频充当句子状语，最终就从短语融合成了一个副词。

叶浩生（2010）指出，身体体验在认知中的作用很关键。王寅（2014）提出"体认语言学"，强调语言的体验性。含人体器官副词也正是基于体验和认知加工的产物，离不开与生理和心理密切相关的感知体验基础，涉及具身认知的过程。人们经常使用身体感受来描述客观世界，把自身较为熟悉的事物当作基本的参照点，从这个参照点出发，再认识周边的事物，接着再到其他抽象概念。语言使用者根据自身体验构建出词语的新含义，某些人体词语就频繁地出现在状语位置。这一用法若是固定下来，可能就会形成新的方式状语，慢慢地向副词靠拢。

4.2 语义理据

从形成时间上看，"随手"的时间义在西汉就已经出现，"眼看"和"眼见"时间义的产生得力于唐宋诗词的发展，而明清小说的繁荣很大程度上直接推动了"眼看""眼见""前脚""后脚"和"一头"时间副词的形成，形成的大致时间见表1。

表1　时间副词的形成时间

	前脚	后脚	眼看	眼见	一头	随手
最初连用	六朝				先秦	
时间副词形成	明清					西汉

从语义上看，这六个词的共同点如下：①最初使用的时候都没有时间义，时间义的产生是一个动态意义抽象化的过程，最终形成非直陈式时间副词；②都能够表示短时义；③所修饰的动作的语义也在发生变化，从表示与该人体名词相关的行为动作，到表示与该人体名词无关的行为动作。

从理据上看，认知语言学中的认知概念，包括体验性、隐喻和转喻等，都从不同侧面证明了从人体到时间的演变与人类认知的密切关系。在三个世界——客观世界、主观世界和语言世界中，时间不仅在客观世界中存在，人类还可在主观上追溯过去，展望未来，在语言中就有相应的表述。时间是抽象的，不能直接体验，它的存在一般是通过运动变化才能体现出来。人体词语是时间表征的重要媒介，从人体名词到时间副词是借用人体词语表达时间概念，毕竟人体词语占据一定的空间，空间更具有可视性和具体性。以人体部位为框架固定目标事件，凸显行为事件中时间元素的属性，造成三维空间和一维时间的融合。这在整体上遵循了具有普遍意义的认知机制，即人>物>事>空间>时间>性质。其核心的过程就是从空间到时间，只不过各小类之间的侧重点不同。

第一类："前脚"和"后脚"类。"前脚"和"后脚"既是人体名词又是时间副词，是从部位义到时间义。处于某一位置的人体名词，直接修饰动作行为。隐喻机制发挥作用，空间距离的"近"被映射到时间的"近"，从指称人体部位的名词演变为时间关系。

第二类："眼看"和"眼见"类。"眼看"和"眼见"的时间义来源于动作义。一开始是"看见"现在，接着能"看见"从过去到现在，最后能"看见"将来。在"过程—结果"转喻的机制下，"眼看/眼见"从动作义引申出时间义。

第三类："一头"和"随手"类。"一头"和"随手"的动作含义是隐形的，并没有像"回头""眼看"和"眼见"那样在词面构词上凸显动作性，其时间义的形成与描摹义相关。

5. 总　　结

含人体器官的时间副词源自人们对客观世界的认知体验，其重要功能是：通过人体器官部位，将事件固定于时间中。这类副词大致可以分为三类：第一类是"前脚"和"后脚"，它们都既是人体名词又是时间副词；第二类是"回头""眼看"和"眼见"，它们的副词含义只有一种——时间义；第三类是"一头"和"随手"，它们有两种副词含义——描摹义和时间义。

含人体器官时间副词的形成演变，也基本遵循这个分类而形成了以下三个主要的过程，在发展过程中，认知语言学中的体验性、隐喻和转喻等都发挥了作用：

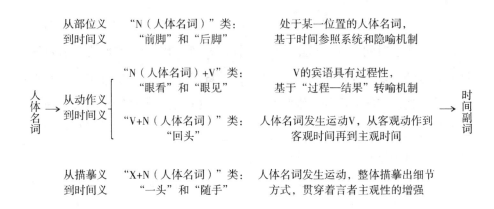

本文重点讨论的六个词语都是词典中已经明确标出其时间义的含人体器官副词，或许还有一些人体词语正处于虚化的阶段。另外，汉语的这一演变能否推广到其他语言？除了本文研究的时间义，含人体器官副词还有哪些规律特点？因此接下来，我们准备扩大研究对象，进一步完善对这类词的整体研究。

◎参考文献

[1] 范开泰，沈敏：《"眼看"与"马上"的语义表达功能辨析——兼谈对外汉语近义虚词教学》，载《云南师范大学学报(对外汉语教学与研究版)》2007年第5期。

[2] 高增霞：《自然口语中的话语标记"回头"》，载《中国社会科学院研究生院学报》2004年第1期。

[3] 葛佳才：《谈词尾"手"的虚化》，载《语言研究》2003年第2期。

[4] 胡纯，王军：《"回头"时间义项的认知研究》，载《西安外国语大学学报》2016年第4期。

[5] 李铁范：《现代汉语方式词的认知功能研究》，上海师范大学2015年博士学位论文。

[6] 李宗江：《"回头"的词汇化与主观性》，载《语言科学》2006年第4期。

[7] 刘传鸿：《关于词尾"手"的再讨论》，载《语言研究》2012年第1期。

［8］沈家煊：《语言的"主观性"和"主观化"》，载《外语教学与研究》2001年第 4 期。

［9］王寅：《后现代哲学视野下的体认语言学》，载《外国语文》2014 年第6 期。

［10］徐宝华，［日］宫田一郎：《汉语方言大词典》，中华书局 1996 年版。

［11］叶浩生：《具身认知：认知心理学的新取向》，载《心理科学进展》2010 年第 5 期。

［12］曾达之，罗昕如：《湘语"头""背"类人体词语的语义演变与修辞动因》，载《当代修辞学》2013 年第 3 期。

［13］张谊生：《现代汉语副词研究》，学林出版社 2000 年版。

［14］张媛：《论瞬时性：汉语时间表征的经验基础》，载《外语教学》2019年第 1 期。

［15］郑伟：《从空间到时间：早期和现代吴语中的一类时间表达词》，载《语言研究集刊》2015 年第 2 期。

［16］中国社会科学院语言研究所词典编辑室：《现代汉语词典（第 7 版）》，商务印书馆 2016 年版。

［17］钟兆华：《近代汉语虚词词典》，商务印书馆 2015 年版。

［18］Clark H. Space, Time, Semantics, and the Child. In T Moore（ed.）. Cognitive Development and the Acquisition of Language. New York： Academic Press, 1973.

汉语双音节复合名词句法语义关系研究

刘文霞

(海南热带海洋学院)

1. 引　　言

名词是语言中重要的词类范畴，用于记述人、物或事件，是构成句子的基本要素，也是语法研究的重要内容。从音节数量讲，汉语中的名词分为单音节、双音节和多音节三种形式。从构成方式上看，双音节名词分为复合、派生和重叠三种形式。单音节名词不存在结构问题，人们更多地关注语义，三音节名词有的是在双音节基础上增加构词语素形成，其他的则为音译词或缩略词，这表明双音节名词在名词系统中处于承上启下的位置，弄清双音节名词的结构、语义对于了解三音节名词的结构、语义亦有帮助。因此本文以我们搜集的 500 例双音节复合名词作为研究对象，分别考察其词法结构、意义和功能，以加深对汉语双音节复合名词的理解和运用。为了称述方便，后文把双音节复合名词称为双音节复合词，需要明确或强调时，使用双音节复合名词。

2. 双音节复合名词的结构

双音节复合名词由两个成词语素构成。虽然双音节名词属于名词性词语，但它在语素构成和词法结构上却具有多样性。从语素构成上分析，双音节复合词的构词语素不限于名词，还有动词、形容词、量词和副词；从词法结构上分，双音节复合词有五种结构形式：偏正、并列、主谓、动宾和中补，具体分析如下。

2.1 偏正结构

偏正结构的双音节复合词由两个成词语素构成，前一个语素做定语，修饰限制后一个语素；后一个语素作为复合词的核心语素。复合词的意义以后一语素为主，前一修饰语素为辅。

依据核心语素的词性，偏正结构的双音节复合词可以分为两类：一类是核心语素为名词的复合词；一类是核心语素为动词的复合词。

从语素构成上分析，核心语素为名词的双音节复合词，其修饰语或为名词性语素，或为动词性语素，或为形容词性语素，例如：

> 车窗 牛奶 窗帘 地板 书桌 花瓶 手机 项链 海鱼 壁画 门钉　名词
> 烤鸭 炒饭 教室 飞鸟 走狗 印数 教材 教师 医院 录音 耕地　动词
> 美女 小猫 红色 圣人 帅哥 瘦猴 黏米 淡水 良心 白领 高足　形容词

核心语素为动词的双音节复合词，其修饰语一样，或为名词性，或为形容词性，或为动词性，与核心语素为名词的复合词相比，少数核心语素为动词的复合词还有副词作修饰语，例如：

> 笔记 前言 后缀 内容 外套 邻居 电视 面试 绪论 眉批　名词
> 综述 广告 小说 杂志 盲审 独著 新闻 尬聊 高谈 阔论　形容词
> 选编 编著 选集 汇编 违建 妄想 蔑视 对话　　　　　动词
> 未来 未病 同学 同事　　　　　　　　　　　　　副词

上述"未来""未病"中的"未"是否定副词，修饰动词"来""病"，组合在一起指称"将来""未产生的病"。"同学""同事"中的"同"作为副词，意思是"一起"，与"学""事"合在一起，指称"一起学习的人""一起做事的人"。

孤立地考察核心语素为动词的双音节复合词,如果其修饰语为形容词或动词,那么复合词存在动词和名词两种可能。有的复合词因为使用频率高,其名词性特性非常明显,如"小说""广告""杂志"等,其他核心语素为动词的双音节复合词,当其处于主语、宾语或宾语位置时,作为名词而存在,以前学界称为"名物化",如下述例句中加点的词语:

> 社会需要的是实干,而不是高谈和阔论。
> 综述是学位论文中必不可少的内容。
> 世界需要和平及对话,不需要战争。
> 这是今年最新的论文汇编。
> 他对敌人投以蔑视的眼光。

2.2 并列结构

并列式双音节复合词由两个意义相同、相近、相反或相关的构词语素结合而成,依据两个语素之间的语义关系,并列式复合名词可以分为下述四类。

A. 构词语素的词义相同或相近,语义上两个构词语素互相补充、互相说明,例如:

框架 文字 法规 性质 任务 诗歌 时候 末尾 墙壁 部队 子女 朋友 名词
学习 经验 消息 思想 教育 部分 语言 行动 构成 生产 旅游 劳动 动词
安全 稳定 富贵 生鲜 甘甜 艰难   形容词

B. 构词语素意义相关,两个成词语素结合后,词语的意义或由语素义直接组合表示,如下述第一和第二组,或由语素义转喻或隐喻其他事物或现象,如下述第三组:

师生 母子 科技 森林 婚姻 殿堂 名词

积蓄 研究 学习 经验 警察 观察 动词

脸面 耳目 旗鼓 风雨 肝胆 手足 骨肉 影响 学问 心血 语义转指

C. 构词语素的意义相反或对立，例如：

教学 宽窄 交通 高低 长短 贫富 对错 好坏 忠奸 善恶 取舍 是非

D. 构词语素的意义相反或相关，其中一个语素的意义凸显，另一个只是作为陪衬，这类词语学界一般称为"偏义复合词"，如下述词语其语义重心在加点词语：

国家 事物 考试 人物 作用 质量 窗户 重量

2.3 主谓结构

主谓结构的双音节复合词，两个语素之间是陈述和被陈述的关系，前一个语素作为被陈述的对象，能够回答"谁""什么"，后一个语素作为陈述，能够回答"怎么样""做什么"。语义上，主谓结构的前一个语素或作为施事，或作为受事，受事用例较少，例如：

词汇 地方 文章 价格 利息 水平 心思 山包 事实 河流 主动式

期限 空调 工作 被动式

2.4 动宾结构

动宾结构的双音节复合词，两个语素之间是支配和被支配关系，前一个语素表示动作行为，后一个语素表示动作行为支配的对象，两个语素合在一起，组成具有指称义的名词性词语，例如：

制度 标准 分钟 作文 作业 无线 收益 结果 成功 录音 主意 信心

2.5　中补结构

中补结构的双音节复合词，前一语素是核心语素，后一语素是辅助语素，核心语素是补充说明的对象，或为名词，或为动词；辅助语素补充说明核心语素，或为量词，或为名词，量词补充说明核心语素的计量单位，名词补充核心语素发生的地点，如下述词语：

花朵 船只 情节 车辆 人次 书本 音节 语段 篇章 纸张　量词作补充语素

飞天 航天 航海　　　　　　　　　　　　　　　　　名词作补充语素

表 1 是双音节复合名词词法结构统计数据。

表 1　双音节复合名词词法结构统计

结构类型	偏正	并列	主谓	述宾	中补	合计
数量	305	148	18	18	11	500
比例	61%	29.6%	3.6%	3.6%	2.2%	100%

统计数据表明，在我们搜集的双音节复合名词中，定中结构的复合词最多，有 305 例，占语料总数的 61%；并列式复合词位居第二，有 148 例，占语料总数的 29.6%；主谓和动宾结构复合词各有 18 例，占语料总数的 3.6%；中补结构的复合词有 11 例，占语料总数的 2.2%。

双音节复合名词词法结构呈现上述分布，原因在于复合词的名词性特性。偏正式复合词的名词性无需赘言，而主谓、述宾结构的复合词只有表示指称的时候才作为名词性词语。

3. 双音节复合名词的语义

双音节复合名词由两个成词语素构成，构词语素或直接参与词语意义的构建，或间接参与词语意义的表达，无论如何，语素义都与词语意义密切相关。本节我们先考察构词语素的意义，然后再描写复合词的意义。

3.1 语素义

从语素本身具有的意义考察，双音节复合词的语素有的直接表示词语的意义，有的通过隐喻或转喻间接表示词语的意义，有的语素其词语意义脱落，语素仅作为整个词语的陪衬参与词语构建。双音节复合词的词法结构不同，语素在词语中具有的表意功能亦不同。

偏正结构复合词的两个语素直接完全表示词语的意义，前一语素做定语，修饰限制后一语素，后一语素作为核心，是前一语素修饰的对象，无论是修饰语素，还是核心语素，它们都直接表示词语的意义，与词语意义密切相关，例如：

车窗：车的窗户	书桌：看书的桌子
海鱼：海里出产的鱼	项链：脖子上戴的作为装饰的链子
前言：书前面说的话	医院：医治疾病的地方
美女：美丽的女孩子	独著：单独一个人著述
广告：广泛地告诉	综述：综合地叙述

并列结构的复合词由两个语义相同、相近、相关或相反的语素构成，它们互为补充，也直接表示词语的意义，例如：

读写：阅读和写作	短缺：短少缺乏
身心：身体和内心	开关：打开或关闭的装置
食宿：饮食和住宿	积蓄：积累储蓄
父母：父亲和母亲	规则：规定和法则

中补结构的复合词，其构词语素也直接参与词语意义的构建，前一语素作为核心，由名词性词语构成，后一语素作为计量单位，补充说明前一语素，两个语素也直接表示词语的意义，例如：

书本 纸张 船只 马匹 情节 语段 篇章 音节 花朵

文件 人口 物件 药丸 米粒 银元 金锭 枪支 犬只

有的构词语素不直接表示词语的意义，而是通过引申、比喻或借代等修辞手法间接表示词语的意义。有的词语的隐喻或转喻，例如：

语素义	词义
江湖：江和湖	泛指四方各地
白领：白色的领子	指代从事脑力劳动的职员
包袱：包东西用的布	比喻思想负担
眼光：眼睛的光芒	比喻观察鉴别事物的能力
甘苦：甜和苦	比喻人生经历的各种处境
良药：好的药	比喻规劝的思想、看法
耳目：耳朵和眼睛	比喻打听或刺探消息的人
旗鼓：旗和鼓	引申指两人实力相当
水平：水是平的	比喻人思想、文化或艺术等达到的高度

双音节复合词中，有的构词语素只是作为陪衬协助组成复合词，语义上不参与词语意义的构建，只凸显其中一个语素的意义作为词语的意义，如下述词语中加点的构词语素：

兄弟 国家 窗户 人物 作用 睡觉 休息 旅游 会议 演变 事情

教练 事物 是非 对错 恩怨 取舍 得失 指导 点拨 港湾 门槛

这种只有一个语素表意的词语现象，古代文献中就有用例，如我们熟知的例句：

陟罚臧否，不宜异同(《出师表》)

生女不生南，缓急无可使者(《史记扁鹊仓公列传》)

便可白公姆，及时相遣归(《孔雀东南飞》)

居庙堂之高，则忧其君，处江湖之远，则忧其民(《岳阳楼记》)

此外，偏正结构的复合词，前一语素除了表示词语的理性意义，它们还具有共性的语法意义，修饰语素还表示领属、位置、性状、功能、动作、材质、比喻等，从这些角度修饰限制核心语素，例如：

表示领属：车窗 山顶 词义 语法 蛋清 果核 杏仁 人名 书号 调值
表示位置：壁画 门帘 头巾 手铐 脚镣 耳环 项链 河虾 前言 心里
表示性状：高个 白云 大山 小河 平原 短文 新闻 黏米 圣人 长河
表示功能：茶杯 漏勺 饭店 花瓶 货车 火柴
表示动作：教师 学生 生母 教室 燃料 学费
表示材质：纸箱 瓷砖 丝巾 肉饼 棉袄 米粉
表示比喻：月饼 豆绿 祖国 梯形 光盘 玉树

3.2 词语义

邵敬敏(2007)认为，词义是人们对客观事物认识结果的反映，因此词义系统中除了词义的客观性，还存在着人们在认知活动中反映出的主观情感及倾向性。根据词义成分中与客观事物存在的直接或间接关系，词义可以分为表示客观的概念意义和表示主观的色彩义。据此，我们把双音节复合名词的词义也分为两种：概念义和色彩义。

概念义指词义系统中反映客观事物本身的那部分内容，它是由构词语素直接组合形成的词语的意义。复合词词语结构不同，概念义也有不同体现，具体体现为客观义、指称义或转指义。绝大多数偏正结构、中补结构、部分并列结构的复合词表现为词语的客观义，例如：

鲜花：鲜美的花   笔盒：盛笔的盒子
火山：从地下喷出火热岩浆的山   钱包：盛放钱的包
花朵：花用朵来记数   布匹：布用匹来记数
针剂：注射的药物用剂记数   纸张：纸用张记数

身心：身体和内心　　　　师生：老师和学生

高矮：高和矮　　　　　　轻重：轻和重

指称义针对由谓词性语素结合形成的复合词而言，复合词的词义不在于陈述动作行为，而在于指称动作行为记述的事物或现象，即所说的"名物化"。由动词或形容词性语素形成的并列复合词、主谓结构和动宾结构的复合词，其词语意义体现为指称义，例如：

研究 发展 学习 调研 健康 成熟 短缺 是非 长短 学问 收入 恋爱 并列结构

国语 方言 词汇 工作 地方 文章 邻居 价格 利息 水平 心思 期限 主谓结构

标准 作业 录音 耕地 主意 问题 闹钟 信心 制度 无线 收益 结果 动宾结构

转指义不由语素义直接体现，而是由语素意义通过引申、比喻或借代转指而形成，转指义和指称义的不同在于，指称义和语素义存在字面上的联系，而转指义和语素义字面上没有直接的联系，例如：

高手/人：比喻技艺高、有能力的人　　眼光：比喻有长远见解的人

东风：比喻有利的政策或形势　　　　红包：代指发给别人的钱

小灶：比喻享有某些特权　　　　　　小鞋：比喻故意难为他人

高调：比喻脱离实际的漂亮言论　　　天堂/地狱：比喻人去世后去的地方

色彩义体现人们的主观认识，表现人们的爱憎好恶之情，它依附于词语的概念义而存在，双音节复合名词的色彩义主要体现在词语的褒贬爱憎上，体现"喜欢、赞许"之情的属于褒义词，表达"厌恶"之情的属于贬义词，不体现明显爱憎之情的属于中性词，例如：

眼光 高人 贤哲 骨肉 手足 心血 结晶 风雨 肝胆 风雅 **褒义词**

耳目 旗鼓 风浪 风雨 名望 河流 山脉 桌椅 车船 孤独 **中性词**

恶果 耳目 间谍 风流 冷言 冷血 侵略 后果 交易 贿赂 **贬义词**

有的词语，其感情色彩随着使用语境的不同而有变化，如"风雅"，在"附庸风雅"中为贬义，而在"举止风雅"中则为褒义，因此需要结合语境考虑并列式复合词的色彩义。

4. 双音节复合名词的功能

双音节复合名词具有名词的一般功能，在句中可以担任主语、宾语和定语，在我们搜集的语料中，少数复合名词可以担任谓语和状语，多为表示时间的复合名词，例如：

汉语是世界上使用人数最多的语言。	主语	宾语
抛弃名利，追求奉献。	宾语	宾语
举起酒杯，祝愿国泰民安，家庭幸福！	宾语	主语
文件的数量越来越多。	定语	主语
警察打车门，抱出里面的孩子。	主语	定语
房顶有只猫。	状语	
明天周末。	谓语	

对比或列举语境中，偏正结构的复合词也可担任谓语，例如：

今天中午我们一起出去吃饭。他，烤鱼，我，烤鸭。

明晚，西单，咱们不见不散。

5. 结　语

　　本文以搜集的 500 例双音节复合名词作为研究对象，对其结构、意义和功能进行详细的描写。考察结果表明，在我们搜集的语料中，双音节复合名词在词法结构上主要是偏正和并列式，主谓和动宾结构用例相对较少。语义上，复合词的构词语素或直接或间接地参与词语意义的构建，直接参与意义构建的，语素义体现为词语的概念义，间接参与词义构建的，语素义体现为词语的指称或转指义。偏义复合词中，其中一个构词语素语义脱落，词义体现为其中一个语素的意义。双音节复合词的词义有概念义和色彩义组成，概念义体现词语对客观事物的反映，具体表现为词语的客观义、指称义和转指义，色彩义体现为词语的褒贬色彩义。功能上，双音节复合词与其他名词一样，担任主语、宾语和定语。部分时间名词担任状语和谓语，在对举语境中，偏正结构的复合词可以担任谓语。

◎参考文献

[1] 北京大学中文系现代汉语教研室：《现代汉语》，商务印书馆 2012
　　年版。

[2] 符淮青：《汉语词汇学》，安徽教育出版社 1996 年版。

[3] 黄伯荣，廖序东：《现代汉语》(第四版)，高等教育出版社 2007 年版。

[4] 邵敬敏：《现代汉语通论》，上海教育出版社 2007 年版。

[5] 张明辉，杨笑笑：《本世纪以来汉语名词研究综述》，载《辽东学院学
　　报》2018 年第 5 期。

基于属性范畴视角的"问题"新义再研究

潘　纯　刘　云

(华中农业大学文法学院　华中师范大学文学院)

1. 引　言

为满足人们日常交际的需要，近些年来，"问题"逐渐发展出新义。方清明(2011)最先关注此现象(如"问题奶粉""问题儿童""问题车辆""问题家庭"等)。方文指出，"问题"是典型抽象名词，它所发展出来的"有问题的"新兴义项仅出现于"问题+N"定中结构。《现代汉语词典》(以下简称《现汉》)增设了"问题$_5$"新义项，并将其列入形容词的附类属性词。方清明(2017)对《现汉》中"问题$_5$"的处理提出质疑，认为"问题$_5$"仍为名词，而不是属性词。

方清明是近年来对现代汉语抽象名词搭配研究较为系统深入的一位学者，他在多篇文章中曾对"问题"新义做过直接或间接的讨论。《现汉》则是汉语词典界的权威，是现代汉语理解与应用的重要参照。二者对"问题"新义的不同处理，恰恰表明本研究的重要性与必要性。本文拟对"问题"新义的词典归属进行重新分析，梳理各家所言，厘清分歧，以期为《现汉》再版修订提供一定参考建议。

2. "问题"新义的发现

方清明(2011)最先提出抽象名词"问题₅"表示"有问题的",所举之例如"问题奶粉、问题儿童、问题车辆"等。

《现汉》(第6版)增设"问题₅"义项:

形(属性词):有问题的;非正常的;不符合要求的:~少年、~食品、~工程。

二者对"问题"新义的相同处理均是单立义项,表示"有问题的"的这一词义。

方清明(2017)对"问题₅"的处理提出质疑,他认为"问题₅"不是属性词,而是名词(抽象名词)。

上述研究成果,至少有两点值得高度关注。一方面,词典中某一词条通常由词性、释义以及举例三部分构成,三者必须相互匹配。读者通常可由"释义"模式推知该词项的具体词性归属,如《现汉》增设的"问题₅"义项,显然符这一要求:释义"有问题的;非正常的;不符合要求的"与词性"形(属性词)"完全匹配。方清明(2011,2017)虽然认同"问题"新义表示"有问题的"之义,但将其归于名词(抽象名词)词性,该定义与定性无法实现绝对匹配。名词释义通常采用"被定义项=种差+属"这一结构模式,例如:

魅力【名】:很能吸引人的力量:富有~ | 艺术~。

特色【名】:事物所表现的独特的色彩、风格等:民族~ | 艺术~ | 他们的表演各有~。

温情【名】:温柔的感情;温和的态度:一片~ | ~蜜意 | ~脉脉。

由"有问题的"释义无法推知"问题₅"的名词词性,可见,方清明(2011)忽略了这一表述的内在逻辑匹配性。

另一方面,对比方清明(2011,2017)与《现汉》,不难发现二者主要在"问题"新义的定性问题上存在分歧,即表新义的"问题"到底属于哪一个词类?是名词中的抽象名词还是形容词中的属性词?

因此，本文将重点围绕"问题"新义在词典中的归属处理问题，展开三项研究工作：第一个层面是"问题"新义的定位；第二个层面是"问题"新义的定义；第三个层面则是"问题"新义的定性。方清明（2011，2017）与《现汉》都是在默认"问题"新义应该单列义项的基础上，对其做出不同的定性处理。对此，笔者持有不同看法。

3. "问题"新义的定位

所谓"定位"，即所处什么位置。表示新义的"问题"是该单独增设一个义项还是可以归入已有义项？基于语言运用的经济性原则，词典义项应该在确保释义准确性的前提下，尽量减少义项的数量。置言之，倘若某词的新义能够归入已有义项，原则上不宜增设新义项。

《现汉》对"问题"的释义如下：

①名：要求回答或解释的题目：这次考试一共有五个~ ｜ 我想答复一下这一类的~。

②名：须要研究讨论并加以解决的矛盾、疑难：思想~ ｜ 这种药治疗感冒很解决~。

③名：关键；重要之点：重要的~在善于学习。

④名：事故或麻烦：那部车床又出~了。

⑤形（属性词）：有问题的；非正常的；不符合要求的：~少年 ｜ ~食品 ｜ ~工程。

考察词典释义，需要注意区分词义与结构义。前者指词语本身所具有的意义；后者指结构本身所具有的意义，一般由词与词组合而生。《现汉》中"问题₅"的核心词义是"有问题的"。谭景春（2000）指出，"一个结构所表达的整体意义总是大于各组成成分的简单相加"，"结构义不仅是'大于'部分，而且必须是同一组同类结构中的相同部分"，"结构义就是整个结构的意义比各组成成分多出的部分，即用整个结构的意义减去各组成成分所得的意义"。因此，《现汉》中的示例"问题少年、问题食品、问题工程"的结构义均可由"有问题的"与"问题"相减而得，即"问题＋N"的结构义为"有……的"①，它是"问题"作定语后整个偏正结构的结构义。

此外，综合谭景春(2010)对多例的分析可知，当名名偏正结构(N_1N_2)中的 N_1 只能作定语且不能作主宾语时，将该偏正结构的结构义归入 N_1，"便于读者理解，是完全可行的"；但如果 N_1 除了作定语外，还可以作主宾语时，则不应将该结构义归入 N_1，在词典释义中也就不应据此再分立出一个新的义项。

方清明(2011)与《现汉》都将"问题"新义单列义项"有问题的"。方清明(2011)指出，"问题"新义都出现在"问题＋N"这一组配结构之中；《现汉》对"问题"新义的举例也都出现在"问题＋N"结构之中。由此可知，方清明(2011)与《现汉》均默认"问题"新义只能作定语出现在"问题＋N"中，因此二者都将"有……的"的结构义代入该偏正结构，以方便读者理解。

说有易，说无难。"问题"新义是否只能出现在定语位置？能否出现在主语或宾语位置？对上述问题的解答，直接关乎"问题＋N"的结构义能否代入"问题"新义的词义内涵。我们认为，"问题"新义除了能够充当名词定语外，还可以作宾语，并且后者是"问题"新义出现的最初句法功能。

《现汉》中"问题"的前三个义项，释义准确，分类合理，而后两个义项可以合二为一。从变换式上看，"问题$_4$"与"问题$_5$"存在一一对应关系。不妨将"问题$_4$"的示例"那部车床又出问题了"记作 a，可作如下变换：

a_1：有/出问题的车床

---

①　该结构义具体包括两种情形"有/出……的"和"有/拥有……的"。根据《现代汉语词典》(第7版)，动词"有"的第①②④义项分别为"表示领有"(跟"无、没"相对)、"表示存在"以及"表示发生或出现"。笔者将"有"的义项①归为领属动词，义项②和④合为存现动词。因此，"有……的"结构义中的"有"是同形异类动词，既可能是存现动词"有/出"，也可能是领属动词"有/拥有"。前者是一种动态存现，强调从无到有的发展变化；后者是一种静态领属，强调一直保持的领有关系。"有"到底是哪一小类动词，需要参看上下文语境加以判定。

a$_2$：问题车床

将"问题$_5$"的示例"问题少年、问题食品、问题工程"记作 b，可作如下变换：

b$_1$：有/出问题的少年、有/出问题的食品、有/出问题的工程
b$_2$：少年有/出问题、食品有/出问题、工程有/出问题

从意义上看，a 与 b$_2$，a$_1$ 与 b$_1$，a$_2$ 与 b 并无实质区别，各例中的"问题"均表示相同的语义，暂且将其表述为"表示(人或事物在某方面的)不好的状况"。从 a、b 两组用例中提炼出三个结构：①有/出+问题+的+N；②N+有/出+问题；③问题+N。在前两个结构中，"问题"作宾语；在第三个结构中，"问题"作定语。

"问题"新义不仅可以出现在定语位置，还可以充当宾语，因此，将"有……的"结构义代入"问题"新义是不妥的。

此外，与"问题+N"具有相同结构义的名名偏正结构，诸如"智慧女神""魅力都市""活力宝贝"等，其结构义都为"有……的"，但《现汉》中并未将这一结构义代入"智慧""魅力""活力"等名词词义，并为其单立义项。

因此，完全可以将"问题$_5$"与"问题$_4$"合二为一，而不需再单独增设一个新义项。

此外，从词义引申关系看，合并后的"问题$_4$"是对"问题$_2$"的具体化引申，如图 1 所示。

图 1　"问题$_4$"①与已有义项间的词义引申关系

---

①　若无特别说明，下文出现的"问题$_4$"均指合并后的"问题$_4$"，其释义暂且表述为"表示(人或事物在某方面的)不好的状况"，后文"定义"部分将专门展开论述。

"问题₁"是基本义。由解答诸如"考试问题、数学问题,作业问题"等具体可数的题目,进一步引申为解决不可数的抽象的矛盾、疑难(即议题),则产生"问题₂"。议题包含方方面面的内容,但一定存在最重要最关键的部分,提取该义引申为"问题₃"。由"问题₁"到"问题₂"再到"问题₃"的单线引申是语义不断抽象化的过程。

相反,在"问题₂"基础上引申而来的"问题₄"则是具体化的过程。"问题₂"反映的议题涉及不同方面,存在好坏优劣之别。"问题₄"只涉及其中不好的情况,并且基于"某人或某物在某方面的"这一限定条件,因此较之"问题₂"更为具体。

4. "问题"新义的定义

所谓"定义",即具有什么内涵。"问题₄"的具体释义与原有释义有所差异,需作进一步修改完善。"问题₄"之所以能从"问题₂"引申而来,起关键作用的是动词"有"经常与"问题₂"高频共现,形成"有+(X)+问题₂"的结构。例如:

(1)信用卡账单有问题
(2)厂家会把有问题有隐患的车辆通过各地经销商进行维修或更换
(3)如何发现自己的身体有健康问题

"问题₂"指须要研究讨论并加以解决的矛盾、难题。它所反映的议题涉及多方面内容,倘若从优劣好坏的角度对其进行分类,"问题₂"为均指(AVERAGE),"没有+(X)+问题₂"是正值,"有+(X)+问题₂"是负值,如图2所示。

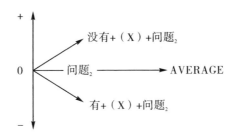

图 2　"没有/有+(X)+问题₂"与正负值的对应关系

根据乐观假说(亦称"Pollyanna 假说"),人们对客观事物的认知有着向善向好的主观倾向,受此影响,人们主观认定某人或某物一般都是处于良好的、正常的状态。例如"张三买了一部新手机"。在该例中,当事人"张三"、说话人和听话人都会在心里预设这部手机是无故障、无瑕疵的,也就是"没有任何质量问题"的。从客观事实来看,一部新手机得以上市销售,必须经过严格的检测,因此故障率会很低。

受主观倾向与客观事实的共同作用,"没有+(X)+问题₂"表示某人或某物处于正常状态(常态),类似计算机里的默认值(default),"有+(X)+问题₂"则指某人或某物处于非正常状态(非常态)。

从认知上看,人们习惯将常态视为无标,而给非常态添加标记。这与沈家煊(1999)提出的"肯定是无标记项,否定是有标记项"是一致的。

以语汇中的性别词为例。传统观念认为,"护士"是一项典型的女性职业,但近些年来,越来越多的男性也加入护士队伍,为了便于区别,"男护士"的说法越来越普遍。再如,政治工作或选举中的候选人名单,默认以男性为主而无需标注性别,倘若出现女性,则需在名字后备注性别"(女)",这也充分呈现女性群体参政议政的新气象。"护士—男护士"和"张三—李四(女)"两例均通过性别标记"男"或者"(女)",以区别常态下的女性"护士"和男性"张三"。

因此,当某人某物处于正常状态时,一般不需要用"没有+(X)+问题$_2$"表达；当某人某物处于非常态时，则需用"有+(X)+问题$_2$"说明。仍以"张三买了一部新手机"为例，正常情况下，这部手机不存在质量问题，所以"张三买了一部新手机，这部手机没有质量问题"的后句赘余应该删除；但也存在极低概率，即"张三买了一部新手机，这部手机有(质量)问题"，这种非常态的情况就必须完整表述出来。因此，在语言实际运用中，与"有问题的手机/手机有问题"形成对立关系的一般是"手机"，而非"没有问题的手机/手机没有问题"。

当动词"有"与"问题$_2$"高频共现，用以表示某人或某物处于不好的、劣势的非常态时，受语频效应和语义浸染的作用，"问题$_2$"吸纳了这种高频出现的非常态义，发生语义偏移，语义韵由中性转变为贬义，"问题"新义(即"问题$_4$"，表示人或事物在某方面的不好的状况)由此而生。具体如图3所示。

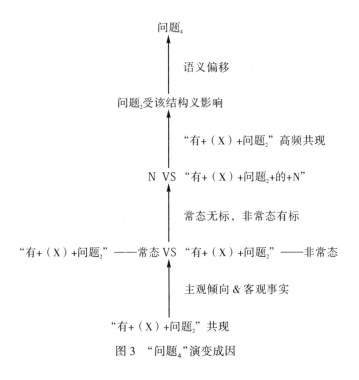

图 3 "问题$_4$"演变成因

从历时发展来看，"问题$_4$"最初见于"有问题$_4$的 N"或"N 有问题$_4$"结构形式。随着"问题$_4$"的使用频率不断升高，近些年才出现"问题$_4$+N"的新兴结构，这一点与方清明(2011)的观点①不同。

"问题+N"与"有问题的 N"或"N 有问题"各结构中的"问题"是否为同一义项？我们选取 b 与 b$_1$ 的示例进行比较，如"问题少年"与"有/出问题的少年"。

"有/出问题的少年"恰是"问题少年"的简单释义。在前例中，"问题"出现在动词"有/出"之后，表示宾语；在后例中，"问题"出现在名名偏正结构的定语位置，其结构义为"有……的"。"问题"虽出现的句法位置不同，但表意完全相同，即"表示(人或事物在某方面的)不好的状况"。"状况"是一种静态呈现，该释义本身就隐含了一个谓词，根据具体语境，它可能是存现动词"有/出"，也可能是领属动词"有/拥有"(后者更为常见)。"问题$_4$"不论是出现在宾语位置还是定语位置，该词义隐含的谓词都能在所处的句法结构中找到与之匹配的动词(前者如"有问题的少年"中的动词"有/出"，是显性的；后者如"问题少年"的结构义"有……的"，是隐性的)，从而实现成功组配。

上述论证再次说明，方清明(2011)与《现汉》将"问题$_5$"单列成项是不合理的，我们认为应该将其直接与"问题$_4$"合并。

综上所述，从定义上看，一方面为了避免用"有问题的"作为释义而造成的循环定义之嫌；另一方面，也为了涵盖《现汉》中"问题$_4$"与"问题$_5$"所有情况，我们对合并后的"问题$_4$"的释义做出如下修善：

问题$_4$：表缺陷等：那部车床又出～了｜～食品｜～少年｜～工程｜这批有～的奶粉已被集中销毁

---

① 方清明(2011)指出，这些表示新用法的"问题""都处于'问题+N'组配之中表示'有问题'之义"。换言之，方文认为"问题"新义产生于"问题+N"结构，并且仅出现于"问题+N"结构。

5. "问题"新义的定性

所谓"定性",即扮演什么角色。表示新义的"问题"到底属于哪一个词类,是名词中的抽象名词?形容词中的属性词?抑或另有它类?这是方清明(2011,2017)与《现汉》的主要分歧。

5.1 表新义的"问题"不是属性词

方清明(2011)认为,此义项仍为抽象名词"问题"所有,并将其列为除《现汉》(第5版)中"问题"四个义项之外的"问题₅"。《现汉》(第6版)及《现汉》(第7版)增补该义项,并将其单列入作为形容词(属性词)的"问题"之下。方清明修改其博士毕业论文,并于2015年出版专著《现代汉语名名复合词的认知语义研究》,该书将"问题"研究的相关章节删略。方清明此举很可能是参考了《现汉》(第6版)对"问题₅"的处理。然而,方清明在《汉语抽象名词词典释义的计量研究》(2017)中又明确指出,《现汉》(第6版)将"问题₅"标为"属性词"不妥,其理由是"陆志伟(1957:19)、朱德熙(1980:14-15)、董秀芳(2004:129-130)等学者都认为名词可经常修饰名词,名词作定语是名词的典型功能。其他类似情况还有'魅力城市、气质女人'等,但是《现汉》依然把'魅力、气质'标为名词。鉴于此,我们认为'问题₅'应该标为名词"。

凌子惠、刘正光(2008)指出,"在汉语中,检验一个词是否为名词,可以用下面这个公式为检验框架:'这+是+一种/个(量词)+名词'。凡是能够被上述公式所接纳的词,都可以被确认为名词,并具有名词的功能潜势"。根据该检验框架,凌文也认为"气质美女、良心作家、魅力都市、品质生活、情调音乐、诗意古镇、问题大米、激情广场"中定语位置上的词均为名词(抽象名词),而非形容词(属性词)。

以上是学界围绕抽象名词与属性词展开的争论。笔者认同"问题₅"不是属性词的判定,但是否只能止步于抽象名词的认识?我们认为不能。下文将尝试从属性范畴视角做进一步讨论，以期透过现象看本质。

5.2 表新义的"问题"不是抽象名词

对客观世界的不同分类，反映出人们的不同认识。刘春卉(2008)指出，"世界上的万事万物都具有多种属性，每种属性的具体情况又各有不同。属性及其具体情况是人类对各种认知对象进行分类和归类的最重要依据，是认识事物的前提和基础，人们通常正是从这两方面来认识和区别事物的，因为事物的不同在很大程度上就是由它们所具有的属性类型及其属性的具体情况所决定的"。

在语言中，属性和属性的具体情况分别对应属性指称和属性表达，这也构成了属性范畴的两个子系统。属性名词作为属性指称的重要形式载体，在属性范畴三要素(表示属性主体的词语、属性名词和表示属性具体情况的词语)中居于接口地位。

"名词是用来指称事物的，事物名词都能指称独立存在的人或事物，但属性名词却不能指称独立存在的事物，而必须依附于表示属性主体的词语，指称该主体某方面的属性。属性名词作为名词中的一个特殊群体，与其他名词存在一系列的区别与联系。"(刘春卉，2008)基于此，刘春卉从属性范畴角度出发，根据所指称的事物能否独立存在，将名词首先二分为事物名词和属性名词。事物名词指称可以独立存在的人、物或事件。属性名词指称事物或动作行为某一方面的属性，必须依附于特定的属性主体才能明确所指。事物名词既可以指称具体的事物，也可以指称抽象的事物。因此，属性名词与事物名词相对，事物抽象名词与事物具体名词相对。作为两个不同维度的概念，属性名词与事物抽象名词的唯一共同点是所指对象的抽象性。属性名词都是表意抽象的名词，但表意抽象的名词不一定都是属性名词，因为前者必须依附属性主体才能独立指称，否则语义无法自足，这也是二者的根本区别。这里需要辨别属性指称和属性表达。属性指称的重要语言载体是属性名词。属性表达表示属性的具体情况，通过表示属性值的词语和属性特征的词语来进行表达。例如：

(4)姚明身高 2.26 米

(5)一家经营滑雪和缆车的公司在勃朗峰附近用钢铁和玻璃建造
了一个玻璃房子

(6)木头桌子在家具中性价比还是很高的

例(4)中"姚明"是属性主体,"身高"是属性名词,"2.26 米"是属性值。例(5)中省略了属性名词"材质","玻璃房子"的完整表达为"玻璃材质的房子"或者"用玻璃做的房子",因此,"玻璃"只是属性特征。同理,例(6)中也省略了属性名词"材质","木头"和"桌子"分别表示属性特征和属性主体。

所以,只有明确区分属性指称和属性表达,才不会将某些属性表达的具体事物名词误认为是属性名词,比如"钢铁硬汉"的完整意义是"性格像钢铁一样坚韧的硬汉",其中省略了属性名词"性格",只留有表示属性特征的词语"钢铁"。

"抽象性"掩盖了属性名词与事物抽象名词的根本差异,刘春卉则根据"名词与所指对象的依附性"将二者区分开来。正如刘文所述,"属性名词不只意义抽象,而且不能指称独立的对象,仅仅用'抽象名词'这一概念并不能体现该类名词的语义语法特点,也不能把它跟其他意义抽象的名词区别开来"。

刘春卉(2008)以"有+N$_{属性}$"的句法特点作为判定属性名词的主要形式标准,辅之以"N$_{属性}$+上",分析统计出《现代汉语实词搭配词典》中的所有属性名词。该列表一方面验证了属性名词的判定标准,另一方面也传达了一项重要信息,即属性名词的语义韵大部分是中性的,但也存在少数为非中心韵的情况,如该表列出的"红运、好感、好意、优势、优点"。

"问题$_4$"必须依附于某人或某物,无法独立指称对象,语义无法自足;"表缺陷等"释义呈明显的贬义韵,因此,"问题$_4$"被认定为属性名词。

6. 结　语

本文从三个层面对表新义的"问题"在《现汉》中的归属处理进行了重新分析。从定位上看,"问题"新义应该与"事故或麻烦"这一义项合二为一;从定义上看,合并后的"问题"新义可修改完善为"表缺陷等";从定性上看,表新义的"问题"既不是形容词的附类属性词也不是名词小类抽象名词,而是属性名词。

从属性范畴视角对"问题₄"进行重新分析,能够跳出"语义抽象"的思维定式,厘清属性名词与抽象名词的根本区别,为属性名词"问题₄"的纵深研究提供思路、奠定基础,同时也将为《现汉》的再版修订提供若干意见参考。

◎参考文献

[1]方清明:《论"问题"的组配能力与临时概念化功能》,载《语言科学》2011年第4期。

[2]方清明:《现代汉语名名复合词的认知语义研究》,科学出版社2015年版。

[3]方清明:《汉语抽象名词词典释义的计量研究》,载《国际汉语学报》2017年第1期。

[4]凌子惠,刘正光:《概念合成限制理论对汉语"抽象N_1+N_2"结构的解释力》,载《外语学刊》2008年第5期。

[5]刘春卉:《现代汉语属性范畴研究》,巴蜀书社2008年版。

[6]沈家煊:《不对称和标记论》,江西教育出版社1999年版。

[7]谭景春:《词的意义、结构的意义与词典释义》,载《中国语文》2000年第1期。

[8]谭景春:《名名偏正结构的语义关系及其在词典释义中的作用》,载《中国语文》2010年第4期。

[9] 袁毓林：《谓词隐含及其句法后果——"的"字结构的称代规则和"的"的语法、语义功能》，载《中国语文》1995 年第 4 期。

[10] 中国社会科学院语言研究所词典编辑室：《现代汉语词典》(第 6 版)，商务印书馆 2012 年版。

[11] 中国社会科学院语言研究所词典编辑室：《现代汉语词典》(第 7 版)，商务印书馆 2016 年版。

[12] 朱德熙：《变换分析中的平行性原则》，载《中国语文》1986 年第 2 期。

(本文原载《汉语学习》2021 年第 4 期)

非正式体低端层的汉语专名的语符生态伦理
——以湖北五地市的步行街店名为例

潘　峰

(黄冈师范学院文学院)

　　汉语专名是境内语言生活中汉语世界里的专有事物的名称，包括简单专名和复合专名或者专有名词和专用短语。按照郑远汉(2000)的言语规范层次理论和李宇明(2012)、陈章太(2016)、黄国文(2020)的语言生活层级理论，步行街店名是属于非正式体低端层的汉语专名。语符是专名命名要素所运用的语言文字符号，如汉字①、图形。语用生态伦理是语言生态伦理的基本内容，同样具有自律性。这种自律是汉语专名命名者"内在伦理驱迫感的推动"而"自觉维护人类、国家或族群语言的多样性，自觉促进人际或语际情感思想信息交流的和谐性，自觉追求个体语言习得的充分性与语言运用的适切性"(杨彬，2016：143)。研究这些专名的语符语用生态可以了解领域语言的语用生态伦理本体的征象，可以了解这个话语生态位"栖息"②"话语的实际表达与应当存在表达的相符程度"(潘世松，2013a：9)，话语"表达被容忍或可'存活'的程度或范围"(潘世松，2013b：147)。

　　笔者到鄂东(黄冈、鄂州、黄石、孝感)和恩施五个市区的步行街采集

---

　　①　译音汉字本文均按纯汉字分析，下同。

　　②　语出"从自然属性看，人类语言有其'住所'或'栖息地'，是一种生态现象，有其生态结构、生态功能及生态动态，也有其生态位"(参见中共中央马克思恩格斯列宁斯大林著作编译局：《马克思恩格斯全集》(第42卷)，人民出版社1963年版，第139页)。

了 1034 个店铺的专名,它们可分为 9 个行业①(参见表 1):吃(36 个)、穿(834 个)、戴(11 个)、理(7 个)、玩(16 个)、学(2 个)、用(83 个)、治(4 个)、妆(41 个)。显然,这些专名存在一个级次量,行业有强弱之分。简言之,"穿、用、妆"是强势行业,其他 6 类是弱势行业②。

店铺的专名一般由属名 s、业名 y 和通名 t 三个要素组成的(赵世举,1999:78),这些要素命名格式中的位置称为区位。据分析,这些专名基格的有 44 个(占 4.3%),特格的(潘峰,2011)有 907 个(87.7%),变格的有 83 个(8.0%),而倚格③的达 990 个(95.7%)。

本文在前人的基础之上,以计算机作为辅助工具,运用统计归纳等方法,以语频为依据,以步行街店名为语例,拟讨论非正式体低端层的汉语专名语的语内语际语符生态、语符语用生态及其语符语用生态伦理这三个问题。

1. 非正式体低端层的汉语专名的语内语际语符生态

据统计,步行街店名类的非正式体低端层的汉语专名只有 5 种语符:汉字、西文字母词(以下简称"西文"④)、符号、数字、图形、数字。简言之,它只有两种语符:汉语(汉字)母语语符和非汉语母语语符。母语语符是汉语专名的语内语符,非母语(异语)语符是汉语专名的语际语符。

---

① 应用行业的数量称为"阈值",用"z"表示。

② 强势、弱势的划分是与平均数相比较而定的:高于均数 3 倍及其以上的为极强势,高于均数 1.2 倍及其以上至 3 倍以下的为强势,高于均数 0.8 倍及其以上至 1.2 倍以下的为次强势,低于均数三成以上至八成以下的为弱势,低于均数一成至三成以下的为次弱势,低于均数一成以下的为极弱势。

③ 本篇具体分析时,若店名只有商标名,则分析为业名;若店名中有商标名和业名,则把商标名分析为属名。店名的命名格式可分为两大类:一是基本格式(基格);二是倚变格式(倚格)。又可分为两小类:一种是省略基格中的命名要素的格式(特格);一种是在基格或特格基础之上增加要素或逆序要素(变格)。

④ 为了分析的简便,本篇把汉语拼音这样貌似西文的形态特征的语符,也作为西文分析。本篇将"英文"和"字母"归并为一类:西文。

1.1 语内的母语语符：汉字

这些专名语内应用母语语符汉字 652 个、2686 次，字均 4.1 次，涉及 804 个（覆盖率 77.8%）。下面从四个方面进行分析。

第一，汉字的繁简与规范。804 个专名应用通用规范 Ⅰ 级汉字 615 个、2609 次，Ⅱ 级 29 个、65 次，Ⅲ 级无应用，非通用规范汉字（标记为"Ⅳ"）8 个①、12 次。这三级字次之比为 217.4：5.4：1，其级次为：Ⅰ ＞ Ⅱ ＞ Ⅳ，且 Ⅰ ＞33×（Ⅱ＋Ⅳ）。可见，非正式体低端层的汉语专名的应用母语语符汉字是以 Ⅰ 级为绝对优势、Ⅱ 级为补充、非通用规范字为辅助的用字态势，以简体字为绝对优势、非常用字和繁体字及自造字为辅助的用字风格。这说明非正式体低端层的汉语专名的语内母语语符汉字基本通用规范化、较常用化，利于公众认读、识记，基本遵循习用性原则；但非通用规范汉字的使用，为低端层的汉语专名个性化提供语用条件，也体现凸显性原则。

第二，汉字的语频。据语频②分析，语内母语符 652 个汉字构成 28 个级次③。浑言之，高频级（1～23 级）汉字 144 个、1671 次，字均 11.6 次，覆盖率为 2/3 强；低频级（24～28 级）汉字 508 个、1015 次，字均 2.0 次，覆盖率为 1/3 强。这说明非正式体低端层的汉语专名的语内高频汉字占多数，低频汉字占少数，语内高频字个数较少，语频较高，用字相对集中，覆盖面广，具有趋同性，易于表现低端层的汉语专名范畴的相似性和特征的类型化，显示其习用性原则；语内低频字个数较多，语频较低，用字相对分散，覆盖面小，具有区别性，易于表现低端层的汉语专名范畴的

---

① 非通用字 1 个（泇）、1 次，繁体字 6 个、9 次（東$_3$、兒$_1$、囍$_2$、蘭$_1$、羅$_1$、頭$_1$），自造字 1 个（猋）、2 次。繁体字覆盖店名 9 个（占 0.9%），这比大连时尚店的专名的 3.67% 要小得多（参见邵磊：《大连时尚店名的社会语言学分析》，辽宁师范大学 2010 年硕士论文，第 13 页）。

② "频率"是指某考察对象在该范畴内所在的百分比。从高到低，它分为 5 个等级：特频（高于均数 3 倍以上）、高频（高于 3 倍以下）、次高频（高于 2 倍以下）、中频（均数左右）、低频（低于均数以下）。

③ 级次是语用频率从高到低的次序。相同的频率为同一级次。

差异性和特征的个性化，显示其凸显性原则。这也显示出非正式体低端层的汉语专名语内运用母语汉字语符求大异、存小同的用字特征。

第三，汉字的区位分布。据语料分析，s 区字较低频化，y 区字较高频化，t 区字趋向高频化。三个区位高频字级次为：y>t>s，这说明 y 区字高频化最高，t 区次之，s 区较弱；三个区位字低频化程度大体相当；三个区位高频与低频字次级次为：y>t>s，且 y 与 s 基本相当，这说明 y 区字高频化程度最高，这种用字态势利于表现相同的卖点和习用的汉语专名，便于顾客对专名的寻找，同时也利于表现富于个性化的汉语专名，便于顾客辨认。

第四，汉字的行业分布。强势行业的汉语专名语内以通用规范汉字为绝对优势、非通用规范和自造字为辅，而弱势行业则完全通用规范常用化，其程度与行业情势呈负相关；汉语专名母语汉字行业化程度与其情势呈正相关，个性化程度与其情势呈负相关。

综上可知，非正式体低端层的汉语专名的语内母语语符汉字应用最广，整体上是以 I 级字为绝对优势、II 级字为补充、非通用规范字为辅助的用字生态，以简体字为绝对优势、非常用字和繁体字及自造字为辅助的用字格局；语内高频字多，低频字少，显示出其求大同、存小异的用字生态；业名字最具区位化，通名字最具类型化。通名区位都是通用规范化字，业名和属名区位字以通用规范化为主、非通用规范化为辅；通用化、规范化、常用化汉字应用程度与行业情势呈负相关；母语语符汉字行业化程度与其情势呈正相关，个性化程度与其情势呈负相关。

1.2 语际的异语语符：西文、符号、图形、数字

这些汉语专名中，西文、符号、图形、数字四种语符构成非正式体低端层的汉语专名的语际的异语语符，是与语内母语汉字语符相对的。由于母语语符汉字的非自足性、开放性，这就为异语语符的输入提供了生存空间和发展空间，为汉语专名的语际互惠互生提供了环境。这样非正式体低端层的汉语专名"随着汉语族群与异语族群交往的发生并向纵深发展……形成汉字符号与异语文字符号实践中的动态交叉统一"（潘世松，2012：

137)的范围较广的语际生态。下面分别讨论四种异语的语符生态。

1.2.1 西文语符

据统计,步行街 542 个专名(占 52.4%)应用过西文语符。它涉及 7 个语种:英语、汉语①、日语、法语、德语、意大利语、韩语,分别用于专名 359 个、114 个、21 个、18 个、18 个、9 个、3 个。可见,英语语符是非正式体低端层的汉语专名最习用的西文(1/3 强)。

这些专名中的英语语符最习用大写字母词,最习用 1 个字母词,最习用非缩略单词,最习用非简短句(单词及词组)。涉及汉语读音的貌似西文的汉语专名语符最习用大写,较习用非缩略词及貌似英语 1 个单词,极少习用西文大小写混用和缩略词、2 个及以上貌似英语单词。涉及日语的汉语专名语符还是应用英语的习惯来认知。涉及法语、意大利语、德语的专名语符最习用字母词大写,极少用小写或混用;最习用 1 个单词或缩略的,较少用 2 个及以上的。涉及韩语的汉语专名语符只有 3 个,其中 2 个使用韩语,1 个(ESQUIAE)也使用英语方法书写。

使用西文的 542 个专名语符较习用单词大写和非缩略,极习用 1 个单词和非缩简句,字母词大小写混用、缩略、1 个字母和缩简句是其弱势。西文语符使用缩略词、1 个字母或 1 个单词、缩简句,利于表现其经济性,而使用字母大写或大小写混用、非缩略语、非缩简句和 1 个字母或 2 个及以上单词,利于表现其凸显性。

从区位分布情况来看(此处仅分析西文语符所在的区位,不考虑其他语符),西文语符构成的特格是西文绝对强势的命名格式,其中仅用业名的命名格式是西文中最习用的极强势的格式,仅用属名的格式是其强势的命名格式,变格是运用西文作为语符命名专名的补充格式;最习用西文的区位是业名,其次是属名,较少使用的是通名。

---

① 此处的"汉语"是指按照汉语的模糊读音(没有声调)拼写且用西文书写的语符,外形上像西文,有时为区别汉字,表述或列表时用"中文"或"中"。

从行业应用语种来看，强势行业应用语种越广，公众越熟悉的英文语种习用最多。这也是凸显汉语专名的重要语用材料。从行业分布情况来看，汉语专名的语用生态基本上与行业情势呈正相关。

综上可知，非正式体低端层的汉语专名应用西文语符较广、语种较广，但其应用程度与行业情势呈正相关，而英文语符是最习用的语种，西文语种书写上基本习用英文习惯；与西文相关的汉语专名最习用的是字母大写、1 个单词和完形单词及词组，使用最少的是小写字母词或大小写混用和 1 个字母，较少使用缩略词和 2 个以上的单词，极少使用缩略短语句；西文语符最习用的区位是业名，其次是属名，较少使用的是通名且基本分布于强势行业，其行业语用态势基本上与其情势呈正相关。

1.2.2　符号语符

这里的"符号"是狭义的，是一种记号、标记，其点线简单，主要是标点符号。符号在非正式体低端专名的使用是对传统店名的一种挑战，也是现代社会生活快速发展的结果，是继网络店名之后出现的一种新的语符。"符号"语符，有的人称之为"饰符"（邵磊，2010：10），其实，它也是汉语专名语符的一种。据统计，1034 个专名涉及的有 99 个（占总数的 9.6%）使用了 11 种符号，97 个专名只用一种符号，2 个专名使用了两种符号。

非正式体低端层的汉语专名使用符号比较丰富且种类非常单一，但绝大多数集中于"穿"，而"穿"应用符号种类最多，符号"·"是最习用的，约 1/11 的汉语专名使用了可作标记或发音的 14 种符号，最主要表现凸显性原则，其次是经济性原则。

1.2.3　图形语符

非正式体低端层的汉语专名语符中"活灵活现的图形更能打动消费者的心，对于加强消费者的记忆效果扩大店名的影响有着重要的意义"（刘元娇，2010：6）。使用图形语符的汉语专名主要有两种情况：一种是不可或缺的图形，缺少了表义就不够完整明确，或者缺乏特色；另一种是有趣逗人的图形,并和文字部分相得益彰、相互映衬,共同表义,增加汉语专名的趣味性和吸引力。据统计,1034个专名有71个使用了15种图形语符①,这比扬州市的店铺专名(0.53%)要高(殷俊,2009:91)。这些图形语符应用于71个专名,其中69个(占图形总数的95.8%)集中在"穿"类专名,仅3个在"用"类专名,使用范围绝对集中(z=1)。这些图形语符绝大多数作为商品专名而集中在y区的强势行业,仅2个应用于s区。这些图形语符只有前12种有表义功能,其他的纯粹是有趣逗人的。可见,图形语符作为非正式体低端层的汉语专名命名的一种语符,形式较多样且使用单一,但使用范围和区位都绝对集中于强势行业,这与公众认知程度密切相关,也是体现其凸显性原则。

1.2.4　数字语符

这里的"数字"是指非汉字的数字,不指中文数字,主要是阿拉伯数字和罗马数字。编码效率原则认为,阿拉伯数字编码简短,笔画线条简短,视觉结构紧凑、醒目,这"会节省辨识的时间,提高解读的效率"(詹卫东,2018)。汉语母语背景中运用一些简短的罗马数字,也是具有编码效率的。正基于此,书写简短和识读便利的数字语符也成为汉语专名的一种生态语符。

据统计,1034个专名仅18个用了数字语符。它们仅使用2类数字:阿拉伯数字和罗马数字。这与公众的认知密切相关。这些专名中组配的阿拉伯数字5个,使用范围非常集中于强势行业"穿"类专名(占94.7%),$1 \leq z \leq 2$,这与专名命名者表现凸显性原则相关,因为避免重复且求新;绝大多数(约2/3)集中于y区,较少(1/3强)分布于s区,这也突出了专名的经济性原则。

从单个数字来看,18个专名使用6个数字语符:1、6、3、0、5、Ⅱ,

---

① 这15个图形是:﹨、⟋、✗、✔、﹨、﹏、﹏、⚑、⟍、▲、✔、♔、☆、＊、＊。

分别为 15 次、10 次、8 次、4 次、2 次、2 次，各占使用数字次数的 36.6%、24.4%、19.5%、9.8%、4.9%、4.9%，这些数字的使用与专名命名者趋吉避祸的认知心理密切相关，这种德性也是"来源于人们追求美好生活的理想和愿望"(叶平，2012：106)。

由上可知，异语语符在非正式体低端层的汉语专名中运用情况共同构成语际的语用生态，是汉字语符之外异语的语际生态，它们都是公众习用的语符，这种"异语文字符号夹杂现象"也是为求凸显性的专名而"应当存在的"语符，同样"具有互补、交叉的伦理规定性"(潘世松，2015：9)。它们在汉语专名同一生态位中"栖息"，与母语语符汉字一起共现，互惠共生，形成一种语符生态的多维整体，成为汉字之外的"尽意""尽神"①的语符。这种语际生态"是汉语族群主流亚群体异语水平提高、认知宽容度提升、国际视野趋同等民族精神的体现"(潘世松，2012：139)。

2. 非正式体低端层的汉语专名的语符语用生态

上文主要考察汉语专名的语内层级母语汉字语符和语际层级异语语符的语用生态伦理，是从语符使用状态来分析的，是一种静态的考察。这两个层级的交汇融合就是语符组配的语用层级，是各种语符在步行街店铺的汉语专名生态位中"交汇生态及律己德性"(潘世松，2017：34)，特点是"相对微观、动态明显"(潘世松，2014：152)。这个层级"是语言文字生态伦理活动现象、意识现象、规范现象的综合表现"(潘世松，2012：139)。这种"综合表现"就是步行街的汉语专名的语符组配的语用生态。

所谓"组配"，是指汉语专名构成元素之间的一种线性排列。据统计，1034 个专名应用上述五类语符，若不考虑其组合顺序，则有 17 种组配形式(见表1)。这种组配形式反映了非正式体低端层的汉语专名"个性化、

---

① 语出《易传·系辞上》："子曰：'书不尽言，言不尽意。'然则圣人之意，其不可见乎？子曰：'圣人立象以尽意，设卦以尽情伪，系辞焉以尽其言，变而通之以尽利，鼓之舞之以尽神。'"

多元化的局面，突破了已有的单一乏味的命名方式"（张晓旭，2006：12）。下面从三个方面进行分析。

表 1　非正式体低端层的汉语专名的语符组配生态统计表

序号	语符组合生态	专名举例	使用范围									合计	频率（%）	阈值
			吃	穿	戴	理	玩	学	用	治	妆			
1	汉字	淑女心情	27	285	11	5	16	2	45	4	36	431	41.7	9
2	西文	TUOGU	1	116					6		1	124	12.0	4
3	汉字+西文	SAIPAI 塞派	7	277		2			29		2	317	30.7	5
4	西文+符号	U-BEELE		31								31	3.0	1
5	数字+符号+图形	361°☆		1								1	0.1	1
6	汉字+符号+数字	快乐 6+1		1								1	0.1	1
7	图形	✔		42								42	4.1	1
8	汉字+西文+数字	X6 时尚运动休闲折扣仓		1								1	0.1	1
9	西文+符号+图形	K-BOXING ✗		9								9	0.9	1
10	汉字+符号+西文	MY·酷		33							1	34	3.3	2
11	西文+符号+数字	DOCK-NO. 1		4								4	0.4	1
12	数字+符号	361°		7								7	0.7	1
13	汉字+数字	时尚 100		1								1	0.1	1
14	西文+图形	jue＊s		9				3				12	1.2	2
15	汉字+西文+图形	pr＊silu 葆斯奴		7								7	0.7	1
16	汉字+西文+符号+数字	果-C100 港式甜品	1	2								3	0.3	2
17	汉字+符号	莫菲·香槟小站		8							1	9	0.9	2
合计			36	834	11	7	16	2	83	4	41	1034	100	*

2.1　组配形式

从表1可知,由汉字、西文这两种语符独立运用或组配的汉语专名为强势(占84.4%),利于公众的认知和表现专名的习用性;而其他语符独立或其相互组配的专名是为弱势(占15.6%),利于表现专名的凸显性。

从阈值来看,独立运用母语汉字语符作为专名,是最习用的命名方式,汉字或与西文语符组配的专名是较习用的命名方式,利于表现专名的类型化和趋同性;而独立运用非汉字的语符或综合运用两个、三个、四个语符的专名是辅助性的命名方式,利于专名的求新求异。

从行业来看,与人们一般生活需要相关的汉语专名,其组配形式较单一化,这利于表现专名的习用性原则;而与人们较高生活需要的汉语专名,组配形式多样化,遵循凸显性原则。

2.2　组配种类

从语符参与组配的多少来看,汉语母语"汉字"语符组配能力最强(9种组配生态,覆盖率为77.9%),异语语符的"西文"其次(10种组配生态,覆盖率52.6%),"符号""图形"再次(分别为9种、7种组配生态,覆盖率分别为9.7%、7%),"数字"最弱(5种组配生态,覆盖率1.8%)。可见,语符组配能力的强弱与汉语专名的习用语符能力呈正相关,与汉语母语的主体性密切相关。

从语符的种类(称为"元",应用一类语符称为一元,如此类推)来看,汉语专名应用语符以一元或双元为绝对优势、多元为辅助的组配生态,汉语专名习用语符的多少与其覆盖程度呈负相关。

从行业来看,强势行业的汉语专名语符组配基本多元化,是以一元为主、双元为次、多元为辅的语用生态;弱势行业的汉语专名的语符组配较为单一化,基本是以一元为绝对优势。可见,非正式体低端层的汉语专名的语符组配种类多少与行业情势呈负相关。

2.3　组配语音

汉语专名的语符不能用语言称呼或念出来的部分称为非语言要素（李丽辉，2007：31）。如果从是否发音来看，那么，汉字、西文和数字都是发音的，是语言要素，"＋""。"语符也是发音的，它们的语音听起来与汉语相同，也可视作语言要素。图形中有的语符不发音（如"＊""＊"），则是非语言要素；有的发音，都有对应的汉语读音（如✔可以读作"耐克"），也可以看作语言要素。为此，五类语符可以模糊地看作两种语音：汉语母语语音、西文语音。这样，1034 个专名的语符从语音角度来看就只有两种：汉语母语语音和西文语音。那么，一元的专名就是汉语母语语音或西文语音，双元的就是"汉语母语语音＋西文语音"，也就是"双语双符"（刘惠琼，2009）。

这种"双言双语生活是多元文化生活在语言领域的表现"（李宇明，2014：2），是汉语族群"所处的生存空间、实物可能、劳动场景等生态及其伦理规定性的差异"（潘世松，2015：9），导引、制约汉语母语语音和西文语音话语生态"内心驱迫感"或"应当存在"的最后形成。

从表 1 也可知，非正式体低端层的汉语专名最习用汉语母语语音，次之是双语语音，较少的是西文语音。从行业来看，"穿""用""妆"强势行业都操汉语母语语音、西文语音和双语语音，且以汉语母语语音为主、双语语音为次、西文语音为辅；其他 6 个弱势行业基本上只操非常熟知的汉语母语语音。这说明行业的情势与操语音的多少呈正相关，也与汉语专名的命名者追求新奇别样的认知心理密切相关。

综上可知，语符的组配形式、种类及其读音共同构成以步行街店名为代表的非正式体低端层的汉语专名的语符组配的语用生态伦理的全部内容：独用或联用熟知的汉字语符、西文语符组配专名是其基本遵循，强势行业专名语符组配形式多样化，弱势行业的较单一化；一元和双元语符专名为绝对优势，强势行业专名语符基本多元化，弱势行业语符较单一化，汉语母语汉字语符组配能力最强，西文语符组配专名最为活跃；专名只操汉语母语语音和西文语音这两种读音，强势行业专名操汉语母语语音或双语语音，弱势行业只操汉语母语语音。

3. 非正式体低端层的汉语专名的语符语用生态伦理

据上分析，汉语专名的语用规约可概括为：循常求变。"常"就是遵循习用性、经济性的伦常、伦次，"变"就是遵循凸显性的伦常。汉语专名的"凸显"也是在确保"习用""经济"的"驱迫感"下"尽意""尽神"地彰显。这些"德性"共同组成以步行街店名为代表的非正式体低端层的汉语专名的"多元归常、习用循常、凸显守常"的语符语用生态伦理。

3.1 多元归常

詹伯慧(1999：39)认为，"语言应用多元化在现代社会中是相当普遍的现象"。非正式体低端层的汉语专名的语符种类也出现了多元性，汉语母语语符汉字和异语语符西文、符号、图形、数字五种语符分别涉及专名804个、542个、90个、71个、18个，分别覆盖77.8%、52.4%、8.7%、6.9%、1.7%，其比为45.7：30.8：5.1：4.0：1，其级次为：汉字>西文>符号>图形>数字，且汉字>(西文+符号+图形+数字)，这说明非正式体低端层的汉语专名应用汉字语符是极强势，应用西文是强势，应用符号、图形是弱势，应用数字是次弱势。可见，非正式体低端层的汉语专名的语符种类是以母语汉字语符为主、异语西文语符为次、异语符号和图形及数字语符为辅的强弱不同的多元生态。这也说明汉语母语具有极大的包容性，四种异语语符与汉语母语语符共同形成一种互惠共生的和谐的语符生态，这是多元文化在汉语母语生态环境中自然融合的结果。

汉语专名的语符组配也出现多元性。五种语符组配成17种形式的汉语专名，行业越强势使用的越多，反之则相反。这也说明境内的语言生活中纯汉字专名、通俗化平民化专名逐渐减少(李景生，2008：14)，多元和谐共生语符的汉语专名逐渐增加，这"也是财富的外表征象"(路易-让・卡尔韦, 2001: 81), "是社会资源占有者和权威主体对其所处世界的概括"(潘世松, 2011: 58)。非正式体低端层的汉语专名语符的多元其实就是生态语符的多元、语符内生的多元、语符组配的多元、语符表义的多元, 这些多元性包含着不同的伦次性, 说明自然物种来源(商品)的多样性, 反映出社会低端层的自然环境的开放性。这种"开放"不仅保持语用生态的多元, 同时也增强了汉语主体文化的自信力, 这"是改革开放的成果, 也是经济全球化的产物"(刘涌泉, 2013: 79)。

以步行街店名为代表的非正式体低端层的汉语专名的语符种类多元、组配且有伦次的语用生态, 显示出汉字(汉语)母语背景语符的绝对优势, 异语都能以常用汉字语符为生存背景或条件, 或者借助常用的汉语发音互惠共生, 这些就是"多元归常"的语符生态伦理。

3.2 习用循常

非正式体低端层的汉语专名的五种语符中, 最习用的是汉语母语及其通用规范汉字, 最习用西文及其大写、词组, 最习用一元和双元语符的专名, 最习用汉语和英语的语音, 其习用程度与行业情势呈负相关。通名汉字最具特征化、类型化, 母语汉字行业化程度与其情势呈正相关。

1034 个专名使用 652 个汉字、7 种外语、11 种符号、15 种图形和 6 个数字, 这些语符基本上是人们所熟知的。652 个汉字应用通用规范 Ⅰ、Ⅱ级汉字 644 个(98.8%)、6874 次(99.6%)。7 种外语涉及专名 542 个, 只有 3 个专名是按照韩文书写和拼读的(但随后附有汉语译文), 其余的(99.4%)都是按照人们非常熟知的英文书写和拼读的。所运用的 11 个符号, 一般人就可以识读; 所运用的图形都是人们非常熟悉的商标图案, 而且图案简单易记; 所运用的 6 个数字, 5 个是阿拉伯数字, 1 个是罗马数字, 而且罗马数字仅涉及专名 2 个(占 0.2%)。通名和业名的语符几乎通用化, 属名较通用化, 行业的语符基本遵循通用性原则。可见, 非正式体低端层的汉语专名几乎运用人们熟知的通用语符, 这观照了消费者的认读和识记, 说明汉语专名的语符遵循习用性的基本伦常。

步行街1034个专名，最习用的汉语母语语符及其通用规范汉字，最习用西文语符及其大写、词组，最习用一元语符或双元语符，最习用汉语母语语音和英语语音。这说明非正式体低端层的汉语专名语符的运用、书写、读音、组配都遵循习用性的基本伦理，且保持汉语母语的主体性的地位。这种主体性表现为语言人习用汉语母语的主体性，遵循异语认知认读的习用性。这也体现了"语言及文字生态有其客观外界的意志普遍性，即民族语言及文字立法，也有其主观内心的意志特殊性，即民族语言及文字道德，更有其客观语言及文字立法与主观语言及文字道德的统一，即语言及文字生态伦理"(潘世松，2012：139)。非正式体低端层的汉语专名习用语符及其认读的基本伦常，构成其"习用循常"的语符生态伦理。

3.3 凸显守常

有专家认为，"语言之间的竞争，就是人的竞争，即语用主体的竞争。语用主体为自己所使用的语言而焕发出的语用活力是影响语言竞争成败的重要因素"(冯广艺，2013：34)。非正式体低端层的汉语专名的语符生态在遵守经济性和习用性的基本伦常下，"为了提高语言表达效果而有意识地偏离语言和语用常规"(王希杰，2004：11)，力求在形式和内容上予以凸显，从而达到求新求异。

在形式上，这些专名"书写的空间有限，须用最经济的语符表达确定的店名，同时尽可能做到店名、商品、商标三者一致，或者同质化店名的差异性"(潘峰，2017：64)，用非通用规范的繁体字、自造字，用西文小语种及其小写、短语句和插入符号、图形以及数字语符，用图形和多元语符或变格(83个，占8.0%)命名，从而使得专名"简洁化、个性化"(郑梦娟，2006：14)，新奇独特。

在内容上，这些专名"和实生物"，"真诚地调用意义充实、新鲜有力的"(杨彬，2016：144)语符从三个方面予以凸显：一是直接用"时尚"词语作专名的韵律词(共16个，占1.5%，如"三博时尚衣馆")；二是选用具有时代性的汉语词语(词素)进入专名(如"酷、吧")；三是用很时尚的商标来命名专名。可以看出，这里的"和""不仅创生新物，同时也约制新物"（刘长林，2006：13），同时也是"言语行为主体维护与推动语言生活健康、和谐发展的道德本性或伦理本性"（杨彬，2016：143）。在这个意义上讲，凸显性与经济性、习用性一起共同构成和谐共生的"凸显守常"语符语用生态伦理。

当然，命名者为求凸显性效应，语料中专名"196个（占19.0%）存在语用失范"现象（潘峰，2016：70）。这种"非生态的"（范俊军，2005：111）汉语专名占极少数，是由专名命名者"缺乏理应具有的伦理自觉，也不具备应有的语言素养与能力"（杨彬，2016：143）造成的，是对语用生态伦理的偏离。"步行街店名语用失范程度与店主文化认知成负相关"（潘峰，2016：71），所以说，"语言交际者自身的语言素质和语言态度在很大程度上影响和制约着该类人群的语言使用，是决定不同层级领域语言使用水平的重要因素"（曾丹，2014：130）。

从历时来看，非正式体低端层的汉语专名的语符处于常变状态中。常变遵循"和实生物"，还是"尊重母语，习用通用规范汉字，遵循汉字和外文书写、拼写、缩省和标点符号使用规则以及译音理性原则，尊重商标使用常识"（潘峰，2016：72）的基本语用伦常。"汉语符号在与异语符号进行兼性互惠的同时，还在守护着母语文字符号征象之根，还在践行着语言生态伦理理念。"（潘世松，2012：139）这种"征象之根"也包括汉语母语文字符号语用的基本伦常等内容。

据观察，极少数"失范"专名，由于内在伦理驱迫感的推动，只是失其"形"，还没失其"神"。这种"神"就是语用规约的基本伦常——汉语母语的常知常用。自然界给予人类生存空间和生存物质，人们认识自然、把握自然、表达自然，必须遵循大家能够理解的规则，要"妥善地融入语言交际生态环境之中，就必须考量自身的行为是否符合伦理规定性而不能随心所欲地进行……否则……就要遭受语言生态环境的排异、压制甚或围攻"（杨彬，2013：7），人们就不能交际，技能不能传承，身份也不能认同。这就要大家共同遵循"凸显守常"的语符生态伦理，用语言生态观来规范、约束自己的言行。

　　综上可知，非正式体低端层的汉语专名的语符"多元归常、习用循常、凸显守常"共同构成语符语用生态伦理的基本内容，反映出"语言和人是一种共生现象"(陈原，1998：367)，反映出现代社会表达经营方式和策略的基本心智，以及现代城市的语用生态文明。所以说，"语言是人的存在之所，人是在语言中栖居的"(冯广艺，2013：32)。

4. 结　　语

　　由上观之，以步行街店名为代表的非正式体低端的汉语专名的语符由于"内在伦理驱迫感的推动"形成"应当存在"的语用生态伦理的三个层级：语内的汉字语符运用层、语际的异语语符运用层、语用的汉语和异语语符的组配层。语内的语符生态伦理是汉语专名习用母语汉字语符通用规范的伦次，与专名区位和情势的关联程度，以及遵循国家用字法规和求大同、存小异的用字准则。语际的语符生态伦理是汉语专名为求凸显性而"应当存在的"四种异语语符与母语汉字语符在同一生态位中异语文字符号夹杂、互惠共生的语用伦常。语符组配的语符生态伦理是专名语符的组配形式、种类及其读音所遵循的基本伦常，以及业类情势的习用伦次。语用层贯穿语内层和语际层两端，语内层的应当存在、语际层的互惠共生、语用层适宜适切的动态需要，"三个层级形成向心结构，语际层、语内层以语用层为旨归"(潘世松，2017：35)，共同构成非正式体低端层汉语专名语符的"多元归常、习用循常、凸显守常"生态伦理的基本内容。

　　语符生态是语言生态的一部分，语言生态是文化生态系统的组成部分。"人是文化生态的主体，人为因素在文化生态系统中起着决定性的作用。"(曹志耘，2001：11)以步行街店名为代表的非正式体低端层的汉语专名的语符语用生态是"人为因素"作用的结果。"语言从来就不仅仅映射现实，它还塑造现实、塑造社会、塑造我们群体乃至多个个人的生存。语言……不仅是政治工具，还是政治本身。我们依靠语言建立秩序，借助语言定义世界与自我，根据语言展开我们最重要的行动……修改政治、改善生存必得从改善语言开始。"（李书磊，2001：111）由此可以说，非正式体低端层的汉语专名不仅塑造经济文化，同时也塑造语言文化，还塑造一种文明生态和生态文明，这是一种多元共生共融的语用生态文化，是民族文化自觉、文化自律的征象，也是文化自信的映射。

◎参考文献

[1] 曹志耘：《关于濒危汉语方言问题》，载《语言教学与研究》2001 年第 1 期。

[2] 陈原：《陈原语言学论著(2)》，辽宁教育出版社 1998 年版。

[3] 陈章太：《构建和谐语言生态》，载《语言战略研究》2016 年第 2 期。

[4] 冯广艺：《语言人与语言生态》，载《江汉学术》2013 年第 1 期。

[5] 范俊军：《生态语言学研究述评》，载《外语教学与研究(外国语文双月刊)》2005 年第 2 期。

[6] 黄国文：《讲好生态文明的中国故事》，载《中国社会科学报》2020 年 1 月 10 日第 4 版。

[7] 李景生：《店名变化与人们审美价值的趋向》，载《毕节学院学报》2008 年第 5 期。

[8] 李丽辉：《岳麓山大学城店铺名称的语言学研究》，湖南师范大学 2007 年硕士学位论文。

[9] 李书磊：《再造语言》，载《战略与管理》2001 年第 2 期。

[10] 李宇明：《论语言生活的层级》，载《语言教学与研究》2012 年第 5 期。

[11] 李宇明：《双言双语生活与双言双语政策》，载《语言政策与规划研究》2014 年第 1 期。

[12] 刘长林：《汉语、汉字与意象思维》，载《汉字文化》2006 年第 5 期。

[13] 刘惠琼：《城市商店名称演变的跟踪研究——以广州市北京路为例》，载《华南农业大学学报(社科版)》2009 年第 2 期。

[14] 刘涌泉：《汉语拼音字母词全球化》，载《中国语文》2013 年第 1 期。

[15]刘元娇:《济南市区餐饮店名研究》,山东师范大学2010年硕士学位论文。

[16]路易-让·卡尔韦:《社会语言学》,曹德明译,商务印书馆2001年版。

[17]潘峰:《店名语用的三个原则——以高校附近的店名为例》,载《语言文字应用》2011年第3期。

[18]潘峰,刘燊祺:《步行街店名语符的语用失范——以湖北五市区步行街店名为例》,载《黄冈师范学院学报》2016年第5期。

[19]潘峰,覃月华:《步行街店名语用修辞策略的特点——以湖北五市区步行街店名为例》,载《黄冈师范学院学报》2017年第2期。

[20]潘世松:《说"农民工"》,载《湖北社会科学》2011年第10期。

[21]潘世松:《异语文字符号夹杂现象的学科理据》,载《山西师范大学学报(社会科学版)》2012年第4期。

[22]潘世松:《语言生态伦理概念提出的实践必要与知识前提》,载《湖南师范大学社会科学学报》2013年第6期。

[23]潘世松:《语言生态伦理概念提出的理论依据及实践可能》,载《南昌大学学报(人文社科版)》2013年第1期。

[24]潘世松:《语言生态伦理的性质及原则》,载《南昌大学学报(人文社会科学版)》2014年第3期。

[25]潘世松:《"通过……,使……"类句式生成的语言生态伦理动因及对策》,载《湖南师范大学社会科学学报》2015年第5期。

[26]潘世松:《语言生态伦理的自律价值》,载《湖南师范大学社会科学学报》2017年第6期。

[27]邵磊:《大连时尚店名的社会语言学分析》,辽宁师范大学2010年硕士学位论文。

[28]王希杰:《汉语修辞学(修订本)》,商务印书馆2004年版。

[29]杨彬:《时势之必需,学术之新境——谈谈开启语言生态伦理研究的重要意义与学理基础》,载《湖南师范大学社会科学学报》2013年第

6 期。

[30] 杨彬:《语言生态伦理规定性及其制约功能的语用规约》,载《湖南师范大学社会科学学报》2016 年第 2 期。

[31] 叶平:《生态伦理的价值定位及其方法论研究》,载《哲学研究》2012年第 12 期。

[32] 殷俊:《扬州店名的社会语言学考察》,扬州大学 2009 年硕士学位论文。

[33] 曾丹:《论语言生态伦理视域下的领域语言》,载《南昌大学学报(人文社科版)》2014 年第 6 期。

[34] 詹伯慧:《再论语言规范与语言应用》,载《语言教学与研究》1999 年第 3 期。

[35] 詹卫东:《小数字的大学问——中文出版物使用数字应遵循的原则》,载《光明日报》2018 年 6 月 17 日第 8 版。

[36] 张晓旭:《语言学视角下的店铺命名行为研究》,吉林大学 2006 年硕士学位论文。

[37] 赵世举:《当代商业店名构成类析及文化透视》,载《云梦学刊》1999年第 1 期。

[38] 郑梦娟:《当代商业店名的社会语言学分析》,载《语言文字应用》2006 年第 3 期。

[39] 郑远汉:《言语规范三层次》,载《武汉大学学报(人文社科版)》2000年第 5 期。

论"非 X"

万光荣　　胡紫林

（湖南师范大学外国语学院）

1. 引　　言

"非"早在上古汉语中就被使用，用作副词、动词、形容词甚至名词，其中作动词、形容词、名词的用法一直沿用至今，作否定副词的"非"在历史长河中逐渐语法化，成为类前缀、前缀，称为否定前缀。最初汉语语言学界对"非"的研究主要集中在探讨其词性归属上，王力（1980）认为它是否定副词，吕叔湘（1982）认为它是否定系词；之后学者们注意到"非"的逐渐虚化，吕叔湘（2005）研究认为"非"可以是类前缀，赵元任（1979）、郭良夫（1983）也指出"非"是前缀或新兴前缀；现在人们都已经普遍接受"非"是否定前缀。对于汉语前缀，马庆株（2004）、朱亚军（2001）和王洪君等（2005）主要从宏观上讨论它们的定义、性质、范围及分类问题，陈宝勤（2004）、董为光（2002）则集中对某一个具体前缀进行了专门研究（如"阿""老"等常用前缀），有关否定前缀的研究只在语法研究专著中略提一二（如柳士镇，1992）。对否定前缀"非"的专题研究在我们查找的文献中还没有发现。

本文的研究试图回答以下几个问题。①"非"是如何由否定副词虚化为否定前缀的？②"非"作否定前缀形成"非 X"构式，哪些语素 X 能进入，它有哪些限制条件？③"非 X"具有哪些语法特征、语义特征和语用功能？
④汉语否定前缀式构词是否与英语否定前缀式构词相同？为了便于研究，
我们收集了关于"非"作为否定前缀的语料，这些语料全部来自北京大学汉
语语言学研究中心的汉语语料库。

2. 否定前缀"非"的由来

否定前缀"非"是由上古汉语否定副词发生语法化，由实变虚演化
来的。

2.1 上古汉语中"非"与"不"分工明确

上古汉语的"非"是否定副词，意义、词性和用法都相当于"不"："要
对形容词谓语或动词谓语加以否定，就用"不"字；要对名词谓语加以否
定，就用"非"字"（王力，1980：352）。这种观点在汉语界已被普遍接受。
从最早有记载的文献《今文尚书》开始，这种分工便很明确，倾向性很强。
"非"独立使用，不受其他词修饰。

> (1)可爱非君？可畏非民？众非元后，何戴？后非众，罔与守邦？
> （《今文尚书》）
> (2)此仁也，义也……此非仁也，非義也。（《墨子·天志中》）

2.2 魏晋南北朝时期"非"语义语法特征被"是"挤兑

魏晋南北朝时期，"是"字式肯定判断句被广泛运用，在其绝对影响之
下，人们表达否定判断时便在"是"前加否定义副词"非""未"或"不"，于
是产生了"非是、未是、不是"等表示否定判断的新形式。其中，以"主语+
非是+宾语，这类句式较为常见；主语+未是+宾语、主语+不是+宾语这两
类句式极为少见"（柳士镇，1992：299）。这样，名词前的否定不再一定要
用"非"来完成，出现了"非是、未是、不是"否定名词的用法，如（引自柳

士镇，1992)

  (3)偷取佛法著己法中，妄称己有，非是佛法。(《百喻经·估客
    偷金喻》)

  (4)卿为著作，仅名奉职，未是良史也。(《魏书·韩麒麟传》)

  既然"是"已经表达了[+判断]，独用的否定副词"非"的语义[+否
定][+判断]由于"非"和"是"结合在一起演变为只剩下[+否定]。"非"语
义的变化，更准确地说，语义成分的减少，导致了其独立使用功能的减
弱，主要表现在：

  ①往往与其前面的另一副词如"无、莫、并"等共同发挥副词作用。

  (5)礼律既设，择贤而行之，天下雍熙，无非任贤之功也。(《魏
    书》)

  (6)意欲谄人，偏来问我，莫非我有邪德不成？(《两晋演义》)

  ②放在如"岂、苟、自、除、若"等副词后面构成连词。

  (7)自非道高识博，孰能处之？(《魏书》)

  (8)苟非斗力，何患童稚。(《南北朝杂记》)

  ③或用于"非……所""非……不"等固定结构中。

  (9)忠于奉上，非公事不言。(《魏书》)

  (10)羹脍中乃是吴食，非卿所知。(《南北朝杂记》)

2.3 唐代以后"非"的语义语法特征被"不"挤兑

  唐代以后，"非是、未是、不是"三者中，用"不是"表示否定判断的情
况逐渐增多，"不是"否定名词的用例也就比魏晋南北朝时更多，这就加速
了用"非"来否定名词的衰落。"非"独用时的两个语义成分[+否定][+判

断]就全部由"不是"替代,"不"表示[+否定],"是"表示[+判断]。又由于汉语双音节化趋势的日益强化,"非"作为单音节放在名词前的现象很难再保留了。"非"这种语义上的被挤兑,致使它的语法功能进一步虚化,具体表现在以下几个方面。

①"非"独立使用的能力越来越弱,与其同现的副词数量越来越多,他们一起承担副词的功能,甚至连词的功能(副词属于实词类,连词是虚词类),由于受到汉语双音节化的影响,"非"一般是与单个副词组合,其前面常出现的副词有"莫、又、若、除、虽"等,后面的有"但""唯""独""特"等。同时,"非"也不再重读,读音弱化了,重读音落在了与之组合的副词上,如例(11)(12)中的"莫""虽"。

(11)大郎道:"莫非嫌少?"(《今古奇观(下)》)

(12)且彼虽非我婿,亦非我仇,纵求与彼退亲,岂无别策,何必杀人命图赖他?(《包公案》)

②"非"出现在固定结构或凝固结构中的用法远远多于独用的情况,如"非……不""非……所""非……则""非……而""非……非""似……非""是……非""非……即"等。

(13)此事非唐非宋,出在国朝天顺初年。(《警世通言(下)》)

(14)故所到者非败则降,累辱王师,大为不轨。(《封神演义(中)》)

(15)果然得到一种似石非石,似玉非玉的东西。(《上古秘史》)

2.4 明清时期"非"虚化为前缀

明清时期,"非"的有些固定结构在具体的上下文中可以两解,既可理解为判断,也可以理解为范围解释,这种重新分析是"非"虚化为前缀的关键。例如:

(16) 是他什么人，如何敢越墙进去？况他家男子不在，又有幼女
在房中，非奸即盗了。(《金瓶梅》)

此句中"非……即"结构表达了一种"不是……就是"的概念，这种概念
可以是判断，即他不是恶人就是强盗，是对他身份的判定；也可以是分
类，把越墙进屋的人分为两类——恶人和强盗，他是恶人的话就不是强
盗，是强盗的话就不是恶人，用逻辑式表达为：非奸＝盗，非盗＝奸。
再如：

(17)"贫僧乃唐朝来取经者，人也，非怪也。"小王子道："你便还
象个人，那三个丑的，断然是怪！"(《西游记》)

同理，此句中的"人也，非怪也"，既可以理解为判断——是人，不是
怪，是对唐僧属性的判定；也可以把这师徒四人分成两类：人和怪。是怪
的话就不是人，是人的话就不是怪。四人中，唐僧是[＋人]不是怪，那三
个丑的是怪不是人，即[－人]。

2.5 现代汉语中"非"作为前缀，构词能力较强

"非"的表达被重新分析之后，用作表解释范围的用法逐渐增多，加之
位置固定于名词前，且结构紧密，中间不能插入任何词，在句中逐渐不充
当任何语法功能，只抽象地表示把一事物两分之后的其中一种类别，已具
备前缀的特点。产生之初，以"非人"用例最多。由于语言表达的规律和需
要，人们仿拟类推这种附加式构词，因此"非 X"的数量增多，意义越来越
抽象。发展到现代汉语时，"非"构词能力越来越强，"非＋名"数量最多，
这也是受早期"非"作否定副词修饰名词的位置的影响，是"俯瞰效应"的结
果(储泽祥，2002：8-9)。例如：

(18)优婆塞，优婆夷。天，龙，夜叉，阿修罗，罗刹，乾闼婆，
人，非人等。(《大藏经》第03卷)
(19)再讲到情，你我两家，不但非寻常朋友可比，比起那疏远的

亲戚来，只怕情义还要重些！(《侠女奇缘(上)》)

3. "X"的限制条件

吕叔湘先生认为：

"非"是前缀，表示不属于某种范围，构成名词。

非+名 非会员、非党员、非晶体

{非+名}+名 非金属元素、非生物体、非条件反射、非武装斗争、非匀速运动、非人生活、非对抗性矛盾

{非+形}+名 非正常情况、非熟练劳动、非正常开支、非一般事故

{非+动}+名 非卖品、非导体、非生产开支 (吕叔湘，1999：206)。

我们同意上述观点，即"非"后面可接各种词类组合，但不认同其关于层次划分的内容。我们认为这种构词的层次关系应为非+名、非+(名+名)、非+(形+名)、非+(动+名)。"X"应该是词，即使(名+名)、(形+名)、(动+名)单独拿出来使用是词组或短语，一旦进入这个构词范式，短语也不再是一般意义上的短语，而是词汇化了，即词组的特征减少，词汇的特征加强。如"阶级斗争"是名+名，可以单独说，"阶级"是词，"斗争"也是词，但它们合起来时是词组。但"非阶级斗争"由三个部分组成，即"非""阶级""斗争"，其中"非阶级"语法不自足，不能单说，因此需要把"阶级""斗争"先合在一起构成词组"阶级斗争"，然后再和前缀"非"构词，一旦成词"非阶级斗争"，"阶级斗争"就充当一个词的功能，我们认为它相当于定型短语或近似短语词。

定型短语、近似短语词是邢福义先生论述词组和词关系时提出的，"假如用 A 代表第一类短语常备因素——构件组合灵活，用 B 代表第二类

短语常备因素——音节较多，那么，可以列成三个基本公式：短语—A B＝合成词；短语—A＝定型短语；短语—B＝近似短语词"(邢福义，1998：38-39)。邢先生的意思是，在短语和词之间有过渡中间状态，失去短语的构件组合灵活特征的是定型短语，失去短语的音节较多特征的是近似短语词。我们所说的前缀"非"后面的"X"要么是定型短语，要么是近似短语词。那么，具体来说，哪些"X"才能进入"非"的附加式构词呢？

3.1 "X"为"名"的特征

"X"通常是术语名词，普通名词或抽象名词较少。

能与前缀"非"构词的多是术语名词，这些术语名词涉及政府组织机构、经济、学术、工农业、医学等社会各个领域，起界定概念的作用，如"非贸易、非会员、非生物、非金属、非农业、非对称、非医学、非公有制"等。有些使用频率高的术语名词用缩略语形式，如"非农＝非农业、非典＝非典型性肺炎、非足联＝非足球联合会"。

抽象名词或普通名词有"生物、利益、语言、处方"，加上前缀后构成"非生物、非利益、非语言、非处方"；具体名词或专有名词有"长江、毛泽东、红楼梦"等，不能构成自由词语"非长江、非毛泽东、非红楼梦"。但是若专有名词后还有一个或多个名词，这些构词就可以，如"非长江流域、非毛泽东著作、非红楼梦专家"。

3.2 "X"为"名+名"的特征

许多"非+名"是不自由语素，因而其后需要再加一个或多个名词，构成"非+名+名"，即"X"为"名+名"，如"非条件反射、非武装斗争、非对抗性矛盾、非稳态效率"。如果是接多个名词，"X"为"名+名1+名2"，如"非传统安全问题"，其中"传统安全问题"视为定型短语，因为"非传统""非传统安全"从意义上看都不能单说。

3.3 "X"为"形+名"的特征

"非+形"不自足，必须构成"非+形+名"才成词，则"X"为"形+名"。能进入这个结构的形容词是属性形容词，或叫区别词，多是双音节的，如"非正常情况、非熟练劳动、非正常开支、非一般事故、非本质原因、非自动步枪"。

3.4 "X"为"动+名"的特征

"非+动"不自足，必须构成"非+动+名"才成词，则"X"为"动+名"。动词必须是及物动词，与其后的名词存在某种语义关系，名词一般是动词的施事或受事，如"非卖品、非导体、非生产开支、非参赛作品、非歧视的国际多边贸易体制"。其中"卖品、导体"是词，"生产开支、参赛作品"是近似短语词，"歧视的国际多边贸易体制"是定型短语。

3.5 "X"的其他限制条件

名+名、形+名、动+名都是名词性的，放在"非"后面，但下列情况通常不能构成前缀式"非 X"：

a. "X"表肯定意义能进入，否定意义的通常不行，如不说"非讨厌、非苦"。

b. "X"表情感类意义的语素前不加前缀"非"，如不说"非漂亮、非感动"。

c. "X"在汉语中有确定的常被使用的反义词，通常不加前缀"非"，如不用"非快"而直接用"慢"，不说"非大型"而用"小型"。

d. 同常用的"X"相比，不常用的"X"不易使用前缀"非"，如"非人"比"非天堂"使用更自然(在词频词典中，"人"是个高频词，"天堂"是个低频词)。

另外，从语音特征来看，"X"音节数不受限制，但以双音节最多，如"非人、非免签证国公民、非伊拉克籍阿拉伯人、非出行高峰期"。

4. "非 X"的语法语义语用特征

4.1 "非 X"的语法特征

a. "非 X"后面常接上后缀"性"或"化",构成"非(前缀)+名+性/化(后缀)"结构,如"非职业性、非人性、非军事化、非武器化"。这是一种构词能力很强的格式,即使有些跟前缀"非"组合很勉强的名词,一旦进入这个格式,在有上下文的情况下会显得自然,刚开始使用时,书写整个格式用引号标出,用的频率多了,凝固性更强后,引号便可以去掉。

b. "非 X"的词性通常与"X"一样,也就是说,否定前缀"非"构成的词一般不改变词性。如"农业"是名词,"非农业"也是名词;"人"是名词,"非人"也是名词,又如"并最终把人变成了非人",即使在"非人待遇"中,"非人"还是名词修饰名词"待遇"。"非 X"是名词性的,多正式用语,不受数量词的修饰,主要充当主语、宾语、介词宾语或定语,一般不作谓语,状语和补语。例如:

> (20)非生物在自然条件下也可以形成所谓的矿物燃料。(主语)
>
> (21)同人相对立,反而操纵着人,把人变成了奴隶,并最终把人变成了"非人"。(宾语)
>
> (22)既能有效地促进农业剩余劳动力向非农业转移,又能促进工业化及整个国民经济的繁荣。(介词宾语)
>
> (23)全英锦标赛(非正式的传统单项比赛),早在 1899 年开始。(定语)

c. "非 X"绝大多数时候与"X"对举使用。有的时候由于共同修饰一个名词而存在前者后面的这个名词被省略的情况,有的因带有不同修饰语而保留修饰语,有的出于对语音音节数目的考虑或为了表达清楚明了避免歧义,又存在使用缩略语或固化语的情况。例如:

(24) 生态系统中几乎所有的营养物质都在生物与非生物环境之间循环流动。("生物"后省略了"环境")

(25) 业务广及我国现有全部银行业务和大部分非银行金融业务，总资产达 349 亿元。("银行"前有不同的修饰语，前者受"全部"修饰，后者受"大部分"修饰)

(26) 以有限的土地资源发展具有更高效益的"三高"农业以至非农产业。("农业"是双音节，"非农产业"是四音节，其实农业是农产业的缩略语)

(27) 治疗部分由病毒引起的癌症和非病毒癌症，也都展现了良好的前景。(由"病毒引起的癌症"就是"病毒癌症")

上述的对举使用还可能是为了避免"非"字词引起的歧义，如"非艺术院校"理论上有两种意义：一指仍是院校，只不过不是艺术教学的，层次为((非艺术)院校)；二指根本不是院校而是别的什么组织机构，层次为(非(艺术院校))，但是，若出现在"艺术院校与非艺术院校"中，"非"是前缀，只能理解为((非艺术)院校)，此时无歧义，单指不是进行艺术教学的而是其他学科的院校。

"非 X"通常与"X"对举使用，通常"X"在"非 X"之前。如上面的例子，也有"非 X"在"X"之前的，它们强调的焦点在对举使用中的后者，如：

(28) 存在非流通股和流通股这种同股不同权的现象。(强调"流通股"的不公平现象)

4.2 "非 X"的语义特征

①在《现代汉语词典》(第 5 版)中，"非"解释为"前缀。用在一些名词性成分的前面，表示不属于某种范围"。"非 X"的语义可以借用逻辑学中用逻辑成分分析符号[+][-]来分析语义的做法。如[+男性]就是"是男性"，[-男性]就是"非男性"即女性。同理，非农业就是[-农业]，表示不

是农业，除了农业以外的其他产业；非公有制就是[-公有制]，除了公有制之外的其他体制，其他类推。需要说明的是，使用"非X"的前提是存在一个隐性分类，它自己构成一个类别，与它相对的类便是"X"，"非X"与"X"是一对极性反义词，并且"非X"与"X"共同构成一个上义范畴。如"非男性"与"男性"组成"人类"，在人的分类中，不是男性就是非男性，不存在中间过渡词。再如"非金属"与"金属"构成物质材料，这种材料如果不是"金属"的话，就一定是"非金属"。

②为什么不直接用"X"的反义词，而用"非X"？主要是因为"非X"有附加意义。"非X"可以隐含地体现一种分类或范围，把一个集合分成"X"和非"X"两类，"X"类共同特征很明显，而"非X"类相比"X"类共同特征很不明显，无法确定是什么类，又没有专有名称，就用"非X"表示这一类，因在上下文中意义自明，适合为临时分类命名(储泽祥，2009)，尤其是在说话人肯定不是"X"，但又不能十分确定究竟是什么，就把它归入一种"非"，是一种模糊表达语。如金属一般有光泽和延展性、不易导电且传热，而有一种单质，金属的这些特点都没有，它们具体的共同特点因人类认识有限而分不清楚，只好用"非金属"来统一命名。

③即使能找到相对应的"X"的反义词，但因为"非X"通常反映说话人对所说之事的非褒义态度，也在特定场合得到青睐，中性的表达显得很客观，尤其是当一个"非X"在语言中本身有同义词时，"非X"往往表达了说话人持一种客观态度，避免同义词所产生的褒贬评论，如私有制和非公有制表达同样的意思，但在那个意识形态分明的年代，私有制是与社会不符的体制而被认为不好，非公有制就很委婉，它只表明不是公有制，至于是什么并没有指出来，从而避免了敏感的字眼。"非X"少数表示贬义，通常表示"是少数，是劣势"，在说话人看来，去掉"非"之后是"好的，正常的"，如"非主流文化"表示不是主流文化，说话人认为主流文化才是多数，是社会大众熟知且公认的。

4.3 "非 X"的语用特征

a. 填补语义空白，且适应语言表达的经济原则。

人们在表达中，已知某类事物共同特征，用"X"来总括，而对除了"X"的其他类的共同特征尚不明确，无法用某一词来概括，只有采用"非X"来表示。这种表达因为在上下文中意义能被推断出来，为临时分类命名，填补了表达上的这一空白，是语言表达的需要。

如果对于上述现象的命名不采用"非 X"，那就只有把人类知道的所有特点尽可能详尽地一一列举出来，这样的结果是信息太长，占用了受话者不必要的精力和时间，这种表达往往被淘汰，是因为它没有在保证信息量和通俗易懂的前提下使语言更经济，比如"非言语交际"指除了话语方式之外的各种互动形式，包括书写、画画、吹口哨、肢体动作、信号灯、莫尔斯电码、盲文等。

由于"非 X"的上述优点，使得人们在实际生活中不断模仿类推这类构词，前缀式"非 X"越来越多，已收入语料库的表现的是语言的显现现象，有些还没收入语料库的仍然潜在地存在着。不管是显现的还是潜在的，它们主要集中运用于如科学技术领域这类还在探索中的学科里，如"非质子酸、非结构网格、非扩张映射、非标管道、非饱和土"等。

b. "非 X"比直接用"X"的反义词的表达含蓄婉转一些，形成委婉表达语，具有语言修辞效果。

"非官方消息"指不是官方发布的消息，至于是哪儿发布的不直说，也就不直接责怪批评那一方。而"小道消息"则明确指出来自不可靠的渠道，因此不可信。"非主流文化"指不是主流的文化，即次要文化或少数文化，但后者的表述带有明显的贬义色彩。"非不锈钢制品"不惜用两个表否定的词缀，这种冗余的目的便是追求语言委婉，尽量不加入说话者的态度。"生锈"是贬义的，"不生锈"则是褒义的，"非不生锈"便是指不属于不生锈类的，实指生锈类的东西。

c. 与其他否定前缀式构词相比较而言，"非 X"多是正式用语，即使都同属正式词，语义也有差别。"非 X"强调状态，与"X"相对；"未+X"和"不+X"强调动作性强，"未"字否定过去，"不"字否定将来；"无+X"与"有+X"相对。

"非"后接动词时多与"未"做前缀构词相似。如"非登录词"，表示没有登录进词库的词，以后也不会登录的词，不是用来登录的词。"未登录词"，表示在说话时间以前没有登录进词库的词，以后可能会登录也可能不会登录。"非上传文件"，表示不需要上传的文件。"未上传文件"表示还没有上传，但需要上传的文件。

"非"后接形容词、动词时多与"不"作前缀构词相似。如"非动产"即不是移动的财产，强调状态。"不动产"是不能移动的财产，指土地房屋及附着于土地房屋上不可分离的部分，强调将来。

"非"后接名词时与"无"作前缀构词相似。"非店铺行业产品展览会"不是店铺行业的，与"店铺行业"相对。"无店铺行业产品展览会"是没有店铺参与的，与"有店铺参与"的相对。"非糖食品"不是糖类食品，可能含糖也可能不含糖。"无糖食品"指不含糖的食品。

5. 与英语相比呈现的构词特点

英语语言中存在许多否定前缀，如 un-, in-, dis-, non-等。通过仔细比对语义、语法和语用特点，我们确定否定前缀 non 最有可能与"非"对应。汉语"非 X"与英语的"non+X"同属派生构词。

通过研究 BNC 语料库中 non 的构词发现，汉语和英语都有"否定前缀+名、形、动"的构词。但汉语最常见的组合是"非+名"，英语最常见的组合是"non+形"。与英语相比，汉语没有"非+副"这种组合。英语"non+副"的例子有 noncognitively，nonlaterally 等。

汉语"非 X"的构词中，"X"是名词性的，层次划分是"非/X"，"非 X"的词性都是名词。英语"non+X"词性与"X"一样，即"X"是什么词性，加了 non 之后还是什么词性，如果其后面再接名词形容词副词，它的层次是

"（non+X）Y"。

汉语"非"除了是否定词缀之外，还并存其他实词词性：动词、名词、副词。但 non 只能做词缀，不能单独使用，不能充当任何句法成分。

汉语前缀"非"有时轻读，有时重读，不具有完全的语音依附性，但英语 non 只能附在其他自由语素上，相对于"X"来说总是轻读，不会是词重音所在。

对于上述这些不同点，我们的解释是汉语语素性质的特殊性（参董秀芳，2005：17-18）。因为汉语系统里音节、语素和文字三位一体，语素具有语音和语义的稳定联系，语素与语素之间边界清晰，一个语素甚至可以独立成词，不同层次的语言单位在书写形式和语音方面是相同的（语音有时是相近的）。因此，作为语素的汉语词缀不像有形态标志的英语那样具有明显的外部形式和区别特征。英语存在"non+副"构词是因为进入的副词有明显的形态标志-ly，non 独立性差，只能起构词的作用。这是形态语言的一种形态标志，因此它不能改变词性，只能轻读。

6. 结　　语

前缀式"非 X"是汉语附加式派生构词。"非"是由上古汉语放在名词前的否定副词"非"虚化而来的，这种虚化在语义上表现为"非"的两个语义特征逐渐丢失，语法上表现为它独立使用的能力越来越弱，粘附性越来越强，最后黏附在名词前成了前缀，意义虚化为"不属于某种范围"。不是所有的"X"都能放在"非"后面，多数名词或名词性的偏正结构能进入这个构式，并且"非 X"整个结构仍是名词性的，通常与 X 对举使用。"非 X"有自己的语用适用性，主要为某些临时分类命名，汉语语素性质的特殊性使之与英语否定前缀式构词有很大不同。

◎参考文献

[1]陈宝勤：《试论汉语词头"阿"的产生与发展》，载《古汉语研究》2004 年

第 1 期。

[2]储泽祥:《汉语语法化研究中应重视的若干问题》,载《世界汉语教学》2002 年第 2 期。

[3]储泽祥:《主谓同素互动的"的"字 NP 主语句及其连用式的语义功能》,武汉"句子功能"国际学术研讨会,2009 年。

[4]董为光:《称谓表达与词缀"老"的虚化》,载《语言研究》2002 年第 1 期。

[5]董秀芳:《汉语词缀的性质与汉语词法特点》,载《汉语学习》2005 年第 6 期。

[6]郭良夫:《现代汉语的前缀和后缀》,载《中国语文》1983 年第 4 期。

[7]柳士镇:《魏晋南北朝历史语法》,南京大学出版社 1992 年版。

[8]吕叔湘:《中国文法要略》,商务印书馆 1982 年版。

[9]吕叔湘:《汉语语法分析问题》,商务印书馆 2005 年版。

[10]吕叔湘:《现代汉语八百词》(增订本),商务印书馆 1999 年版。

[11]马庆株:《现代汉语词缀的性质、范围和分类》,见《著名中年语言学家自选集·马庆株卷》,安徽教育出版社 2004 年版。

[12]王洪君,富丽:《试论现代汉语的类词缀》,载《语言科学》2005 年第 5 期。

[13]王力:《汉语史稿》,中华书局 1980 年版。

[14]邢福义:《汉语语法学》,东北师范大学出版社 1998 年版。

[15]赵元任:《现代汉语口语语法》,商务印书馆 1979 年版。

[16]朱亚军:《现代汉语词缀的性质及其分类研究》,载《汉语学习》2001 年第 2 期。

现代汉语并列结构语义分段及搭配研究

王 倩①

（南宁师范大学国际教育学院）

1. 引 言

当并列短语 P 由两个以上的线性成分排列组合时，我们可以记为 P = $a_1a_2\cdots a_n$(n>2)。"$a_1a_2\cdots a_n$"等线性成分即组成并列结构的并列项，它们可能是 P 的直接组成成分，这几个直接成分之间的语义距离是等距的(李宗江，2002)。例如：

(1) 而且，也不是长得象，只是<u>个头和气质</u>有那么一些接近。(肖复兴《中学生梦幻曲》)

(2) 二姑母上海启明女校毕业，曾在徐世昌家当过家庭教师，又曾在<u>北京和吉林</u>教书。(杨绛《回忆我的姑母》)

例(1)中的"个头"和"气质"，例(2)中的"北京"和"吉林"都是并列结构的直接组成部分，语义距离相等。

———————————

① 王倩(1992—)，女，湖北巴东人，讲师，博士，研究方向为现代汉语语法、对外汉语教学。本文得广西哲学社会科学规划项目"类型学视野下汉壮语并列结构语序对比研究"(20FYY010)和广西高校中青年教师科研基础能力提升项目"基于语言类型学的汉壮语并列结构对比研究"(2020KY09013)的支持。

但线性排列的各并列项之间有时也存在语义分段的情况，这时并列项之间的语义距离就不是等距的了。例如：

> (3)严禁私自到江、河、湖、海和水库、水塘、水渠等处游泳、洗澡、捕鱼。(转引自李宗江，2002)

例(3)中用并列连词"和"将并列项分为"江、河、湖、海"自然水域和"水库、水塘、水渠"人工水域两个部分，就整个并列短语来说，只有这两个直接成分，因此这些并列项之间的语义距离也是不等距的。

通过判断并列项是不是并列结构的直接组成部分，可以折射出并列项语义距离的远近，一般来说，语义距离更接近的并列项在形式距离上也更为接近，容易组成一个语义段；而语义距离疏远的并列项在形式距离上也会相对疏远，一般会形成不同的语义段。基于此，本文主要从并列结构各并列项之间的语义距离出发，分析并列结构的语义分段类型、分段方式，并梳理并列项的搭配模式。

2. 语义分段的类型

2.1 单语义段

若各个并列项都是并列短语的直接组成部分，语义距离相等，那么此类并列结构的语义就是一个整体，属于单语义段。单语义段的并列结构并不意味着并列项少，并列结构的语义段数量与并列项数目是没有直接对应关系的。例如：

> (4)对后端政务信息系统的业务协同和数据共享的持续改进，将成为电子政务发展的重点之一。(人民网)
> (5)……让各国在争议中求共识、在共识中谋合作、在合作中创共赢。(百度新闻)

(6) 翁鸣指出，物业公司、业委会、居委会、公安派出所应各归
其位，密切配合，通过整合各方力量，及时化解矛盾。(人民
网)

(7) 灾区房屋、交通、电力、通信、教育、卫生等基础设施遭到
严重破坏，直接经济损失近200亿元。(人民网)

以上几例分别是两项、三项、四项、六项并列，但这些并列项均属于
同一语义段，均为所属并列结构的直接组成部分。

2.2 双语义段

双语义段是指各并列项并不都是并列结构的直接组成部分，它们的语
义距离不相等，根据并列连词的出现位置，可以将一组并列结构分为前后
两段。例如：

(8) 飞机旋着圈子飘然而下，映进眼帘的是黑色的沃土、碧绿的
剑麻、高大的棕榈、美丽的龙舌兰，以及矮松密密环抱的城
市。(臧玲玲、张西珍《欢歌妙舞颂友谊》)

(9) 这当儿，斯坦·帕克的心被揪扯于黄金、乌檀的幻象以及他
自己平静的现实生活之间。(帕特里克·怀特《人树》)

例(8)中用"以及"分出了自然事物和人文事物两个语义段，自然事物
的三个并列项语义距离要近一些，先组合在一起，然后再和人文事物组
合。例(9)中用"以及"分出了幻想和现实两个语义段，幻想的两个并列项
距离近，先组合，再和"现实生活"组合。

2.3 多语义段

多语义段与双语义段相同，都是并列结构，各并列项的语义距离存在
远近差异。根据并列结构的形式标记或语义差异，有些并列结构内部可以
分出三个或三个以上的语义段。例如：

179

(10)于是，连里买了3只兔、2只鸡、1只狗和猪肚、猪肝以及8
瓶酒搞招待，13个人一顿饭花了27元2角钱。(《解放军
报》)

(11)高标准农田，是指土地平整、集中连片、设施完善、农电配
套、土壤肥沃、生态良好、抗灾能力强、高产稳产，划定为
永久基本农田的耕地。(人民网)

例(10)中的并列结构可以分为三个语义段，"3只兔、2只鸡、1只
狗""猪肚、猪肝"和"8瓶酒"，这三个语义段之间用了显性标记"和""以
及"分开。例(11)中有八个并列项，可分为三个语义段，"土地平整、集中
连片"为一段，指的是土地本身的自然条件；"设施完善、农电配套"为一
段，指的是相应设施的配备；"生态良好、抗灾能力强、高产稳产"为一
段，指的是土地的产量与价值。

3. 语义分段的方式

当并列项语义存在距离差异时，会用一些显性方式标明。常用于并列
项语义分段的方式有语序、并列连词、标点符号、句法成分等。

3.1　语序分段

语言的排列讲究同义聚合和同类聚合，所以当多个并列项相互组合时
我们倾向于把语义相近的并列项放在一起，因此，我们可以通过语序相邻
原则分出不同的语义段。例如：

(12)族长对全村人员的教育、伦理、生产、生活之事负责。(纪
录片《徽州文化》)

(13)每个人都是践行绿色生活的主角，让绿色文化融入生活日
常、行为规范、思维方式和价值观念，那么更多的人就有机

会共享生态家园。(人民网)

例(12)中存在两个语义段，一是"教育、伦理"精神段，二是"生产、生活"物质段。例(13)中同理，存在"生活日常、行为规范"和"思维方式、价值观念"两个语义段。以上两个并列结构中，第一、二并列项语义距离更近，第三、四并列项语义距离更近。

3.2　并列连词分段

并列连词"和""与""同"等在并列结构中起着连接并列项、表明并列关系或暗示并列结构即将结束的作用。此外，并列连词还有第三重作用——分隔语义段。例如：

> (14)要保证首长、机关、部队和装备、物资、重要军事设备的安全。(转引自李宗江，2002)
> (15)人民日报华东版每日出 16 个版，星期日和元旦、春节、五一国际劳动节、国庆节仍出 8 个版。(同上)

例(14)中用"和"连接两个语义段，分别是"首长、机关、部队"和"装备、物资、重要军事设备"，前一段是"人"，后一段是"物"。例(15)中用"和"将并列项分为假日和节日两段。

一般认为，当"和"处在最后一个并列项之前时，往往预示着并列结构即将结束，但有时候，并列连词虽处于最后一个并列项之前，但其作用并不在于预示，也不在于分隔语义段，而是起到连接左右两项的作用，反而使这两个并列项的关系更为紧密。例如：

> (16)赵胜天的父亲、五姐和五姐夫都从各自的房间出来参战。(池莉《太阳出世》)

例(16)中"五姐和五姐夫"是夫妻关系，他们虽用"和"连接，但语义距离反而紧密，此并列结构的两个语义段分别为"赵胜天的父亲"和"五姐和五姐夫"。

3.3　标点符号分段

顿号和逗号是汉语中使用最频繁的两种标点符号，当顿号和逗号同时用于一组并列结构中时，用顿号连接的各并列项之间的语义距离小于用逗号连接的各并列项，即逗号用于分隔两个语义段，顿号用于连接语义段内部成分。例如：

> (17)原子弹、氢弹的爆炸，人造卫星的发射、回收，标志我国科学技术的发展达到了新的水平。(百度百科)
>
> (18)过去、现在、未来，上下、左右，中国、外国，都是相互联系、相互影响、相互制约的。(百度百科)

例(17)中用逗号分出了"原子弹、氢弹的爆炸"和"人造卫星的发射、回收"两个语义段，内部的小成分再由顿号连接。例(18)同理。

除了顿号、逗号外，在形式更为复杂、语义更为多样的句子中还会出现分号。在并列结构中，顿号是并列的词或词组之间的停顿，逗号表示比分号小、比顿号大的停顿，分号是一种介于逗号和句号之间的标点符号。所以，在有些复杂的并列结构中，分号用来分句，逗号用来分短语，顿号用来分词。从语义上看，分号划出的是第一个大的语义层，其次是逗号划出的第二层，最后是顿号划出的第三层。但在实际语言运用中，我们很少能看到这种完整的、三个层级全部具备的例句，多是只具备其中两个层级。例如：

> (19)春天，群山抹绿，雪映杜鹃；夏天，林海滴翠，百花烂漫；秋天，赤橙黄绿，层林尽染；冬天，白雪皑皑，银装素裹……塞罕坝四季皆有美景……(人民网)
>
> (20)山里、山上即林场，山外、山下即围场县城。(人民网)

例(19)中用分号隔开了四个季节，例(20)中用逗号分开了两个区域。

3.4　句法成分分段

有时并列项不是单个名词，而是包含了修饰语的名词性短语，根据两个并列项是否具有同一修饰成分，我们可以将受同一修饰语修饰的并列项看作同一个语义段。例如：

(21) 今年以来<u>经济区域化、集团化和全球经济国际化</u>进一步发展。(转引自李宗江，2002)

(22) <u>全国的利益、稳定和俄罗斯公民和睦</u>今后也一定是俄共合作的优先方面。(同上)

例(21)中"区域化、集团化"有共同的定语"经济"，它们是属于同一个语义段的，并列标记"和"也是起到了分隔语义段的作用。例(22)同理。

4. 搭　配　类　型

当一个句子中只有一组并列结构时，其搭配可分为两种情况：一是各并列项与并列结构外其他相关成分的搭配，即内外搭配，如分别搭配、加合搭配；二是各并列项的相互搭配，即内部搭配，如串联搭配、平行搭配、对比搭配。

4.1　内外搭配类型

4.1.1　分别搭配

分别搭配即并列结构内各并列项分别与外部相关成分进行搭配单说，各并列项之间是相互平行的，没有加合或选择等关系，吕冀平(1959)曾将分别搭配关系命名为"分接关系"。如果以 A、B、C 表示并列项，X 表示外部其他成分，若 X 处于并列结构之后，分别搭配可表示为 AX、BX、CX。若 X 处于并列结构之前，可分别表示为 XA、XB、XC。例如：

(23) 时代的变化唤起了这位壮汉的激情，他重新静静地审视他曾经依恋，如今仍然深爱着的<u>一山、一水、一草、一木</u>。(《天津日报》)

(24) 人们送我<u>水果、红酒、甜烧酒、面包和香肠</u>，给我带上火车。(赫尔曼·黑塞《彼得·卡门青》)

例(23)中并列项"一山、一水、一草、一木"与句外成分"审视""依恋""深爱"即为分别搭配。例(24)中并列项"水果、红酒、甜烧酒、面包和香肠"与句外成分"送"分别搭配。

因为语言使用的经济性原则，这种分别搭配的并列结构一般不会将并列项拆开与结构外成分搭配单说，但有时采取分解表述的方法也可以表达不同的语义。例如：

(25) <u>王老师和张老师</u>早走了。

(26) 王老师早走了，张老师(也)早走了。

例(25)中"王老师和张老师"作为一个并列结构整个与"早走了"发生搭配关系，说话者表达的意思可能是两位老师一起走了。例(26)中分别叙述两位老师走了，是把两位老师看作个体，表达的意思可能是两位老师各自离开，并没有一起。

4.1.2　加合搭配

加合搭配即并列结构的各并列项之间先相加配合为一个整体，然后再与外部其他成分搭配，吕冀平(1959)曾将加合搭配命名为"加接关系"。句外成分 X 可位于并列结构之前或之后，此关系可用公式表示为：X(A+B)或(A+B)X。例如：

(27) 更加强调<u>平衡性、协调性和可持续性</u>的"五位一体"总体布局成为实现全面建成小康社会的行动指南。(人民网)

（28）党的领导，是人民军队始终保持强大的<u>凝聚力、向心力、创</u><u>造力、战斗力</u>的根本保证。（人民网）

例（27）中"平衡性、协调性和可持续性"是"'五位一体'总体布局"需要强调的综合性能，不能只达到其中一项。例（28）中"凝聚力、向心力、创造力、战斗力"是需要人民军队保持的综合能力，而不是保持其中一项。

4.1.3　相关成分语义对搭配类型的影响

并列结构与外部成分之间是分别搭配还是加合搭配，需要受到并列结构或结构外成分的逻辑语义限制。并列结构内部构造具有松散性和紧凑性特征，并列结构内部构造的松散性给了并列项一定的自由度——可以只保留其中任何一个并列项而不影响句子自足；相反，并列结构内部构造的紧凑性却使各并列项出现黏合现象，只保留其中任何一个并列项就会导致句子不自足，因此松散性并列结构的并列项独立性较强，可以分离开来与结构外成分进行分别搭配；黏合性并列结构的并列项之间联系紧密，趋于一体，不可分离与结构外成分进行分别搭配（张怡春，2005；段业辉、张怡春，2006）。这种松散性和黏合性可以通过句中的一些词语体现，如关系集合名词、谓词、副词、数量短语、固有格式、疑问所指等。

4.1.3.1　关系集合名词

周国光（1990）把"兄妹、好友、情人、师生、上下级、关系"等词称作关系集合名词，关系集合名词限定了与其发生搭配关系的并列项必须作为一个整体存在，不可单独进行搭配。因此，当并列结构前后出现这些词语时，并列项不可与其分别搭配。例如：

（29）<u>你跟东王是兄妹，你跟我是师生，你跟东王府里的男男女女</u><u>是兄弟姊妹</u>，我们究竟什么地方得罪了你？（阳翰笙《天国春秋》）

（30）民主作风问题，实质上是<u>个人和群众</u>的关系问题。（马文瑞《永远保持延安作风》）

以上两例中的并列结构之后均出现了关系集合名词"兄妹、师生、兄弟姊妹""关系",它们从逻辑语义上限定了并列项的黏合性。

4.1.3.2　谓词

部分谓词也和关系集合名词一样,表示两种或多种事物的相互关系,彼此紧密相连,不可分离,如"混(合)""配合""相见""扶持""同居""交流""谈话"等。当并列结构前后出现这些词的时候,也意味着并列项的黏合性。例如:

> (31)呼号,脏话,汗臭,烟气,唾沫,邪气,汽水,冰糕,混合成一种莫名其妙的气味。(蒋子龙《净火》)
>
> (32)在巴黎的时候,他和一位花店送花的女孩同居。(林语堂《朱门》)

例(31)(32)中出现了"混合""同居"等词,表明与之发生搭配的最少是两项以上的事物,因此并列项不可拆开单独与之搭配。

4.1.3.3　副词

当并列结构前后出现"一起、相互"等副词时,并列项不可拆开与句外成分分别搭配。例如:

> (33)转天让儿子借了辆手推车,把老头子和行李卷一起拉到了工地。(孙力、余小惠《都市风流》)
>
> (34)米拉迪和罗什福尔相互一笑,然后分手。(大仲马《三个火枪手》)

例(33)中受"一起"的影响,不可说成"把老头子一起……,把行李卷一起……"。例(34)中出现了"相互",不可分离成"米拉迪相互一笑,罗什福尔相互一笑"。

4.1.3.4　数量短语

当并列结构前后出现了数量短语,并且这些数量短语直接指向并列项时，并列项不可拆开与外部成分分别搭配。例如：

(35) 连环画四大名旦指的是朱润斋、周云舫、沈曼云、赵宏本四位职业画家。(百度百科)

(36) 为了让民营经济更有活力，我省将推进民企在创新链、产业链、资金链、政策链和人才链"五链"上深度融合。

例(35)中在并列结构前出现"四大名旦"，例(36)中在并列结构后出现"五链"，而且最后还出现了谓词"融合"。

4.1.3.5 故有格式

有些并列结构处于某一固有格式之中，如"……以上，……以下""介于……之间"等。它们限定了并列项的分离能力，这样的并列结构不可拆开与句外成分分别搭配。例如：

(37) 在台湾，十八岁以上三十八岁以下的男子，一律成为其征兵的对象。(吴浊流《亚细亚的孤儿》)

(38) 用英国人的话来说，它是介于"激进主义"和"辉格主义"之间。(艾瑞克·霍布斯鲍姆《革命的年代》)

例(37)中不可说成"十八岁以上的男子一律……，三十八岁以下的男子一律……"，例(38)中不能说"它是介于'激进主义'之间，他是介于'辉格主义'之间"。

4.1.3.6 疑问所指

当并列结构前后出现某一疑问形式，且这一疑问形式的语义所指正是该并列结构的并列项时，并列项已然成为一个不可分离的整体。例如：

(39) 漫漫人生路，收获和寻找，究竟哪个过程更动人心魄呢？(张建星《书祭》)

(40) 教皇，主教，神甫，哪个不大说他的政权的好话？(夏多布里昂《墓畔回忆录》)

例(39)中并列结构后出现了疑问句"哪个过程……",例(40)中并列结构后面出现了反问句"哪个不大说……",它们均指向并列结构中的各并列项,因此并列各项不可分离。

4.2 内部搭配类型

4.2.1 串联搭配

串联搭配的主要特征是各并列项在语义上并不是相互平行的,而是前后相扣的因果关系,前一并列项是后一并列项的实现基础,前后两个并列项的位置不可随意变换。例如:

(41)只有始终聚焦备战打仗,锻造召之即来、来之能战、战之必胜的精兵劲旅,才能把强军事业不断推向前进。(人民网)

(42)通过垃圾分类、综合利用、再生能源,现在厦门市一个处理厂每天可产生近4万度的电能回馈城市电网。(人民网)

例(41)中"召之""来之""战之"和"即来""能战""必胜"都是具有因果关系的串联搭配。例(42)中首先需将"垃圾分类",然后才能"综合利用",最后才能形成"再生能源"。

4.2.2 平行搭配

平行搭配即并列结构的各并列项之间在语义上互不干涉,各自展开。例如:

(43)宣传栏下,4个不同颜色的垃圾桶依次排开,绿色的装厨余垃圾,蓝色的装可回收物,红色的装有害垃圾,橙色的是装其他垃圾。(人民网)

(44)每种花都有自己的花语,玫瑰代表爱情,蔷薇代表坚强,牡丹代表富贵,丁香花代表光辉。(百度百科)

例(43)中按垃圾桶的四个颜色、四种作用平行搭配,例(44)中按照不同花朵的花语平行搭配。

4.2.3 对比搭配

组成对比搭配的并列结构通常由两个并列项组成,它们在语义上相互对比而存在,经常使用成对的反义词前后对照。例如:

> (45)守信光荣、失信可耻。(人民网)
>
> (46)林场发展起来后,改善职工居住条件提上议事日程,变成"山里治坡、山外置窝,山上生产、山下生活"。(人民网)

例(45)中"守信"与"失信","光荣"与"可耻"形成对比。例(46)中"山里""山外"和"山上""山下"的地理位置相对。

5. 余 论

除了本文讨论的单组并列结构外,很多句子中还会出现双组、多组并列结构。双组并列结构是指一个句子中包含了两组并列结构,多组并列结构是指一个句子中出现了三组或三组以上的并列结构。双组、多组并列结构呈前后分散的状态分布,从形式上即可看出并列结构的数量,无需使用标记或别的方式表明。例如:

> (47)目前,南方食品、桂林三金、皇氏乳业等一批全国知名的特色企业已成为广西特色农产品创品牌、打市场、提影响的重要平台。(人民网)
>
> (48)随着绿色发展提速、产业转型升级,塞罕坝人更有效地保护了绿水青山,收获了金山银山,实现了生态良好、生产发展、生活改善的可喜局面。(人民网)

例(47)中包含前后两组并列结构,例(48)中包含前后三组并列结构。

双组并列结构的搭配类型有两种：一是并列结构与结构外成分的搭配；二是前后两组并列结构的搭配。内外搭配类型与单组并列结构无异，也有分别搭配、加合搭配，内部两组并列结构的搭配类型主要有对应搭配、平行搭配、交错搭配、分类搭配、加和交错搭配等。多组并列结构的内外、内部搭配类型主要是单、双层并列结构搭配关系的组合与升级，内外搭配类型与单层并列结构相同，内部多组并列结构之间既有整齐的对应搭配，也掺杂了加和、平行、串联搭配等多种类型。

◎参考文献

[1]李宗江：《并列成分的层次标记》，载《汉语学习》2002 年第 5 期。

[2]吕冀平：《吕冀平汉语论集》，社会科学文献出版社 2002 年版。

[3]张怡春：《并列结构内部构造的粘合性》，载《盐城师范学院学报(哲学社会科学版)》2005 年第 3 期。

[4]段业辉，张怡春：《论现代汉语并列结构内部构造的紧凑性》，载《暨南学报(哲学社会科学版)》2006 年第 6 期。

[5]周国光：《关系集合名词及其判断句》，载《语言教学与研究》1990 年第 2 期。

从周遍句看汉语 OV 语序的全量倾向[①]

王　艳

(北京语言大学汉语国际教育研究院，浙江理工大学史量才新闻与传播学院)

1. 引　　言

周遍句是汉语中的常见构式，其基本句法结构是："S+O+都/也+V"或"O+S+都/也+V"。周遍句中的 O 成分有三种形式："一量(名)"短语、"疑问代词(+名)"、"名/量词重叠"。例如：

(1)a. 我一个人也不认识。　　　　b. 一个人我也不认识。

(2)a. 他什么消息都知道。　　　　b. 什么消息他都知道。

(3)a. 她场场都看。　　　　　　　b. 场场她都看。

周遍句中的 O 成分都不是具有全量义的词汇性成分，那么周遍句是如何表达周遍义的呢？本文将要探讨这一问题。

为了尽可能降低 S 成分对 OV 语序的影响，我们主要考察"S+O+V"结构的周遍句，仅在必要时讨论"O+S+V"结构的情况。周遍句的宾语有施

①　本研究受到中国博士后科学基金面上资助项目(项目编号：2019M650592)、浙江省哲学社会科学规划项目(项目编号：19NDQN366YB)、北京语言大学校级项目(中央高校基本科研业务费专项资金，项目编号：18YBB34)、浙江理工大学校级项目(项目编号：17122167-Y)的资助。文章原刊于《世界汉语教学》2020 年第 1 期。

事、受事、时间、处所等语义角色，为集中讨论问题，我们仅考察受事、对象这两类。本文语料主要出自北京语言大学 BCC 语料库，部分例句作了必要简化，其他来源的语料文中均已注明出处。

2. 周遍句中的全称数量词与 OV 语序

曹秀玲(2005a：15)将汉语的全称数量词分为以下几类：限定词"每、任何、各、所有、一切、全、全部"；量度区别词"一、满、全、整、半"等；副词"都、也、还"等作全称标记量限；带有自身词义色彩的副词"一律、一概、一致、一齐、一同"等；连接词"凡(是)、不论、无论、不管"；疑问代词"谁、什么、哪、怎么、多少"等在"都"类副词的激发下表达全称；名词和量词的重叠形式。周遍句中出现的全称数量词有："都"、"也"、疑问代词、名/量词重叠。下面我们来考察这些词与周遍义的关系。

2.1 "都/也"不是周遍句表达周遍义的必要手段

2.1.1 "都/也"在周遍句中的意义和作用

很多周遍句中都出现了"都/也"，我们先考察"都/也"与周遍义是否相关。"都"有三种意义："总括"义、"甚至"义、"已经"义。"也"只能表达"甚至"义(吕叔湘主编，1999：177-178，596)。周遍句中的"都"可以出现在肯定句或否定句中，而"也"只能出现在否定句中。实际上，"都/也"在不同周遍句中的意义和作用不同，能否删除的情况也不同。下面我们通过语料来考察：

(4)a. 她一件衣服都/也没买。　　b. 她一件衣服没买。

(5)a. 他哪种水果都吃。　　　　　b. *他哪种水果吃。

(6)a. 他哪种水果都/也不吃。　　　b. *他哪种水果不吃。

(7)a. 他人人都骗。　　　　　　　b. *他人人骗。

（8）a. 他样样都要。　　　　　　b. 他样样要。

（9）a. 他样样都不要。　　　　　b. ＊他样样不要。

"一量（名）"形式的周遍句只有否定式，"一量（名）"与否定词"不/没"等配合，通过否定最小量来表达周遍义。"总括"的对象必须是两个或以上，"都"指向单个对象时表示"甚至"义。例（4）a 句中的"一件衣服"是单个对象，"都"表示"甚至"义，主要表达主观强调意义。所以删除"都/也"之后句子仍然可以成立，且同样表示周遍义，只是语义表述更为客观。

"疑问代词（＋名）"形式周遍句中的"都/也"不能删除，因为"都/也"是疑问词获得全称数量意义的最常见方式（曹秀玲，2005a：47）。曹秀玲指出："疑问词本身代表一个集合，如'什么'代表事物的集合，'谁'代表人的集合，'怎么'代表原因、方式的集合，'哪'代表地点和指别的集合，每个集合都聚集着众多的成员。疑问用法就是从集合中选择某一个或某些个成员，当不对其进行询问而是进行叙述时疑问词本身就是集合成员的化身，是代表着全体成员的集合。""都"在肯定句中表示"总括"义，如例（5）a 句；在否定句中表示"甚至"义，如例（6）a 句。

"名/量词重叠"形式的周遍句既有肯定式，也有否定式，句子中可以出现"都"，不能出现"也"。"都"在肯定句中表示"总括"义时不能删除，表示"甚至"义时可以删除，如例（7）和例（8）。"都"在否定句中表示"总括"义时不能删除，如例（9）。

我们根据上述内容列表，见表 1。

表 1　"都/也"在不同形式周遍句中的意义和能否删除的情况

周遍句形式	"都"的意义	"都"能否删除	"也"的意义	"也"能否删除
"一量（名）"	甚至	能	甚至	能
"疑问代词（＋名）"	总括/甚至	否	甚至	否
"名/量词重叠"	总括/甚至	否/能	—	—

只有部分"疑问代词(＋名)"和"名/量词重叠"形式周遍句中的"都"表示"总括","都"在其他周遍句中表达"甚至"义,不是表达周遍义的手段。"也"只能表示"甚至"义,不能表示"总括"。"都/也"不是周遍句中的必有成分,也不是表达周遍义的必要手段。

2.1.2 OV 语序是"都"表示"总括"义的条件

例(5)、例(7)和例(9)中的"都"表示"总括"义,我们发现这几个句子转换成 VO 语序后都不能保留"都"。通过进一步考察,我们发现表示"总括"义的"都"必须出现在 OV 语序句子中,实际上这是"都"的左向量化原则的要求。我们通过例句来看:

> (10)a. 书我都买了。　　　　　b. ＊我都买了书。

例(10)a 句中的"都"指向句首的"书",对"书"的语义进行量化;b 句中的"都"不能对句首名词"我"进行量化,所以句子不成立。

我们在使用限定词表达全量义的句子中进一步检验:

> (11)a. 我买了所有的书。　　　　b. ＊所有的书我买了。
> (12)a. ＊我都买了所有的书。　　　b. 所有的书我都买了。

"所有的书"是表示全量义的短语,可以直接表达全量义,如例(11)a 句所示。"所有的书"和"都"配合使用时必须采用 OV 语序,如例(12)所示。

2.2 量化义不是 O 成分的固定语义

2.2.1 周遍句对 O 成分的逻辑语义要求

周遍句的三种 O 成分中,"疑问代词"和"名/量词重叠"属于曹秀玲(2005a:47)所说的全称数量词,而"一量(名)"则不属于全称数量词。要了解周遍义来源,必须先了解周遍句中的逻辑语义关系。

从逻辑语义角度看，周遍句必须满足以下条件：否定最小量、肯定最大量或否定最大量，这三种模式都能够达到周遍的效果。根据 O 的量级可以将周遍句分为两类：一类是 O 用最小量，V 用否定式；一类是 O 用最大量，V 用肯定或否定形式。

周遍句中 O 成分的三种形式与周遍义之间存在一定的理据性。"一量（名）"短语与"不"配合通过否定最小量来否定全部，"疑问代词（+名）"和"名/量词重叠"通过肯定或否定最大量来表达周遍义。

近代汉语中存在很多"一量（名）"形式的周遍句，崔山佳（2008）在明代戏曲和白话小说中发现了大量"一量（名）"与否定词"不""无""没""没有"配合表达全量义的句子。这些句子都是通过否定最小量来表达全量义。例如：

(13) 一句话也不曾回，五十六棒不罚赎。(《荆钗记》)

(14) 待要说你是个人，你又一点儿心眼也都没了。(《醒世姻缘传》)

(15) 但他生于贫寒之家，生计甚是寥落，家中一亩田地也无……(《西湖二集》)

我们在汉藏语系的其他语言中也看到了疑问代词表示全量的情况。如：

(16) vai^{55} çi^{55} o^{55}　dən^{31} mɯ^{31} lɯŋ^{55} tçhi^{53}. 他什么都吃。(苏龙语)

　　他 什么（助）都　　全　　吃 (《中国的语言》，2007：688)

(17) vai^{55} kɯ^{31} lak^{53} dən^{31} bo^{31} wu^{53} gə^{31}. 他哪里都没去过。(苏龙语)

　　他　哪里　都　没　去（助）(《中国的语言》，2007：688)

(18) to^{1} xa^{3}　niʔ^{8}　saŋ^{1}　kɔ^{4} m^{5}　hu^{4}. 我什么都不知道。(傣语)

　　我　（助词）什么 都 不　知道 (《中国少数民族语言简志丛书》卷 3，2009：348)

(19) te²⁴ jiəŋ³³ ma¹¹ tu³³ mi¹ ʔdiep³⁵ pai⁰. 他什么也不想了。(布依语)

他　什么　都　不　想　了　　　（周国炎，2010：201）

(20) te²⁴ jiəŋ³³ ma¹¹ tu³³ fi³³ nɯ³³ laːi²⁴. 他什么也没有多想。(布依语)

他　什么　都　未　想　多　　　（周国炎，2010：260）

(21) jiəŋ³³ ma¹¹ tu³³ mi¹¹ laːu²⁴. 什么都不怕。(布依语)

什么　都　不　怕　　　（周国炎，2010：183）

(22) gau⁵³ pheeˇŋ⁵³ di¹¹ eeˇm⁵⁵ da¹¹. 咱们什么都不怕。(黎语)

咱们　什么　都　不　怕　　　（文明英、文京，2009：317）

(23) ka¹¹ nei⁵⁵ me¹¹he¹¹ rɯ¹¹ kieˇu⁵³. 这马什么都会。(黎语)

马　这　什么　都　会　　　（文明英、文京，2009：328）

(24) thom⁵³ na⁵³ me¹¹he¹¹ rɯ¹¹ ta⁵³ da¹¹. 但他什么也不害怕。(黎语)

但　他　什么　都　不害怕（文明英、文京，2009：136）

(25) me¹¹ he¹¹ hou⁵³ rɯ¹¹ ta⁵³ deɯ⁵³. 我什么都不要。(黎语)

什么　我　都　不　要　　　（文明英、文京，2009：59）

(26) me¹¹he¹¹ rɯ¹¹ zueˇi¹¹ ta⁵³ laeˇi¹¹. 什么也看不见。(黎语)

什么　都　看　不　见　　　（文明英、文京，2009：183）

(27) me¹¹he¹¹ tshia¹¹ rɯ¹¹ khueˇŋ⁵³. 什么书都读过。(黎语)

什么　书　都　懂　　　（文明英、文京，2009：296）

　　疑问代词在苏龙语、傣语、壮语和汉语中都可以表示全量，这并不是简单的巧合，也不仅是受语言接触的影响，疑问代词与全量义之间具有理据性。上文提及的曹秀玲（2005a：47）的观点就是很好的解释。

　　量词重叠表示全量的用法在布依语中也存在：

(28) jiəŋ³³ jiəŋ³³ tu³³ fi³³ ʔdai³¹ zan²⁴ kwa³⁵. 样样都没有见过。(布依语)

样样　都未　得　见　过　　　（周国炎，2010：259）

　　"一量(名)"短语、"疑问代词(+名)"、"名/量词重叠"与全量义之间的理据性有待进一步研究，本文暂不作深入探讨。

2.2.2　OV 语序是 O 成分固定量化义的基础

周遍句中的三种 O 成分都不是表示全量义的词汇性成分，量化义不是 O 成分的固定语义。要满足周遍句的逻辑语义条件，必须通过一定的方式使"一量(名)"短语表示最小量，"疑问代词(+名)"和"名/量词重叠"表示最大量。下面我们来看周遍句是如何达到这一要求的。

我们注意到所有周遍句都有一项共性特征，就是采用 OV 语序。那么 OV 语序是否与 O 成分的语义量化有关？我们将周遍句转换成 VO 语序进行对比，先看"疑问代词(+名)"和"名/量词重叠"形式的情况：

（29）a. 他什么消息都知道。　　　b. *他知道什么消息。

（30）a. 她场场都看。　　　　　　b. *她看场场。

例(29)(30)中"什么消息"和"场场"在 OV 语序的 a 句中可以表示全量，在 VO 语序的 b 句中则不能表示全量，句子不能成立。这两种周遍句变换为 VO 语序后都不能保留"都/也"，"疑问代词(+名)"和"名/量词重叠"只有出现在 OV 语序句子中才能表示最大量。

疑问代词获得量化义不仅需要"都/也"的激发作用，同时还要满足 OV 语序这一条件，OV 语序是疑问代词和"都/也"同时出现的基础。"都/也"是明显的词汇标记，容易受到关注；而 OV 语序是弱标记形式，容易被忽视。

再看"一量(名)"形式周遍句的情况。高顺全（1995）认为，"一量(名)"形式的周遍性与句法位置没有必然关系，主要是由否定词"不/没"赋予的。我们通过例句来看：

（31）a. 我一个人(都)不认识。　　　b. 我不认识一个人。

例(31)中"一量(名)"形式的周遍句在变换为 VO 语序的 b 句后确实可以成立，但是这个句子存在歧义。"一个人"可以指称某一个人或表示任何一个人,指称某一个人时不具有量化义,表示任何一个人时才具有量化义。所以 b 句不能固定地表示量化义,而在 OV 语序的 a 句中,"一个人"只能表示任何一个人,具有量化义。

只有在 OV 语序句子中,"一量(名)""疑问代词(+名)""名/量词重叠"才能固定地表示量化义,为周遍句提供逻辑语义基础。表示"总括"义的"都"也必须出现在 OV 语序句子中。那么 OV 语序在周遍句中到底起到什么作用? 下面我们进一步探讨 OV 语序与全量义之间的关系。

3. OV 语序句子的全量倾向①

3.1 汉语中存在多种表达全量义的 OV 语序句型

汉语研究者注意到,有些 OV 语序句型可以表达全量义,包括"把"字句、"被"字句、"连"字句等。Tai(1984)和 Sun(1996:55)指出,"把"字句的受事完全受影响。张伯江(2001)进一步论证了"把"字句和"被"字句的受事都是完全受影响的。Liu(1990:121)指出,"连"字句是全量表达。陆丙甫(2003)认为,"连"字句用极端来间接地表示周遍,可以归入周遍句。曹秀玲(2005b)认为,"连……都/也……"整个句式表达全称数量意义,"连"后成分不具有周遍性。例如:

(32)a. 他把面条吃了。　　　　b. 面条被他吃了。

c. 他连面条都/也吃了。

"面条"本身没有全量义,但在这三个句子中都表示全量,我们通过添加后续小句来验证:

---

① 本文讨论的"全量义"是关于 O 成分的"物量"信息,不考虑表达 V 成分的"动量"信息的句子。对比焦点、话题焦点、疑问焦点等信息可能会影响 O 成分的语义,本文暂不讨论含有此类信息的句子。

（33）a. ＊他把面条吃了，但没吃完。

　　　b. ＊面条被他吃了，但没吃完。

　　　c. ＊他连面条都/也吃了，但没吃完。

　　　d. 他吃了面条，但没吃完。

例（33）中 a、b、c 句中的 OV 语序小句中，"吃"的受事"面条"表示全量义，与后面的"没吃完"语义上冲突，所以这三个句子都不能成立。而 d 句中的 VO 语序小句则能够与"没吃完"相容，因为 VO 语序中的 O 不表示全量。

实际上，汉语中的 VO 语序倾向于表达非全量义。例如：

（34）a. ＊他吃了面条，而且吃完了。

　　　b. ＊他吃完了面条。

　　　c. 他吃完了面条就去看电视了。

例（34）中 a 句第一个小句与表示全量义的后续小句不相容；b 句给人语义未尽的感觉；c 句语义完整，但是"完"通常理解为指向"吃面条"这一动作行为，"面条"不具有全量义。要想突显"吃完了面条"这一意义，一般采用 OV 语序的"把"字句、"被"字句、"连"字句或受事主语句。如：

（35）a. 他把面条吃完了。　　　b. 面条被他吃完了。

　　　c. 他连面条都/也吃完了。　　d. 面条他吃完了。

"把"字句、"被"字句、"连"字句都是 OV 语序的构式，它们都表达全量义，那么全量义是否与 OV 语序相关？由于"把"字句、"被"字句、"连"字句中都有介词，这些构式不能充分说明 OV 语序具有表达全量义的倾向。前人的研究启发我们从不含介词的 OV 语序受事主语句来考察 OV 语序与全量义的关系。

受事主语句中的句首名词在上下文中通常是已知信息。我们先看两组例句：

(36) a. 书我买了。　　　　　b. 我买了书。

(37) a. 你的文章我看了。　　　b. 我看了你的文章。

例(36)中 a 句的"书"是双方已知的信息,在具体的语境中通常是确定的;而 b 句的"书"则是未知信息,句子重在陈述"买书"这一事件。例(37)中 a 句"你的文章"指的是对方所有的文章或者双方都确定的某篇或某些文章;b 句只是陈述看了对方的文章这一行为,文章的具体所指是不确定的。这两组句子中,O 出现在 V 前表示一定范围的全量,而在 V 后则不表示全量。OV 语序表达全量义的倾向在受事主语句中得到了验证。

张伯江(2001)认为,汉语"把"字句表示完全受影响意义的背后存在句法象似性理据,即"动词离宾语越近就越容易实现对宾语的影响,也就越容易使宾语完全受影响"。熊仲儒(2004)则用下面这组例句说明距离原则不是绝对的:

(38) a. ＊他把汤慢慢地喝了下去,可是没喝完。
　　　b. 他慢慢地喝汤,可是没喝完。

例(38) a 句中的副词"慢慢地"将 O 与 V 隔开,b 句中的"汤"紧邻动词,但是"汤"在 a 句中有全量义,在 b 句中没有全量义,"距离原则"无法解释这一现象。我们注意到,除了距离之外,a 句和 b 句还有两项区别:一个是补语和助词,a 句动词后有趋向补语"下去"和助词"了",而 b 句没有;另一个是语序,a 句是 OV 语序,b 句是 VO 语序。我们先来验证全量义是否与补语有关:

(39) a. ＊他把汤慢慢地喝了,可是没喝完。
　　　b. 他慢慢地喝了汤,可是没喝完。

例(39)中 a 句删除补语后仍然表示全量义,b 句添加"了"也不能表示全量义。再看语序,a 句中 O 位于 V 前,具有全量义;b 句中 O 位于 V

后，不具有全量义。结合上文的讨论，我们认为用 OV 语序和 VO 语序表达全量义和非全量义的倾向性来解释这种现象更合适。

3.2 OV 语序的全量倾向与 V 前 O 成分的有定性

赵元任（1968/1979：46）指出，汉语有一种强烈的趋势，即"主语所指的事物是有定的，宾语所指的事物是无定的"。朱德熙（1982：96）指出，汉语表现出一种很强的倾向性，即让主语表示已知的确定的事物，让宾语表示不确定的事物。朱德熙（1982：97）同时还指出，强调事物周遍性的时候也往往把它放在主语的位置上。朱先生所说的主语和宾语实际上就是本文所指的 V 前的 O 成分和 V 后的 O 成分。O 成分出现在 V 前通常是有定的；出现在 V 后则通常是无定的。例（36）（37）中的 a 句和 b 句就是很好的例证。

朱德熙（1982：93）在讨论疑问代词的周遍性用法时指出，周遍性表示"在所涉及的范围之内没有例外"。陆丙甫（2003）认为"周遍性成分是一种全量（全称）成分"。全量义与有定不能等同，但在具体的句子中，"有定"与"全量"的实际所指往往是相同的，都是指一定范围内的所有成员。"有定"和"全量"的区别在于，"有定"强调的是确定性，而"全量"强调的是一定范围内的同质性。我们通过例句来看：

（40）房子我卖完了。

在例（40）这个 OV 语序的句子中，"房子"在具体的语境中一定是确定的。以某小区为例，"卖完"的是这个小区内的所有房子，所以"房子"是有确定范围的，同时也表示全量。"有定"实际上也就是一定范围内的全量。

事实上，表示全量义的词汇成分也是就特定范围而言的，具体范围可以受其他词汇成分的限定。例如：

（41）a. 我看过所有的书。

b. 我看过你写的所有的书。

c. 你喜欢盗墓笔记，喜欢张起灵和无邪，所以我花了两天看了<u>所有的书</u>。

(42) a. 钟岳峰不认识<u>任何人</u>。

b. 钟岳峰不认识<u>这里面的任何人</u>。

c. 我在这个城市里没有地方可以投奔，我不认识<u>任何人</u>。

例(41)(42)中"所有"和"任何"是具有全量义的词汇；b 句通过定语限定了 O 的范围；c 句通过上文的信息对 O 的范围进行了限定；a 句中的 O 通常也是有一定范围的，正常情况下一个人不可能看完世界上所有的书，也不可能连一个人都不认识。在没有明确限定的情况下，我们可以通过语境和认知等背景信息来确定 O 的范围。

再看周遍句的情况：

(43) 古今中外各种乐器我<u>样样</u>都玩得出神入化。

(44) 门开了进来一群人，<u>个个</u>我都认识，全是中科院的各研究所院士。

(45) 保姆到她的房间里去，她要鸡蛋、要排骨、要牛奶。——送去，她又<u>什么</u>都不吃。

例(43)(44)中的"样样"和"个个"所指的具体内容在句子中都已经明确指出，都是有确定范围的。即使没有出现"古今中外各种乐器"和"门开了进来一群人"，句子表示的周遍义通常也是一定范围内的情况，只是在特定语境中不需要进行说明，所以说周遍性成分都是有定的。例(45)中的"什么"指的是上文提及的"鸡蛋""排骨""牛奶"。"一量(名)"形式的周遍句是通过否定最小量来表达周遍义，不存在范围上的争议，所以此处不举例。

徐烈炯、刘丹青(2007：166-169)认为，汉语中的全量成分强制性前置，是因为全量成分在汉语中倾向于充当话题/次话题。换个角度来看，由于个体名词和全量成分的"有定"程度最高，根据可别度领前原理(陆丙甫，2005)，全量义成分具有强烈的前置倾向。所以说，OV 语序与全量之间存在天然的匹配优势。

在汉语的句子中，O 在 V 前倾向于"有定"，O 在 V 后倾向于"无定"。OV 语序句子中的 O 位于动词前，要求由有定性成分充当。OV 语序句子是针对特定对象进行的描述，通常表示一定范围内的所有对象都具有某种性状，也就是表示全量意义。

3.3　OV 语序是汉语表达全量义的句法手段

句子的全称量化解读并不一定依靠显性的全量成分来实现，有些语言可以依靠特定的句法手段来标记（冯予力，2018：45）。从语言类型学角度来看，很多语言中表示全量义的句子都采用特殊形式。日语中主题判断用"wa"，一般判断用"ga"，而全称判断大多数情况下用"wa"（Kuroda，1972）。泰卢固语可以通过重复数词来表达全量义（Balusu，2006），如：

(46) RenDu renDu kootu-lu egir-i-niyyi.

　　两只　两只　猴子　　跳了。

这个句子表示在每个时间段或每个地点都满足"发生了两只猴子跳起来的事件"。

李思旭（2012）考察了 27 种国外语言表达宾语是完全受影响或部分受影响的方式，分为以下三种形式：一种是利用不同的格标记（形态手段）；一种是通过动词前缀及词性（句法手段）；还有一种是很多作格语言将形态手段和句法手段相结合。文中将具体分布情况列示，见表 2。

表 2　27 种国外语言表达宾语完全受影响或部分受影响的方式及分布情况

编码方式	语种数量	语 言 名 称
格标记	13 种	芬兰语、捷克语、匈牙利语、爱沙尼亚语、俄语、塞尔维亚-克罗地亚语、波兰语、拉丁语、韩语、上古德语、卡巴尔达语、Chchen 语、Djapu 语

续表

编码方式	语种数量	语 言 名 称
动词前缀及词性	10种	俄语、匈牙利语、荷兰语、瑞典语、德语、保加利亚语、塞尔维亚-克罗地亚语、捷克语、汤加语、特鲁克斯语
作格、逆被动态	4种	汤加语、爱斯基摩语、Northeast Causasian 语、卡巴尔达语

李文没有将利用词汇手段表达全量义的方式纳入考察范围，如汉语中的"所有""任何""一切"和英语中的"all""whole""every"等，汉语中也没有李文讨论的形态手段。曹秀玲(2005a：15)提及的多种全称数量词表达全量义的方式存在很大差异，我们根据是否可以脱离句法环境将它们分为词汇手段和句法手段两大类。词汇手段是通过词汇的意义来表达全量义，通常是给名词性成分添加限定词以构成具有全量义的短语，此类短语可以脱离句法环境独立表达全量义。句法手段则是通过一定的句法操作使句子获得全量义，如重叠名词或量词，在动词前加总括类副词等。

表达全量义的句法手段除了动词前缀及词性标记外，还包括语序标记。通过上文的讨论，我们认为 OV 语序实际上是汉语表达全量义的一种方式，属于句法手段。张伯江(2000)、熊仲儒(2004)等学者认为，汉语和英语主要是通过语序手段来区分全量义和非全量义。更严格地说，英语是利用特定的句法位置来区分全量义与非全量义。如：

(47) a. I loaded the hay onto the truck. (我把干草装在卡车上。)

b. I loaded the truck with the hay. (我把卡车装上干草。)

(48) a. We sprayed paint on the wall. (我们把油漆喷在墙上。)

b. We sprayed the wall with paint. (我们把墙上喷上油漆。)

例(47)(48)中 a 句的动词宾语 the hay 和 paint 表示全量义，介词宾语 the truck 和 the wall 则没有全量义。b 句中也是动词宾语表示全量，介词宾语没有全量义。

匈牙利语也可以利用语序来表达全量义。徐烈炯（2002）注意到匈牙利语在表示全称判断时将全量成分前置于动词，与一般判断所用的句型不同。如：

（49）Minden Kutya szeret a csontot.（所有的狗都喜欢骨头。）
　　　所有　　狗　喜欢　　骨头

这个句子中具有全量义的名词词组 minden Kutya（所有的狗）出现在动词前，而不是在动词后。

值得注意的是，语序是一种弱标记形式，通过 OV 语序手段表达的全量义容易受表示部分义的词汇成分的影响。OV 语序句子中的 O 一般情况下默认为全量，但如果句子中出现了表示部分义的词汇成分，O 就不再表示全量。我们通过在动词后添加表示部分义的数量宾语来看：

（50）a. 书我买了。　　　　　b. 书我买了两本。

（51）a. 作业我写了。　　　　b. 作业我写了一半。

例（50）（51）中 a 句的"书"和"作业"通过 OV 语序手段获得全量义，b句中的"书"和"作业"则在数量宾语的作用下表示非全量义。具有全量义的词汇成分则不需要"都"的辅助，表达全量义的词汇手段比句法手段更为稳固。因为表示部分义的成分与表示全量义的词汇存在语义冲突，不能进入句子。

汉语可以通过词汇手段和句法手段来表达全量义，具体的实现方式非常多样；可以只采用某一种手段，也可以同时采用多种手段；有的手段可以独立使用，如限定词"所有""任何"等；有的则必须与其他手段配合使用，如疑问代词。表达全量义的不同手段之间的互动关系、语义强弱以及优先等级等问题值得深入探究。

4. 周遍句通过结构固化将 OV 语序的全量义固定下来

下面我们来看周遍句如何排除表示部分义的词汇成分的影响。通过考察我们发现，周遍句通过结构固化的方式将 OV 语序的全量义固定下来。语料分析结果显示，"S+O+V"结构周遍句中的 O 和 V 之间很难插入其他成分。陆丙甫(2003)指出，周遍性成分的无标记自然位置是直接前置于"都"，二者在语义上直接相关。我们发现，"都/也"与 O、V 之间的联系都很密切，"O+都/也+V"结构已经固化，除语气词外，一般不能插入其他成分，如"真的、确实、应该"只能出现在 S 和 O 之间，不能插入"O+都/也+V"结构。

(52) a. ＊我一个人真的都不认识。

  b. ＊我一个人都真的不认识。

  c. 我真的一个人都不认识。

(53) a. ＊他什么消息确实都知道。

  b. ＊他什么消息都确实知道。

  c. 他确实什么消息都知道。

(54) a. ＊她场场应该都看。

  b. ＊她场场都应该看。

  c. 她应该场场都看。

能够插入"O+都/也+V"结构的仅限于"还"等表示语气的成分。如：

(55) 我在这幢楼住了好几个月了，一个人都还不认识，他却这么快就认识了一个。

周遍句的谓语动词可以是光杆形式，也可以在动词后添加补语。周遍句句末可以出现"的""了""啦"等语气词，表示肯定或感叹的语气。除语气词之外，句末一般不能添加其他成分。例如：

(56) a. 她什么水果都吃不下去。

　　 b. 她什么水果都吃的/了/啦。

周遍句这种严格的句法限制有一项重要作用，就是确保全量义不受非全量义词汇成分的影响。能够进入周遍句的成分都不能影响全量义，如表示部分义的数量宾语不能出现在周遍句的谓语动词后。只有使"O+都/也+V"结构固化，才能使句子固定地表达全量义。

汉语中还存在很多"O+S+V"结构的周遍句，这些句子一般可以转换为"S+O+V"结构。"O+S+V"结构周遍句中必须出现"都/也"，否则句子不能成立。如：

(57) a. 一个人我也不认识。　　　b. 我一个人也不认识。

　　 c. *一个人我不认识。

(58) a. 什么消息他都知道。　　　b. 他什么消息都知道。

　　 c. *什么消息他知道。

(59) a. 场场她都看。　　　　　　b. 她场场都看。

　　 c. *场场她看。

"O+S+V"结构周遍句的句法限制也同样严格，除语气词外，句子中一般不能插入其他成分。如：

(60) a. *一个人真的我也不认识。

　　 b. *一个人我真的也不认识。

　　 c. *一个人我也真的不认识。

　　 d. 一个人我也不认识啦。

(61) a. *什么消息确实他都知道。

　　 b. *什么消息他确实都知道。

  c. *什么消息他都确实知道。

  d. 什么消息他都知道的。

(62) a. *场场应该她都看。

  b. *场场她应该都看。

  c. *场场她都应该看。

  d. 场场她都看了。

5. 结　　论

  周遍句中没有表示全量义的词汇性成分,"都/也"和 O 成分都不能独立表达全量义。表示"总括"义的"都"必须出现在 OV 语序句子中,"一量(名)""疑问代词(+名)""名/量词重叠"在 OV 语序句子中才能固定地表示量化义。OV 语序是周遍句的固定语序,为周遍句提供逻辑语义基础。

  通过对"把"字句、"被"字句、"连"字句和受事主语句的考察,我们发现汉语中的 OV 语序和 VO 语序在语义上表现出强烈的倾向性,即 OV 语序倾向于表示全量义,VO 语序倾向于表示非全量义。汉语表达全量义的方式有词汇手段和句法手段两种,OV 语序实际上是汉语表达全量义的句法手段。语序是一种弱标记形式,OV 语序表达的全量义容易被表示部分义的词汇成分改变,周遍句通过结构固化的方式将 OV 语序表达的全量义固定下来。OV 语序是周遍句表达周遍义的主要手段。

  与词汇标记和形态标记相比,语序是一种弱标记形式,长期以来受到的关注不够。OV 语序在汉语中不仅具有表达全量义的作用,还具有指称化作用(储泽祥、王艳,2016a),同时也是汉藏语系语言表达被动的基本手段(储泽祥、王艳,2016b;王艳,2018)。OV 语序作为一种重要的语法手段,在汉语中的语法作用有待进一步研究。

◎参考文献

[1]曹秀玲：《现代汉语量限研究》，延边大学出版社 2005 年版。

[2]曹秀玲：《再议"连……都/也……"》，载《语文研究》2005 年第 1 期。

[3]储泽祥，王艳：《汉语 OV 语序手段的指称化效用》，载《世界汉语教学》2016 年第 3 期。

[4]储泽祥，王艳：《汉藏语 OV 语序表被动的情况考察》，载《民族语文》2016 年第 6 期。

[5]崔山佳：《近代汉语中的"宾语前置句"初探》，载《中国语言学报》，商务印书馆 2008 年版。

[6]冯予力：《语言、逻辑与意义——论语言中数量表达的语义刻画》，复旦大学出版社 2018 年版。

[7]高顺全：《施事后周遍性受事的句法性质——兼论"前置宾语"》，载《解放军外国语学院学报》1995 年第 4 期。

[8]李思旭：《"完全受影响"和"部分受影响"编码方式的类型学研究》，载《外国语》2012 年第 4 期。

[9]陆丙甫：《试论"周遍性"成分的状语性》，见徐烈炯、刘丹青主编：《话题与焦点新论》，上海教育出版社 2003 年版。

[10]陆丙甫：《语序优势的认知解释(上)：论可别度对语序的普遍影响》，载《当代语言学》2005 年第 1 期。

[11]吕叔湘主编：《现代汉语八百词》(增订本)，商务印书馆 1999 年版。

[12]孙宏开，胡增益，黄行主编：《中国的语言》，商务印书馆 2007 年版。

[13]王艳：《OV 语序：汉语表达被动的基本手段》，载《浙江理工大学学报》2018 年第 6 期。

[14]文明英，文京编著：《黎语长篇话语材料集》，中央民族大学出版社 2009 年版。

[15]熊仲儒：《关于距离相似动因的个案分析》，载《暨南大学华文学院学报》2004 年第 1 期。

[16]徐烈炯：《汉语是话题概念结构化语言吗?》，载《中国语文》2004 年第

5 期。

[17] 徐烈炯，刘丹青：《话题的结构与功能》(增订本)，上海教育出版社
2007 年版。

[18] 张伯江：《论"把"字句的句式语义》，载《语言研究》2000 年第 1 期。

[19] 张伯江：《被字句和把字句的对称与不对称》，载《中国语文》2001 年
第 6 期。

[20] 周国炎主编：《布依语长篇话语材料集》，中央民族大学出版社 2010
年版。

[21] 朱德熙：《语法讲义》，商务印书馆 1982 年版。

[22] 中国少数民族语言简志丛书编委会：《中国少数民族语言简志丛书》
(修订本)卷 3，民族出版社 2009 年版。

[23] Balusu Rahul. Distributive Reduplication in Telugu. Proceedings of the
North East Linguistic Society, 2006(36)：39-53.

[24] Chao Yuen-ren. A Grammar of Spoken Chinese. Berkeley and Los Angeles：
University of California Press, 1968. (《汉语口语语法》，吕叔湘译，商
务印书馆 1979 年版)

[25] Kuroda S-Y. The Categorical and the Thetic Judgement：Evidence from
Japanese Syntax. Foundation of Language, 1972, 9(2)：153-158.

[26] Liu Feng-hsi. Scope Dependency in English and Chinese. Los Angeles,
University of California, PhD Dissertation, 1990.

[27] Sun Chaofen. Word-order Change and Grammaticalization in the History of
Chinese. Stanford：Stanford University Press, 1996.

[28] Tai James. Verbs and Times in Chinese：Vendler's Four Categories. In
David Testen et al. (ed.). Lexical Semantics. Chicago：Chicago Linguistic
Society, 1984：289-296.

谈对外汉语"文化词汇"的类聚性及教学策略

王衍军

（暨南大学华文学院）

1. 汉语文化词汇的界定

由于几千年的文化积累，汉语中存在着大量的文化词汇，这些词汇中国人往往习焉不察，但是外国留学生在学习和使用它们时，往往不理解，甚至经常出现交际偏误。比如汉语中的颜色词就深深植入了汉民族文化的因素，像"扫黄"扫的已不是"黄色"，而是"色情、淫乱"；"红眼病""绿帽子""背黑锅"也不仅仅是词汇色彩义的不同，更多是字面义之后的文化背景义的差别。在文化词汇的界定上，杨德峰（1999）就强调这种文化背景义的影响和联系，指出："所谓文化词汇，是指在一定的文化背景下产生的词语，或与某种特定的文化背景相联系的词语。"而丁迪蒙（2006）则认为："所谓文化词汇是指特定文化范畴的词汇，它是民族文化在语言词汇中直接或间接的反映。"何颖（2004）对文化词汇所反映的文化内涵则又作了具体的分类，进一步指出："汉语词汇中，从某一个或几个层面能够反映一个民族的社会状况、宗教信仰、风俗习惯、审美情趣、思维方式和心理态势等方面的词汇就是文化词汇。"李大农（2000）则又具体界定了文化词汇的范围，认为："'专有名词'和'有独特文化内涵'的词语统称为'文化词'，它们既包括反映汉民族独特的民族文化内容的词语，也包括含有比喻义、象征义、褒贬义及语体色彩的词语。"

上面几种定义或从发生学的角度解释文化词汇的产生，或从语义学的视角强调文化词汇的民族文化内涵。综合以上说法，我们认为文化词汇是"一种语言里在一定的文化背景下产生的、具有特定文化内涵的词和固定短语的总和"。汉语中具有特定文化内涵的典故词、成语、谚语、俗语、歇后语均属于文化词汇，比如汉语中的"弄璋""弄瓦""桑梓""牛郎织女""身在曹营心在汉""何家姑娘嫁给郑家——郑何氏(正合适)"等。这些词语的语义与其字面义相距甚远，隐藏着浓郁的汉民族文化内涵，是对外汉语教学的难点。

2. 汉语文化词汇教学的必要性

在当前对外汉语教学的课程体系中，已开设有中国文化课和汉语词汇课，为什么还要开设文化词汇课呢？结合教学实践，我们从以下三个方面来对此加以阐释。

2.1　汉语文化词汇是语言教学和文化导入的突破口

语言和文化的关系非常密切，萨丕尔(Edward Sapir)说："语言的背后是有东西的，并且语言不能离文化而存在。所谓文化就是社会遗传下来的习惯和信仰的总和，由它可以决定我们的生活组织。"汉语文化词汇的背后隐含着汉民族的精神，与汉民族的文化传统、文化背景、习俗民情、社会制度的变革和社会生活的变化紧密相关。例如，有些文化词汇是汉文化的直接反映，如"龙""凤""龟"等；有些则是间接反映，如汉语中的"红""白""黄""黑"等颜色词；有些则和汉文化存在着渊源关系，比如来自文化典籍和宗教方面的词语等。因此，汉语文化词汇有着鲜明的类聚性和文化属性，它不仅隐含着汉民族的历史和文化背景，而且反映了中国人对人生的看法、生活方式和思维模式。

在对外汉语教学中，以汉语文化词汇的教学为突破口，可以巧妙地将语言教学和汉文化的渗透结合起来，利用文化词汇的类聚特性，在短时间内丰富和扩大留学生的词汇量。同时在文化词汇的讲解中，更容易引入汉文化，从文化词汇的语源和演变推溯过去文化的遗迹，从造词心理看汉民族的文化程度和民族精神，从姓氏和别号看民族来源和宗教信仰，从亲属称谓看汉文化的婚姻制度、宗法制度，从借词看文化的接触和融合等。这些有趣的文化命题以文化词汇的视角在对外汉语教学中慢慢导入，相比形而上的文化说教来说，更容易激发留学生对中国传统文化的学习兴趣，从而在教学中起到事半功倍的效果。

2.2 汉语文化词汇是外国留学生学习汉语的难点

词义受不同社会文化背景的规约，离开一定的社会文化背景去探讨词义是不恰当的。比如汉语中有俗语词"戴绿帽子"，巧合的是在英语中也有俗语"wear green bonnet"（戴绿帽子），但汉语俗语"戴绿帽子"专用来形容"妻子与别人有染的丈夫的处境"，这一语义源于元明时期娼家男子戴绿头巾的规定。而英语俗语"wear green bonnet"意思是"to go bankrupt"（破产）。这一语义源于古代法国的一个惯例：任何一个破产的人都必须戴上一顶绿帽子，以提醒与之有生意往来的人。可见，两条俗语各自源于自身的社会文化背景，要向留学生讲清楚文化词汇的语义，必须在文化词汇教学中科学合理地导入文化因素。

此外，一些词语字面上并不具备文化义，像"七十三""八十四"等在词汇层面上仅有单纯概念义，但在语用中结合一定的文化背景则引申出文化伴随义，表现出语义附加现象。如姜德梧主编的《高级汉语教程》（修订版）第二册第3课《团圆年》中有这样一段话：

> 老年人爱伤感，竟然像孩子似的哭泣起来："七十三，八十四，阎王爷不叫自己去；过了节，我八十四了，再见不着重孙子了！"
>
> "爷爷，你老人家硬朗着呢！能活一百岁！"
>
> "我过不去这个'坎儿'了！"

这里的"七十三""八十四"并不是两个简单的数字，而是人的生命中非常重要的两个"坎儿"，有的地方甚至称为"殉头年"。据说这是源于至圣先师孔子在 73 岁时去世，亚圣孟子在 84 岁时去世，而一般人的寿命是不应该超过圣人的，所以即使阎王不叫，自己也要去阎王爷处报到。如果留学生不了解这一文化背景的话，根本无从理解此处语句的真实含义。

而且我们不难发现，外国学习者的汉语运用能力主要是从他们能否准确使用地道的汉语文化词汇反映出来的。比如，2013 年第 6 届"汉语桥"在华留学生汉语大赛——30 进 6 的复活赛中，有这样一道题考外国留学生：

题干：请将谚语补充完整：三百六十行，行行出_____。
(1)工作　　(2)新郎　　(3)状元　　(4)状况

尽管那个外国留学生汉语水平比较高，不仅进入了前六名，最后还进入了三强，但他在做这道题时也犹豫了半天，最后选择了"新郎"，可见，汉语文化词汇是对外汉语教学的难点。

2.3　中国文化课和汉语词汇课的侧重点和不足

在当前对外汉语教学课程体系中，已开设有中国文化课和汉语词汇课，但文化课程注重历史文化知识、民俗文化和人文地理的讲授，如韩鉴堂编著的《中国文化》，该书系目前较为通用的"知识文化范畴的教材，以掌握中国文化知识为主要教学目的"（见该书《说明》），全书共设 31 课，主要有中国地理、中国龙、传统节日、四大发明、古代历法等 29 个文化专题。而汉语词汇课程更注重构词法、词义猜测、同义词、反义词及词义的演变等内容，如万艺玲编著的《汉语词汇教程》，该书系目前较为通用的留学生汉语词汇教材，"通过对现代汉语词汇系统中词语之间的聚合关系和组合关系的分析，让学生尽快了解现代汉语词汇的全貌，掌握现代汉语词汇的特点和有关词形、词义、词与词的关系、词汇与文化等基础理论知识"（见该书《前言》）。在内容编排上，尽管两书都注意到了词汇与文化的关系，如韩书中提到中国的姓氏、名字、龙的成语、古代历法、二十四节气；万书中提及熟语、词汇和中外文化的交流与差异，但由于其本身侧重点的局限，对于汉语中具有特定文化内涵的文化词汇均未能系统讲授，因此，在对外汉语教学体系中需开设一门新的"汉语文化词汇"课程，以凸显词语的文化标记。

3. 汉语文化词汇的类聚性

词义的聚合组合、派生引申均有着鲜明的文化标记，在同义、反义、上下位等语义聚合中，在词义的派生发展中，文化因素的影响都是非常巨大的，甚至形成词义的文化谱系。而"在对文化的观察中，人们发现文化其实是存在着不同层次的，因此，通常把文化划分为物质文化、制度文化、心理文化三个层次。这三个层次的文化都会在语言中反映出来"（苏新春，2006：51）。参照文化层次理论，为便于留学生学习，根据词语的文化特性和文化附加义，我们把汉语中的文化词汇分为物质生产文化、制度行为文化、心理精神文化三个大类，每个大类之下又分为若干小类，共分为十一个小类。

3.1 物质生产文化

"物质生产文化是人针对自然界而创造的，是经过改造了的自然存在物，包括由劳动者、生产资料和生产对象所构成的现实的生产力和生产成果。"（何云波、彭亚静，2000：11）具体的物质形式中凝聚着人们的认识，包括审美观念、价值判断、使用功能、地位与使用、材料来源、产生方式等。汉民族在漫长的历史中，为满足生产、生活所需所创造的种种产品、结果或遗迹，如建筑、服饰、饮食、器物、用具等物质方面的内容都属于物质生产文化的范畴。具体来看，我们将汉语中属于物质生产文化范畴的文化词汇又细分为以下五个小类。

①环境地理类：梅雨、三伏、三九、长城、西风、东风、数九隆冬、泾渭分明、无底洞、里程碑、不到黄河心不死、有眼不识泰山、井水不犯

河水、无风不起浪……

②农耕文化类：梯田、节气、三夏、解甲归田、刀耕火种、鱼米之乡、沧海桑田、针尖对麦芒、四体不勤、五谷不分、种瓜得瓜，种豆得豆、"谷雨前后，种瓜种豆"……

③服饰文化类：五服、破鞋、穿小鞋、扣帽子、绿帽子、虎头鞋、虎头帽、龙袍、乌纱帽、红顶戴、穿新鞋，走老路、借来的衣裳不合体、两人合穿一条裤子……

④饮食文化类：炒鱿鱼、炒冷饭、夹生饭、一锅粥、吃小灶、大锅饭、醋坛子、铁饭碗、连锅端、揭不开锅、敬酒不吃吃罚酒、肉包子打狗——有去无回……

⑤起居行运类：挖墙脚、四合院、死胡同、顶梁柱、挖东墙补西墙、上梁不正下梁歪、骑驴不知赶脚的苦、"读万卷书，行万里路"、砌墙的砖头——后来居上……

3.2 制度行为文化

"制度行为文化是针对社会而言的，是指人们在物质生产过程中形成的相互关系(生产关系)及建立在此基础之上的种种社会制度、组织行为和行为规范，包括社会组织、政治制度、经济制度、道德、法律等。而文化的行为层面是指人们在交往中约定俗成的习惯定式，如礼仪、风俗等。"(苏新春，2006：54)具体来看，汉民族在生产生活中所建立起来的种种制度、风俗、行为模式、社会规约以及相关的理论体系均属于制度行为文化的范畴，它反映的是人与人、人与宗族以及人与社会之间的关系。每个人均生活在特定的社会环境中，在逐步发展的社会生活中，实行各种社会分工，扮演各自的社会角色，建立起一整套具有规范性、强制性的较为稳定的社会文化惯例和为群体认同的行为模式——礼俗、制度和规约，而且在社会生活中，总是自觉不自觉地严格遵守这些社会文化惯例。据此，我们将汉语中属于制度行为文化范畴的文化词汇又分成以下三个小类。

①人生礼俗类：记录和反映人们生活中的各种道德规范和生活习俗，

与人们的生活直接相关，特别是直接记录和体现了远古先民的思想意识和生活状况。比如"葬"，《说文解字》曰："葬，臧也。从死在茻中，一其中，所以荐之。《易》曰：古之葬者，厚衣之以薪。""臧"即今天之"藏"字，对于"厚衣之以薪"，段玉裁注："从死在茻中之意也，上古厚衣以薪，故其字上下皆茻。"相对于后来的土葬、火葬、水葬等，古代先人的这种丧葬形式可谓是"草葬"。可见，汉语中此类文化词汇直接记录了人们的生活，反映了人生各个阶段的重要事件。又比如洗三、过满月、红鸡蛋、红包、抓周、花甲、弱冠、冠礼、笄礼、秦晋之好、驾崩、送终、做七、填房、续弦、撒帐、交杯酒、拜天地、闹洞房……

②社会制度类：反映了人类社会的种种制度和各种理论观念，诸如婚姻形式、亲属关系等家庭制度，劳动管理、教育考试、法律政治、政府军队等社会制度，以及有关这些制度的各种理论体系。有些制度已经成为历史，如上古时期的以物易物制、封建社会的科举制，但是透过相关的文化词汇仍能看出其历史遗迹，如通过《诗经·卫风》中的"抱布贸丝"和《史记·货殖列传》中的"以物相贸易"，我们仍能看出上古"以物易物"的交换方式。又如，尽管科举制已经废除，但由于其在历史上的长期存在和深刻影响，在汉语中形成了很多与该制度有关的文化词语，像"行行出状元""高考状元""文科状元""穷酸秀才""秀才遇到兵，有理说不清""秀才不出门，能知天下事"等。

③行为规约类：反映了人们为建立和谐的人际关系所确立的种种行为模式和行为准则，这些行为模式和准则体现出一种无形而又极具穿透性、极其广泛自然的强力效应，它同化着生活于其间的人们，在不知不觉中给他们涂抹上同样基调的文化背景和相互类同的意识观念，让其自觉或不自觉地遵守该特定的文化环境所认同的行为模式。比如，"鞠躬""拱手""给台阶""留面子""礼尚往来""不看僧面看佛面""有理走遍天下""千里送鹅毛，礼轻情义重"反映的是中国人懂礼、习礼、守礼、重礼的交际准则。又如，"亲仁善邻""左邻右舍""远亲不如近邻，近邻不如对门""百金买房，千金买邻"则强调的是睦邻友好、建立和谐邻里关系的行为规则。

3.3 心理精神文化

"心理精神文化包括人的思维模式、价值观念、宗教信仰、审美趣味、心理过程、好恶判断、民族习性及某一民族所创造的各种精神艺术,主要存在于某一民族的精神层面,反映出某一民族隐秘的内心世界的思维活动和思维结晶。"(何云波、彭亚静,2000:11)相比物质生产文化和制度行为文化,心理精神文化是文化的意识形态部分,潜藏在文化系统的深层,"包含着三个子系统,即情感系统、思维系统及价值系统。三个子系统互相连接、牵动、渗透,构成了文化深层次中的隐秘世界"(张公瑾、丁石庆,2004:20)。据此,我们将汉语中属于心理精神文化范畴的文化词汇又分成思维系统、情感系统和价值系统三个小类。

①思维系统类:体现汉民族在思维模式、思维途径、思维方式等方面的特点。比如天人合一、阴阳对立、中庸和谐的哲学思辨观,像汉民族的四方观念的形成正是以阴阳生死的对立统一思想为基础的,"东""南"属阳,"西""北"为阴;"东""南"主生,"西""北"主死,因此,在汉文化中"东""南"有"春、暖、生、阳"之义,而"西""北"则有"秋、寒、死、阴"之内涵。又如,"马、牛、狗、羊"和"荷花、牡丹、松、竹、梅"等动植物由联想引申、象征比拟等途径所负载的文化意蕴也体现出中国人从一物一事联想到与之相对、相关的另一物另一事的民族文化心理。

②情感系统类:反映汉民族情感表达的各种方式、情感涉及的范围以及情感与理性相统一的程度和途径等,比如汉民族宣泄情感的文学、艺术、节庆习俗、民间技艺等;又如,汉民族委婉含蓄的情感表达方式,像汉语中的委婉语、禁忌语、双关语等;再如,寄托汉民族情感归宿的神明信仰、祖先崇拜等,诸如"观音""关公""玉皇大帝""灶王爷""财神爷""龙王""八仙过海,各显神通""落叶归根""不孝有三,无后为大"等文化词汇。

③价值系统类:反映汉民族的价值取向、价值判断、价值理想以及各种价值观念,如伦理道德、审美趣味、好恶判断等。例如"官位""官腔"

"官话""官老爷""父母官""官字两个口""县官不如现管""清官难断家务事""一人得道，鸡犬升天"等体现的是汉民族以"官"为本的价值取向，而"万般皆下品，惟有读书高""十年寒窗无人问，一朝成名天下知"这些民间励志的口头禅也正是此种"官本位"思想的真实写照。

综上，汉语文化词汇看似杂乱，却并非无序，词义的系统性和网络性是客观存在的。有些在形式方面有明显的表现，如"官位、官腔、官老爷、父母官"等体现汉文化价值观念的词语；有些虽属隐性表现，但人类的思维认知方式是相近的，例如学了男子的成人礼"冠礼"，就希望知道女子的成人礼"笄礼"；学了"秦香莲"，就容易掌握与之相关的"陈世美"。词汇场和语义场的理论具有普适性，在汉语教学中，应把握住汉语文化词汇的聚合及系联规律，以提高汉语词汇教学的效率和质量。

4. 汉语文化词汇的教学策略

从上文中文化词汇的界定、教学必要性和类聚特点的剖析，我们可以看出这类词汇从字面上很难理解或很难准确理解，要理解它们，必须结合一定的文化背景。因此，文化词汇是留学生学习汉语的难点，在教学上，应结合汉民族文化背景，采用多种教学策略，注重实践性，帮助留学生理解和正确使用此类文化词汇。从我们多年的教学实践来看，下面几种教学策略效果较为明显。

4.1 核心词类聚策略

在文化词汇教学中注意引导留学生扩大词汇量，比如在讲到"龙凤文化"时，采用语义系联法，可以引出"龙王""龙宫""龙颜""龙体""龙座""龙袍""望子成龙"等带"龙"字的词语，以及"凤凰男""凤毛麟角""宁作鸡头，不作凤尾""鸡窝里飞出金凤凰"等带"凤"字的词语，这些词汇都是"龙凤文化"的直接反映，列出这些词可以让留学生深刻理解中国民间的龙凤崇拜心理。

但是汉语文化词汇非常庞杂，有大量的成语、歇后语、惯用语、典故词、谚语，在教学中又该选择哪些内容？根据多年的教学实践，我们认为组织教学内容必须注重和体现文化词汇的类聚性和实用性，利用典型词归类记忆，注重选择体现交际文化的词汇。比如在讲到"诸葛亮"这个典型词语时，以之作为核心词，把与之相关的"空城计""初出茅庐""草船借箭""事后诸葛亮""三请诸葛亮""万事俱备，只欠东风""三个臭皮匠，赛过诸葛亮""诸葛亮草船借箭——有借无还"等俗语、成语、惯用语、歇后语系联起来，利用典型词归类记忆，逐步扩大留学生的词汇量。

4.2　文化导入和语言教学兼顾策略

在教学中，兼顾文化导入和语言教学，使文化导入为语言教学服务。教师不仅要讲清楚文化词汇的音、形、义、语源，更主要的是要讲清楚词语的用法，即词与词的搭配以及搭配时应该注意的问题，并且要通过大量的练习让学生掌握词语的用法。比如饮食文化与语言有着非常密切的关系，汉语中有着大量与"吃"有关的文化词汇：像从政的叫"吃官饭"，文人叫"吃笔杆子饭"，卖弄口舌的叫"吃嘴皮子饭"，男人靠女人为生的叫"吃软饭"。从结构来看，均为动宾短语。从修辞来看，这是典型的以特征代个体的借代法。从语用来看，有些词语不能过度类推，像汉语中有"吃软饭"，却没有"吃硬饭"的说法。从色彩义上来看，"吃嘴皮子饭""吃软饭"都带有贬义色彩，运用时要注意，避免因误用而引起对方的误解。

对外汉语教学毕竟是一种语言教学，在进行文化导入的时候，应清醒地意识到哪些文化知识是必须导入的，哪些是没有必要过多占用课堂时间的，教学重点还应放在语言教学上。因为开设"文化词汇"课，其目的正是让学生理解文化词汇所包含的文化因素，以便能够在交际中正确地理解和表达。

4.3　词语联想策略

词语联想是以文化背景、社会经历和文化知识等"经验基础"为前提，对词汇间互相联系关系最直接地映射，通过联想产生"超语言信息"，拓展为一个"词族"，构建出一个放射型的词义网络。比如，"红色"是"火、阳光的颜色"，人们由此可以联想到"红火、喜庆、利润、受重用"等，同时，"红色"又是一种"类似鲜血的颜色"，因此又联想到"脸红、红眼、流血"等，而从"流血"又可以联想到"革命、危险、避邪"，民间认为"红色"具有一种消灾避邪的神奇力量，如广泛流传于汉族群众中的本命年穿戴红色服饰的习俗便是例证。整个"红"系词的联想过程可以用下面的脉络图清晰显示出来：

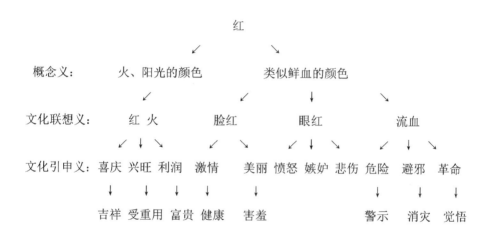

4.4 专题讨论策略

在文化词汇的教学中，我们注重利用时事新闻、影视片段、网络资讯等材料进行专题讨论，引导学生关注社会现象，思考其中的汉民族文化心理。对汉语学习者而言，源自生活的实例正是真实而生动的学习素材。比如《羊城晚报》2010 年 4 月 15 日报道的新闻：

昨日放闸的吉祥车号引来不少市民追捧。下午 1 时半，竞价会开始不久，就陷入了激烈的厮杀。最终，粤 A9999M、粤 A8888M 和粤 A3333M，分别以 56.1 万元、50.2 万元、30.1 万元成为成交前三名。

利用这则材料,我们组织学生进行专题讨论,使他们了解汉语数字词语蕴含的文化含义,体会高价竞拍背后折射出的汉民族文化心理。来自各个国家的文化在讨论中不断"碰撞",产生耀眼的思想火花,从而让留学生深刻认识到不同民族文化心理和思维习惯上的差异。

4.5 文化考察策略

文化考察可扩大学生的活动半径,拓展文化视野,提高学习兴趣。比如我们组织学生到中国家庭过传统节日,在日常生活中了解民俗、学习文化词汇,这要比其他方式更真实、更有效。又如,本学期我们组织学生去深圳民俗村,广东连南、韶关、梅州等地进行系列文化考察活动,使学生在实践中接触到了大量的文化现象和文化词汇,既加强了学生对中国文化的认识和体会,也提高了他们实际应用汉语的能力。

5. 结　语

汉语中的文化词汇蕴涵着丰富的文化内容,有着巨大的民族心理容量和强烈的色彩感,是汉民族文化的镜像。如果对这部分词汇没有相应的认识和了解,就难以深入理解和恰当使用汉语。因此,我们认为对外汉语本科三、四年级的课程体系中应增加一门"文化词汇"课,以加强文化词汇的教学。而且,在教学中要结合汉民族文化背景,采用多种教学策略,注重实战演练,提高留学生实际应用汉语的能力。

◎参考文献

[1] 丁迪蒙:《对外汉语的课堂教学技巧》,学林出版社 2006 年版。

[2] 韩鉴堂:《中国文化》,北京语言大学出版社 1999 年版。

[3] 何颖:《析对外汉语词汇教学原则之文化阐释的原则》,载《重庆工业高等专科学校学报》2004 年第 6 期。

[4] 何云波,彭亚静:《中西文化导论》,中国铁道出版社 2000 年版。

[5] 姜德梧:《高级汉语教程(修订版)第二册》,经济科学出版社 2002 年版。

[6] 李大农:《韩国留学生"文化词"学习特点探析——兼论对韩国留学生的汉语词汇教学》,载《南京大学学报(哲学人文科学·社会科学)》2000 年第 5 期。

[7] 罗常培:《语言与文化(注释本)》,北京大学出版社 2009 年版。

[8] 苏新春:《文化语言学教程》,外语教学与研究出版社 2006 年版。

[9] 万艺玲:《汉语词汇教程》,北京语言文化大学出版社 2010 年版。

[11] 王衍军:《中国民俗文化(第二版)》,暨南大学出版社 2011 年版。

[12] 杨德峰:《汉语与文化交际》,北京大学出版社 1999 年版。

[13] 杨琳:《汉语词汇与华夏文化》,语文出版社 1996 年版。

[14] 张公瑾,丁石庆:《文化语言学教程》,教育科学出版社 2004 年版。

[15] 萨丕尔:《语言论》,商务印书馆 1964 年版。

"有+NP+VP"与"有+VP的+NP"结构的功能差异及语用解释

温锁林

（天津师范大学文学院）

1. 引　言

本文专门研究"有+NP+VP"和"有+VP的+NP"两种结构的系列性功能差异，解释与这些功能差异相关的句法、语义与语用因素。

1.1　研究现状简述

最早注意"有+NP+VP"结构的是吕叔湘、朱德熙（1979：140），他们将"有+NP+VP"类结构中的有些 VP 看作 NP 的附加语，并指出："作者们为了要使句子更通畅，就不把它放在前面，而把它放在后面。"朱德熙（1982：168-169）首次关注了有的"有+NP+VP"能够变换成"有+VP的+NP"的现象。如：

(1) a. 有可能出来→有出来的可能

b. 有理由不去→有不去的理由

c. 有办法解决→有解决的办法

d. 有勇气承认→有承认的勇气

朱德熙(1982:168-169)还指出,这类结构里的及物动词带上宾语时,变换关系仍然成立,见例(2)。另外,NP 除了可以是抽象名词外,还可以是具体名词,见例(3)。

    (2)a. 有可能下雨→有下雨的可能

       b. 有希望去非洲→有去非洲的希望

       c. 有必要通知他→有通知他的必要

       d. 有条件上大学→有上大学的条件

    (3)a. 有钱买书→有买书的钱

       b. 有人帮忙→有帮忙的人

       c. 有车接送旅客→有接送旅客的车

       d. 有地方休息→有休息的地方

符达维(1984)把"有+NP+VP"结构中的 VP 看成 NP 的后置定语,而李明(2003)则将 NP 后的 VP 看成宾语补足语。唐正大(2018)在研究"是时候 VP 了"结构兴起的现象时也提到了"有+NP+VP"结构,他将该结构简称为"从句补足语结构",认为 VP 是补足 NP 的关系从句。

全面关注"有+NP+VP"和"有+VP 的+NP"的变换关系并对其变换条件进行研究的是袁毓林(1992)。袁文是用配价理论来解释的:两种"有"字结构可变换,是因为其中的 NP 是一个包含降级述谓结构的二价名词。[①]有价名词 NP 是支配成分,VP 是从属于 NP 的配价成分。因为有价名词 NP 有配价的要求,所以才能满足两种"有"字结构的变换条件。

1.2 尚存的问题

首先,把"有+NP+VP"结构中的 VP 看成 NP 的后置定语,或是称其为补足 NP 的动词短语,关注点并不在两种"有"字结构中 VP 位置的易动与表达功能的变化及成因上。其次,用配价理论来解释有价名词在两种"有"字结构的变换关系,仅能应对其中由抽象名词构成的"有"字结构,但无法应对由具体名词构成的"有"字结构。朱德熙(1986)早就指出,能够进入具有变换关系的两种"有"字结构的名词是一个无法精确规定的类,^②既有抽象名词,也有具体名词。看来,对能进入两种变换关系"有"字结构中的所有名词作出配价的统一说明就不是一件简单之事。如下例(4)中"有"后都是具体名词,前两个是指物的,后两个是指人的,很难说清它们有何配价要求,但却能形成同样的结构变换:

> (4) a. 有粮食过冬→有过冬的粮食
>
> b. 没有房子出售→没有出售的房子
>
> c. 没有人闯红灯→没有闯红灯的人
>
> d. 有闺女要出嫁→有要出嫁的闺女

将例(4)c句中的"人"改用"汽车、老人、可能、勇气、必要"等,都能形成有效的变换。朱德熙(1986)也曾尝试从两种"有"字结构中的名词入手解释其准入条件,但给出的答案是"无法精确地规定这个类"。不过,朱先生敏锐地指出,"有+NP"与VP之间高层次的语义关系"表示的是说话的人对实现VP的必要性或可能性所持的态度"^③。朱先生从高层次的语义关系(即语用与表达)入手来解释两种"有"字结构变换前后的差异,开启了变换分析的新视角,对本文的研究具有重大的启发意义。

不过,关于两种"有"字结构的研究,还有不少亟待解决的问题:语用学强调"有异必有故",两种"有"字结构形式不同,那就意味着在功能上存在某种差异,否则,不会同时存在于共时系统中。那么,两种"有"字结构的表达功能及其差异是什么,二者的功能性差异又是怎么形成的,现有研究中均未作出明确的解答。

1.3 本文思路与研究内容

功能语言学认为,句法现象从其形成到现状都受到篇章话语因素的制约,句法研究过程中若不考虑这些因素,势必无法得到理论上富于洞察力的阐释(方梅,2018:ii)。两种"有"字结构虽然表现为VP的句法位置之别，但是，要真正分辨出两种结构的功能差别，并对这些功能与句法的差别作出合理的解释，必须追踪两种结构在实际语篇中的使用，进行动态的描写与分析。基于这一理论主张与研究目标，本文将人民网的新闻语篇作为观察与描写两种"有"字结构的语料来源，有两个原因：一是两种"有"字结构为比较典型的书面语，在口语中较少使用，而人民网的新闻语料是比较规范的书面语，语料纯洁，有较强的说服力；二是比较研究的需要，本文的重点是描写与解释两种"有"字结构的使用规律，把不同时期的语料放在一起固然可以形成历史的比较，但是难以清晰地说明语言使用者选取不同"有"字结构的语用考量，而人民网的新闻语料中的用例，时间跨度不超过 10 年，最能反映当下汉语语法的真实面貌，也更便于比较并说明两种"有"字结构共时的用法之别。本篇分析与考察了与两种"有"字结构密切相关的几个问题：

①描写与确认两种"有"字结构中 VP 在不同位置上的信息属性，以翔实的新闻语料来展示与 VP 的信息属性相关的句法语义特点与系列性差别，探讨形成这些差别背后的语用因素，并通过相关的语用原则对这些差别给出合理的解释；

②分析两种"有"字结构中"有"在句法语义上的差异，追踪这些差异与句子表达功能之间的关系，描述"有"的"调焦"功能及在两种"有"字结构变换中的真正作用。

2. 两种"有"字结构中 VP 信息属性的差异及句法表现

孤立地看，前边例(1)~例(4)中的两种"有"字结构具有自由的变换关系，好像可以随意地将 VP 安插到或前或后两个不同的句法位置。而大量实际语篇用例表明，VP 位置的安排并不是完全自由的。这不仅与 VP 结构的复杂度相关，更与其信息的新旧属性、说话者的表达意图相关。为了行文简练，下文用 VP_1 来代表"有+VP 的+NP"中定语位置的 VP，用 VP_2 来代表"有+NP+VP"中"有+NP"后的 VP。

大量的实际用例显示，从信息传递的角度看，VP_1倾向于传递已知信息，VP_2则更倾向于传递新信息。

2.1 VP_1的旧信息属性

VP_1倾向于表达已知信息，在语篇环境中表现得非常明显。VP_1所表信息一般是语篇已经出现的或话语双方共知的，处于被激活的状态，再度出现时不宜占据句末新信息的位置，只能放在定语位置作为重述的信息。其作用就在于用已知事件或共有知识来限定所指对象的范围，增加中心语名词所指的可辨性。在使用"有+VP 的+NP"的语篇中，我们往往能够发现 VP_1所表信息与语篇前述信息的关联性。VP_1的旧信息属性在句法操作中也能清晰地反映出来。VP_1与语篇前述信息的关联方式主要有如下两种。

(一)用相同或相似的词语重新引入

VP_1在用词用语上往往包含了与语篇中已报道事件信息相同或相似的词语。这些词语的重现很明显是对前述事件或现象的回溯、复述，是一个指称性的"事件"信息，放在定语的位置，只在名词短语(即"VP 的+NP")内部起辨识与限制作用。请看(下文的所有用例都来自人民网)：

(5) a. 分析人士指出，从近期公开市场业务交易公告的措辞来看，央行认为市场流动性有所收敛，但由于流动性总量仍合理充裕，故没有投放流动性的必要。

b. 在中美货币政策分道扬镳之下，中美利差进一步收窄至30个基点附近，未来仍有进一步收窄的可能，人民币贬值预期增强的情况下，外资投资中国国债市场的热情将出现进一步下降。

c. 我住的小区，从 2007 年以来没有集中供暖，也没有接通天然气。2016 年 11 月，经过多方努力，终于有了通天然气的希望。

(二)用"代词+概括性动词"回指前述信息

VP₁偶尔会使用由代词("这么/这样""那么/那样")加概括性动词
("做/办/干/弄")构成的"这么(样)做/干/弄/办""那么(样)做/干/弄/
办"等形式来复指前述信息,其回指性质特别明显。请看:

> (6)a. 俄国领导人显然认为<u>在助手面前必须拿出威严来</u>,但周从
> 不认为有<u>这样做</u>的必要。
>
> b. 这是因为白缎子色如亮银,假如穿到皮肤不白嫩的人身
> 上,就衬出面如锅底,手似生姜,不管你怎样涂粉都不管
> 用。而且缎子轻柔里又透着厚重,假如用它作内衣,穿它
> 不但要身材好,而且要个子高,差一点就会很糟糕。而鱼
> 玄机居然<u>把它作亵衣穿了出来</u>,不但有胆有识,而且确实
> 有<u>这么干</u>的本钱。

2.2 VP₂的新信息属性

与 VP₁的旧信息属性不同,VP₂是对"有+NP"究竟怎么样的具体描述。
观察发现,VP₂所指信息往往首次出现于语篇,代表的是一个崭新的事件
化信息,具有描述性,句法形式上也更具开放性。因为传递新信息才是言
语交际的整体趋势,更是其功用所在。VP₁用于信息回溯与指称,是为了
保证交际正常进行,故"有+VP 的+NP"结构的使用具有偶发性特点。而
VP₂偏重于描述事件的状态,是一个表达事件性的新信息,常用于叙述类
语篇中。与"有+VP 的+NP"结构相比,"有+NP+VP"结构在使用频率上也
高得多,关于两种"有"字结构的使用频率,可参见下面的表 1 与表 2。VP₂
的新信息属性倾向有如下几个重要的使用特点。

(一)语篇中作为新信息首次出现

首次被引入语篇的 VP₂,因其提供新信息的属性,倾向于置于句子的
结尾。如:

(7) a. 撒切尔夫人早年曾是一名科学家。她曾在食品公司工作，致力于研发冰淇淋专用的乳化剂。英格兰银行的发言人称："撒切尔夫人<u>有资格出现在英镑钞票上</u>，……"

b. 在电影院门口的"摊"，要根据电影放映时间。早场，人们都是匆匆而来，<u>无人有心思去看小人书</u>。

c. 每次她自知怀了孩子——一而再，再而三，她都尽量有耐心，在重担下昂首阔步。每添一个儿子，她更觉得<u>有责任维持家族的福祉和安全</u>——今夜她看出，每多一个要她守护要她奋斗的婴儿，她那监视全局的力量和警戒心就加强了几分。

(二)新闻标题结构的首选类型

文章的标题，特别是新闻类文章标题偏爱采用"有+NP+VP"结构来推出新信息，正反映了其"新闻"的特质。我们以"能力、信心、可能、必要"为搜索词对人民网的图片新闻进行了查询(查询时间为 2018 年 12 月 5 日)。表 1 是所有含"有+NP+VP"和"有+VP 的+NP"两种结构做新闻标题的数据统计(重复用例不计)，请对比：

表 1 新闻标题中含有"有+NP+VP"和"有+VP 的+NP"两种结构的数据对照表

充当 NP 的词语	能力	信心	可能	必要	总数	占比%
有+NP+VP	245	70	60	58	433	96.868
有+VP 的+NP	4	0	7	3	14	3.132

新闻之新就在于报道新信息，而标题是最能体现其新闻性的地方。在含"有"字结构的新闻标题中，采用"有+NP+VP"的占了约 97%。因 VP_2 正好处于结构末尾自然焦点的位置，与其表达事件状态的新信息属性形成完美的匹配。例如：

(8) a. 东莞市长：今年<u>有信心突破转型升级</u>"拐点"

b. 普京称<u>有必要制定战略</u>　保障欧洲大西洋空间安全

c. 育儿：让熊孩子<u>有勇气做个好孩子</u>

还有一个现象值得关注，在部分含有"有+NP+VP"结构标题的新闻中，正文中仍会用"有+VP 的+NP"结构对 VP 进行重指与回应，这种信息安排的倾向性也从另一个侧面验证了我们对 VP$_1$ 与 VP$_2$ 信息属性的判断。如(斜体字为标题)：

(9) a. *曾德成指香港<u>有能力申办亚运</u> 霍震霆盼港府支持*

据香港《大公报》报道，香港民政事务局局长曾德成 12 日再次重申，香港<u>有申办亚运的能力</u>。

b. *军方专家透露：解放军<u>有能力击落美 F22/F35/B2</u>*

军方向市民公开展示了数百件(台)空军现役装备，有市民问，我军<u>有无对付美军隐形飞机的办法</u>？负责为市民作讲解的军方人士表示，敌人的隐形飞机胆敢侵犯我国领空的话，我们就<u>有办法击落它</u>，让其有来无回！

新闻标题虽有零星使用"有+VP 的+NP"的情况，但仅占 3%(见表 1)。不过，其中的 VP$_1$ 一般来说体量较小，做谓语的整个"有+VP 的+NP"结构被打包成了一个一体化的新信息板块，功用是对主体"有什么"的说明与认定。因内嵌的 VP$_1$ 用于重指与限定，VP 原有的描述性语义功能被极大地遮蔽，请看下面的用例。

(10) a. 拉里：我们<u>有不出线的可能</u>

b. 林依晨不舍谈杨可涵：人人都<u>有平等获得快乐的能力</u>

c. 国际规划师江城初体验：武汉<u>有建设宜居城市的底气</u>

以例(10)a 句为例，"我们有不出线的可能"是对"我们如何/怎么样"的回答，因内嵌 VP$_1$("不出线")的复述性与重提性，"不出线"是一个可预期信息，整个句子就容易被识解为对这个可预期信息的判断，并作为一个整体的新信息板块推出。而"我们有可能不出线"则不同，VP$_2$("不出线")是对"我们有可能如何/怎么样"的回答，这个回答"如何/怎么样"的描述语VP$_2$("不出线")，代表的是一个非预期信息，即队员的预期是"出线"，而"不出线"为非预期信息，所以才被安置到了句末新信息的突出位置。可见，以追求新闻效应为使命的新闻稿件往往把"有+NP+VP"结构作为标题的首选，正是利用了VP$_2$具有推出非预期新信息的优势，成为新闻标题信息结构编排的常态化格式。

2.3 VP 的句法表现

VP 在不同位置上信息属性的差异也反映在其句法形式上。从众多语篇实例来看，VP$_1$通常表现为弱化谓词形式，其中的动词倾向于在时体特征上的弱化；而 VP$_2$中的动词与单独做谓语时在形态方面并无明显差异。VP$_1$尽管也是动词性的，但与其旧信息属性相伴随的回指与重述特性极大地弱化了其述谓功能，故而 VP$_1$中动词带时体成分的情况不太常见。VP$_2$中的动词在形态方面却未见明显影响，其述谓功能与时体特征会时不时地浮现出来。请看：

(11)a. 肝功能正常，仅仅代表抽血时肝脏细胞没有发生炎症，没有出现坏死，但是<u>有可能肝脏已经硬化了</u>，或者<u>肝脏以前曾经有过炎症，但抽血时炎症已经停止了</u>。

b. 我看他应该把自己的娘一起带着出来。他声称他把钥匙丢了。一口咬定如此。看来他极<u>有可能中了酒吧女郎的老圈套了</u>。

c. 我们<u>有理由期待着上海中智的第 3 个 10 年、第 4 个 10 年</u>。

a 句 VP$_2$由 3 个动词短语构成，时体成分"已经、曾经、过、了"等交替出现；b 句 VP$_2$ 中的"了$_1$、了$_2$"共现，极大地释放了其述谓功能；c 句 VP$_2$ 中的"着"，表明其述谓功能并未受到影响。

以"来、去、会"打头的 VP$_1$ 极少见到，但在 VP$_2$ 中并不罕见：

(12) a. 我们有责任<u>来</u>教育他们，因为中国电影的未来还需要年轻一代演员来接班。

b. 孩子有安全感，才会更有信心<u>去</u>面对各种困难。

c. 大幅投资高新产业的时候，也有可能<u>会</u>考虑上市。

"来、去"在动词短语前往往不表示实际的动作行为，而是说话者心理意图的体现，所以即便省去，句法与语义也不受影响，如"这篇文章你来写/他没勇气去面对这样的挑战"。由表示主观意图的"来、去"打头的 VP$_2$，如例(12)a、b 句，突出了 VP$_2$ 的述谓性与交际的互动性，这在 VP$_1$ 中也很难见到；c 句是由情态动词"会"打头的 VP$_2$，VP$_1$ 中也极少使用。

3. VP 不同位置的句法差异及其语用因素

VP 在两种"有"字结构中表现为前后位置之别，又有新旧信息的功能差异。但是，如果 VP 仅有一两个单词的长度，似乎前后安放都可以。语法是在使用中形成的。联系语篇不难发现，VP 前后位置处理的表象背后，其实都受着语篇语境与话语功能的深度制约，两种"有"字结构的变换并不自由。研究发现，VP$_1$ 都是简单结构，其自身一般不再包含任何从属性句法成分，线性长度也倾向于短小，这种现象就是"简单结构限制"。相形之下，句末 VP$_2$ 体量大，结构复杂，体现的是"重成分后置"和"直系成分尽早确认"原则，[④]是语用原则规约化的结果。

3.1 VP$_1$ 的句法特点与"简单结构限制"

从实际语篇中发现，含"有+VP 的+NP"结构的新闻标题不太常见，新闻正文中这类结构的使用频率也不高。我们以"能力、信心、可能、必要"为搜索词对人民网 2018 年 11 月的新闻语料进行查询，新闻正文中含有"有+NP+VP"和"有+VP 的+NP"两种结构的数据统计见表 2(重复用例不计)：

表 2　新闻正文中含有"有+NP+VP"和"有+VP 的+NP"两种结构的数据对照表

充当 NP 的词语	能力	信心	可能	必要	总数	占比(%)
有+VP 的+NP	32	3	65	13	113	7.49
有+NP+VP	289	47	736	324	1396	92.51

综合表 1 和表 2，"有+VP 的+NP"结构在新闻正文中与在新闻标题中的使用频率相差不大，远远低于"有+NP+VP"的使用。形成这种特点的直接原因是 VP 在信息结构中新旧属性的不同。VP_1 表达的是已述信息，因而句法结构层次单一，结构短小。VP_2 表达的是新信息，句法结构的层次与线性长度不受限制(详细情况见 2.2 节)。VP_1 这种句法结构的层次单一性与线性长度限制可称为"简单结构限制"。说到底，VP_1 这种句法特点的形成是基于语用的需要而产生的，是语用法的语法化的结果。具体表现如下。

3.1.1　结构的简易性

表 2 的数据显示，出现在名词"可能"前做定语的 VP_1 共有 65 例。为了清楚地展示其句法结构的类型及结构层次，我们将这 65 个用例进行了穷尽统计，见表 3、表 4。

表 3　新闻语篇正文中"可能"前的 VP_1 句法结构类型统计

VP 类型	光杆动词	动宾结构	状动结构	主谓结构	动补结构	联合结构	总计
总次数	27	22	10	3	1	2	65
用字总数	54	90	71	17	3	18	253
平均字数	2	4	7	6	3	9	3.89
占比(%)	41.54	33.85	15.38	4.61	1.54	3.08	100

VP 类型	光杆动词	动宾结构	状动结构	主谓结构	动补结构	联合结构	总计
单一层次	27	16	7	1	1	0	52
占比(%)	100	77.77	70	33.33	100	0	80
非单一层次	0	6	3	2	0	2	13
占比(%)	0	22.23	30	66.67	0	100	20

表4 新闻语篇正文中"可能"前的 VP_1 句法结构类型统计

VP 类型	光杆动词	动宾结构	状动结构	主谓结构	动补结构	联合结构	总计
总次数	27	22	10	3	1	2	65
单一层次	27	16	7	1	1	0	52
占比(%)	100	77.77	70	33.33	100	0	80
非单一层次	0	6	3	2	0	2	13
占比(%)	0	22.23	30	66.67	0	100	20

表3、表4 显示，"可能"前的 VP_1，从结构层次来看，光杆动词共 27 例，占总数的 41.54%，单一层次的其他结构类型 25 例，两项合计有 52 例，占全部 65 例的 80%。可见，VP_1 以简单层次为主。VP_1 句法结构超过两层的只有 13 例，仅占总数的 20%。表5 是这 13 个用例的句法层次展示（"｜、‖、/"分别代表第一、第二、第三层）：

表5 新闻语篇正文中"可能"前句法结构非单一层次的 VP_1 统计

二层前置动词短语	三层前置动词短语
①在‖底部｜震荡；②出现｜重度‖污染；③形成｜一个‖学派；④突发｜重大‖疾病；⑤肠道｜致病菌｜存在；⑥检测‖结果｜不准；⑦人为｜篡改‖增删；⑧发出‖声音、表达‖观点；⑨抛掷‖物品或者｜坠物｜伤人	①向‖买方/市场｜转变；②存在｜胃食管/反流‖病；③达成｜政治/解决‖方案；④成为｜旧/思想、旧/势力、旧/作风‖俘房

VP₁的旧信息属性，决定了它对语篇具有较大的依赖性，所以被重新提及时句法结构才可能做到简单短小。尽管表5中这些VP₁结构并非单一层次，但由于前述语篇信息流的作用，识解时大大地消解了其理解难度。即便如此，这类结构复杂的VP₁在实际语篇中出现频率仍然不高。所以，VP₁仍以简单结构为主要的句法特点，是由其在话语的信息结构中所表示的旧信息属性决定的，其句法特点与"简单结构限制"的语用原则密不可分。

3.1.2　线性长度

VP₁结构的简单性也成就了其线性长度较为短小的特色。以表3中做"可能"定语的65个VP₁为例，全部VP₁的平均长度只有3.89个汉字，约合两个双音节词的长度。虽然这些材料都是来自书面性的新闻语篇，但VP₁都较为短小。语篇中偶尔也有一些比较长的VP₁，例如：

> (13)一般来说，发生高空坠物伤人事件，……从实践中发生的案件来看，一般起诉全楼后，由于一楼的高度较低，不太可能发生坠物伤人的情形，可以免于承担责任，其他楼层都有<u>抛掷物品或者坠物伤人的</u>可能，因此往往除一楼外，其他楼层都要承担责任。

这句说的是"高空坠物伤人事件"，后续语句中把"抛掷物品或者坠物伤人"处理为VP₁，尽管其体量较大，但由于该信息处于已激活的状态，并未给人冗长不自然之感。可见，VP₁并非新信息，可别度极高，有效消减了其理解与识别上的困难。可别度高的成分的前置倾向也是"可别度领前原理"的语言共性的体现(陆丙甫，2005)。那些在语篇信息中重现的成分表面看来虽然体量较大，但因其在语篇中有极高的可别度，所以感知上并不是太长。尽管如此，实际语篇中这样体量较大的VP₁并不多见，参见表 2 与表 3。所以,从总体来看,结构简单、体量短小是 VP$_1$ 主要的句法特点。

3.2 VP$_2$ 的句法特点与语用因素

3.2.1 VP$_2$ 的句法特点

传递新信息是 VP$_2$ 的核心功能,这种信息功能是由其在语篇信息结构中的位置决定的。从语篇信息传递的角度看,VP$_2$ 无论是在句法结构的类型上、结构内部的复杂度上还是线性长度上都比 VP$_1$ 的限制更少,因而也更具有开放性。有些结构复杂、体量较大的句法单位在 VP$_1$ 中很难被接纳,但在 VP$_2$ 中则比较容易见到,读起来也自然得多,这是由其述谓性的本质决定的。VP$_2$ 对于句法结构的开放度表现如下。

一是线性长度受限小。位于结构末端的 VP$_2$ 线性长度受到的限制更少,有的可以达到二三十个汉字,极个别的竟会长达五六十甚至一百多个汉字,这在 VP$_1$ 中绝难看到。请看:

> (14)质疑方认为,简单放开互联网售药有可能<u>导致假劣药品泛滥</u>;<u>药品储存、运输条件难以符合要求,危及药品内在质量</u>;<u>网上药店远比实体店情况复杂,现有条件下难以对网上药店实施有效监管</u>;<u>医疗机构处方外流存在体制障碍,上传处方的真实合法性难以鉴别,网上药店执业药师资质有待考证</u>等。

为了全面而清晰地感受 VP$_2$ 的线性长度,我们对人民网 2018 年 11 月 21 日至 30 日的新闻语篇正文进行了查询,共查到以"可能"充任 NP 的"有+NP+VP"结构 223 例。从中可大体反映 VP$_2$ 线性长度的整体面貌,详见表 6。

表6 新闻语篇正文中"有+可能+VP"结构中 VP_2 的平均长度统计

VP_2字数	2	3	4	5	6	7	8	9	10	11	12	13	14	其他	总计
次数	10	5	19	17	9	17	17	16	13	15	8	8	9	60	223
用字总数	20	15	76	85	54	119	136	144	130	165	96	104	126	1592	2862
平均字数	2	3	4	5	6	7	8	9	10	11	12	13	14	26.11	12.83
占比(%)	4.5	2.5	8.5	7.6	4.0	7.6	7.6	7.1	5.8	6.7	3.6	3.6	4.0	26.9	100

新闻语篇正文中"有+可能+VP"结构223例，其中 VP_2 共用2862个汉字，平均长度为12.83个汉字，是新闻语篇正文中 VP_1（3.89个汉字）用字数量的3.3倍。VP_2 以 4~11 个汉字为常态，共有123例，占总句数的55%，可以大体反映出 VP_2 线性长度的总体面貌。

二是句法结构的可容纳度高。句法结构的可容纳度即句法结构的开放度，有三重含义：①对时体成分、情态成分的容纳度，即一些不便被处理为 VP_1 的句法形式，可以出现于"有+NP"之后的 VP_2，见例(11)~例(12)；②对线性长度的容纳度，即 VP_2 相比 VP_1 对线性长度的容纳度更高，尤其是对一些特殊形式的可容性上，如例(14)；③对特殊结构的容纳度，有一类结构特殊的 VP，即"有 NP_1+有 NP_2+VP"，NP_1 与 NP_2 共带同一 VP，这个"一对多"的 VP_2，承担了对多个 NP 的表述任务。这种现象在 VP_1 中较少见到。例如：

> (15) a. 我们<u>有决心</u>、<u>有信心</u>、<u>有能力</u>捍卫国家的主权和领土完整。
>
> b. 浙江省<u>有责任</u>、<u>有条件</u>、<u>有决心</u>、<u>有信心</u>与大家一道，共同做好网上文明互鉴、网络文化交流工作。

还有的 VP_2 是"多对一"，即一个 NP 后附有多个 VP_2，这种现象在 VP_1 中很难见到，例如：

> (16) a. 让老师们把主要精力都用在"在线辅导"平台上，那么老

师还有心思去钻研业务吗，认真教好书育好人吗？

  b. 他们有<u>能力</u>影响政府决定，<u>监督并控制相关国家项目的</u><u>实施</u>。

  VP$_2$对特殊结构的容纳度还表现在对其结构的二度操作上。所谓二度操作，指的是对一个句法结构进行结构的再分解、调整语序等。例(17)的VP$_2$中都有一个状语，可能是编码者觉得这个 VP$_2$ 太长了，为了减轻接受者的解码压力，采用了将状语与中心语隔开的二度操作：

  (17)a. 这表示，戴尔有<u>能力</u>在中国市场，推动更多类型的客户走向数字化转型，并进而推动中国区域的产业升级。

   b. 是的，你说得对。我们的确有<u>权力</u>保护自己，有<u>权力去</u><u>生活，按我们自己选择的和平方式</u>。

  例(17)a 句采用了加停顿的方式将一个复杂的句法单位分解开来，有效地纾解了其长度过大带来的负重感。b 句的处置更为特殊，VP$_2$因结构复杂在编码时还运用了状语后移的处理方式。这种临时性句法处置，都是为了消解 VP$_2$结构的长度与复杂度。说话者为保全信息的完整性而宁愿牺牲结构的组合次序，不惜动用句法手段消减其感知难度，这种二度操作正好说明了这个动词短语全息性的重要程度。

3.2.2 VP$_2$的语用原则

  VP$_2$在线性长度以及结构复杂度特点的形成上有着深刻的语用背景，体现了语篇编码中所遵循的语用原则。具体说来，大块 VP$_2$ 的后置倾向体现的正是"重成分后置"与"直系成分尽早确认"的语用原则。

3.2.2.1 "重成分后置"原则

  所谓重成分，是指某个结构单位所代表信息的重要程度，即相比于结构中其他成分而言所传递的信息是最为重要的。VP$_2$处于连谓结构中的后部，是句中的信息焦点，无疑承载着最为重要的信息。重成分最显著的句法特点就是其线性长度。根据认知语言学的复杂性象似动因，结构的线性长度与信息的重要性成正比。表1显示，选用"有+NP+VP"句子在实际语篇中占了九成以上，而采用"有+VP 的+NP"的句子占了不到一成。这种几乎一边倒的使用倾向有着重要的功能依据，体现了"重成分后置"的语用原则。这种原则表现如下。

一是线性长度增加而后置。VP_2 作为一个承载重要信息的重成分，在语篇信息编制上体现出了信息的增量特征，即结构线性长度的增加体现出其重成分的外形表征，而随着其外形的加大而趋向甚至是强制性"后置"的编码特点，则体现了其信息结构位置的新信息属性。VP_2 长度越大，越是倾向于后置的使用规律，反映了语言编码者重要的语用考量。故而 VP_2 在连谓结构中处于话语信息焦点的位置无疑是加重其信息量的有效手段。

二是操作难度增大而后置。结构块头的增大，是其承载的信息量又新又大所致，这无疑加大了编码与解码的复杂度与操作难度。为了使话语交际顺利进行，抵消这种复杂度，说话者还会在编码时进行二度操作，尽量使那个 VP_2 块形减小一点。而这种二度操作，只有在结构末尾才有充足的操作空间，在内嵌定语位置是难以进行的。可见，VP_2 因块头大操作难度增大而后置的句法运作也体现了编码者重要的语用考量。

三是信息的重要程度增强而后置。越是重要的信息单位越是倾向置于句末，这是焦点居后的语用原则的体现，是人类话语信息结构上的普遍特点。句法单位信息的重要性虽然多数情况下反映在其线性长度上，但是从语篇信息结构上看，决定其重要与否的因素又不仅仅体现在线性长度上，还有其代表的信息在话语使用者心里的重要程度。例如：

(18)a. 韩国队主帅：我们占据绝对优势 有信心夺冠

　　b. 广州房叔获刑11年　21套房无恙 法官称其有能力买

　　c. 摸清门道　美妆新品真的都有必要买吗？

　　d. 余文乐加盟《我们相爱吧》自爆有可能闪婚

这些 VP_2 虽然只有一个词，长度极为有限，但都无一例外地用于新闻语篇的标题中。它们以其独特的新闻性而被隆重推出。更为重要的是，这些 VP_2 都处于连谓结构后部这一话语信息焦点的位置，因其信息的新颖度与重要性而被处理为一个体量虽小但信息地位极重的重成分。

3.2.2.2 "直系成分尽早确认"原则

VP_2 后置是语用原则在语句组织形式上的直接体现，它从一个侧面反映了语用原则的语法化。VP_2 的后置，特别是一些体量大、线性长的结构被强行置于结构尾部，除了"重成分后置"语用原则的促动，还有一个编码上的考量，那就是要遵守"直系成分尽早确认"原则。该原则指的是语义上直接关联的成分要尽量靠近，以免较大成分的插入带来的语义联系不能被很快辨认的干扰。"直系成分"是语义上直接关联的成分，但在信息编码时缩短语义上有直接关联的成分间的距离，其深层动因是编码者出于接受者便利解码的需要，所以"直系成分尽早确认"原则本质上还是语用的。以两种"有"字结构为例，与动词"有"语义上有直接关联的成分是其后的 NP。"有+VP 的+NP"中的 VP 正好插在"有"与 NP 之间，从信息解码的角度看，如果这个 VP 体量不太大，则影响不到"有"与 NP 语义关系的辨认。如果这个 VP 体量较大，无疑加大了将"有"与 NP 联系起来的难度。从语义联系的感知与辨识的难度看，内嵌的 VP 线性长度越大，心力的消耗也就越大。为了减除大块成分的插入带来的心力消耗与主干语义成分辨别的干扰，就得尽量限制这个内嵌 VP 的长度，或者干脆将其移走。VP 的后置就能有效拉近直系成分的线性距离，从而解除因插入体量较大的 VP 带来的直系成分间超远距离的解码难度。这也自然地解答了何以 VP_2 是 VP_1 三倍多的平均长度。VP 体量越大越是后置的句法倾向，同时也是"直系成分尽早确认"的语用原则在句法组织形式上的体现。大块 VP 的后置倾向，与重成分后置的语用原则和焦点在尾的信息安排原则是一致的。

4. 两种"有"字结构中"有"的句法语义差别及其调焦功能

我们通过对进入两种"有"字结构中 VP 信息属性的揭示，联系新闻语篇的实际使用，分析了两种"有"字结构数量上的不对称性的成因，解释了制约两种"有"字结构中 VP 句法上做出不同位置安排的语用原则。必须特别指出的是，VP 位置的调整与改变必须得放在"有"字结构中才能实现。比如"有能力购买""有必要指出""有本事独立生活"等，去掉"有"都不能成立。可见，动词"有"是支撑起两种结构并能保证它们有效变换的功能要素。那么，"有"在两种结构中到底起着什么样的作用？又是如何适应两种结构变换的？下面是我们对这个问题的一点思考。

4.1 "有"在两种结构中的句法语义差别

"有"的基本语义是"领有""拥有"，后来还引申出了"存在""具有"等语义。我们发现，两种"有"字结构中的"有"在句法、语义与语用上具有系列性的差异。了解"有"的这些句法语义的不同，特别是语用上的不同，有助于解释前文提到的"有"字结构中两种性质有别的 VP 系列差异的成因。

4.1.1 "有+VP 的+NP"结构中的"有"

在"有+VP 的+NP"结构中，与 VP_1 句法功能弱化相对应的是"有"动词性句法功能的彰显和语义实在性的强化，可谓此消彼长。"有"表示"具有""拥有""领有"等意义时，"有"动词性句法功能也得以彰显，最突出地表现在"有"后可带时体成分上。如：

（19）a. 由于其独特的官方背景，便有了荟萃全国能工巧匠的特权，且不惜工本，以高标准、严要求，精益求精，为宫廷遴选御用瓷器。

b. 这表明这个乐团成立伊始，就自觉地将自身定位在代表中国的高度上，有着要为中国交响乐在世界争得一席之地的雄心。

c. 早年，他在失意懊丧时常有过要出家做和尚的想法，可是如今，却是来到缙云山去拜访卢婉秋，劝她不要消极出世，应当回到红尘中来，岂不矛盾？

"有+VP 的+NP"结构中的"有"可以扩充或替换为"握有、享有、拥有、具有"等双音动词，语义更加具体化，这是"有"语义实在性增强的表现，"有+NP+VP"结构中的"有"是不大可能采用这种方式使语义增强的。请对比：

(20) a. 他握有生杀予夺的绝对权力，他的话被奉为圣旨，臣民们必须无条件服从。(？他握有绝对权力生杀予夺。)

　　 b. 狄克推多任职期间，享有决断重大事务的全权。(？享有全权决断重大事务。)

　　 c. 奴隶制不正是这副丑恶面目吗？人类岂能拥有逃避责任的特权？(？人类岂能拥有特权逃避责任？)

　　 d. 一位教会长老说过，拜伦的"公然放浪行为"和他的"不检的诗篇"使他不具有进入西敏寺的资格。(？使他不具有资格进入西敏寺。)

4.1.2 "有+NP+VP"结构中的"有"

"有+NP+VP"结构中的"有"则表现出别样的性质。句末的焦点位置使得 VP 的述谓功能彻底释放，随之而来的一个隐性结果是动词"有"语义的虚化和动词性的弱化。"有"表示"存在"义时，又伴随着其动词性的弱化与消解，"有"不仅不能后加时体成分，更不能用"握有、享有、拥有、具有"等实义动词替代，与"有+VP 的+NP"中的"有"句法与语义上大异其趣。语义弱化的另一结果是"有"与紧随的 NP 出现结构和语义的融合，变得像个表意愿的情态动词，并能整体接受程度副词的修饰。

(21) a. 那些公司的网站也非常有可能受到株连，遭到黑客的攻击。

　　 b. 现在全村妇女已开展了节约与纺织运动，大家十分有信心度过荒年。

c. 现在特别有必要把深入生活的问题重新提到每一个军队文艺工作者的面前。

"有+NP"的融合在语义上可粗略表述如下。

A：有可能≈认为可能≈可能；有必要≈认为必要≈必须；有信心≈认为可能≈能够。

B：有心情≈心里愿意≈愿意；有希望≈希望可能≈可能；有心思≈心里愿意≈愿意。

C：有本事≈本事达到≈能够；有资格≈资格达到≈能够；有能力≈能力达到≈能够。

D：有地方≈地方许可≈可以；有权力≈地位许可≈可以；有机会≈机会许可≈可以。

A组突出的是主观认知；B组突出的是心理认同；C组突出的是内在条件；D组突出的是客观条件。如上显示，这些"有+NP"大致相当于一个表推测语气的情态成分，这是随着其后VP述谓功能的释放与信息功能的强化出现的必然结果。由于"有"动词性的极度弱化，语义上也只残存下一点"存在"义，所以无法用"握有""享有""拥有""具有"义的实义的动词替换。整个"有+NP"结构凝固、语义融合，并且成为一个情态成分，这一特点更不容忽视。这里必须指明的是，"有"与抽象名词构成的"有+NP+VP"结构，也非典型的连谓结构。

"有+NP"演变成为弱主观性的认识情态成分，这种现象的出现也是语用法的语法化结果。以"有必要"与"必须"为例，前者表达的是一种认识情态(Epistemic Modality)，即主观上认为存在某种必要；而后者"必须"表达的是一种道义情态(Deontic Modality)，是情势道义上的必要性与强制力。"有希望"也仅是语义上约等于"可能"，前者只表明对存在的某种可能性的主观认识，而"可能"则是直接的主观判断，很明显在主观性上强于前者。说到底，用"有+NP"这类弱主观性的情态成分来表达对事态的认识与推测，要比直接用情态成分表达在语气上来得委婉而有弹性，是礼貌原则作用的结果。

4.2 "有"的调焦功能

两种"有"字结构中"有"的这些句法、语义差异与其所在句子的表达功能有关。

4.2.1 说明句与表述句

"有+VP 的+NP"结构做谓语的句子是说明句(representative)，句子的功能是对主体(某人或某物)"有"什么样性质的说明与认定。句子的说明语就是"有+VP 的+NP"。动词"有"为该结构中的核心，宾语"VP 的+NP"是补足"有"的具体内容。"有"一旦占据句子述谓的核心位置，呈现的是"有所为"的状态，可尽显其"领有""拥有"义的动词本性，并在时体特征上有所表现。这个"有所为"的"有"的宾语一律得是个名词性的成分，而宾语核心名词前的 VP₁正是适应了这种句法之需做出的句法调整。所以，尽管这个 VP₁是动词性的，但是因其定语的内嵌位置，语义上只能起限定性的作用。VP₁的动词性句法功能被压制了，时体成分与一致性关系自然都要大大地弱化。

"有+NP+VP"结构做谓语的句子是表述句(expressive)，句子表达的是对主体(句子主语)的某种性质与特点(由"有+NP"表示)究竟"怎么样"(由 VP₂表示)的估测与态度。"有"居于连谓结构的前段，并非述谓的核心，由此而变得不能"有所为"，VP₂才是结构当中表达事态怎么样的述谓成分。这个被推到句末信息焦点的位置 VP₂，承担起了句子的述谓功能，呈现的是一种"有所为"的状态，自然就表现出了对时体成分的包容性。而"退居二线"的动词"有"，由于不再承担句子主要的述谓功能，其动词性也出现弱化。弱化的结果就是与紧随其后的名词出现融合，"有+NP"变成了一个类似表意愿的情态动词。

4.2.2 "有"的调焦功能

动词"有"在两种结构中动词性的时强时弱与语义的时实时虚的变化，其实质是围绕着句子的表达功能(是说明还是表述)而进行的功能性调整。信息结构调整的可见形式表现为 VP 在句法结构中的前后位置，但是伴随信息结构调整及 VP 位置变化的是"有"动词功能的强弱与语义上虚实的微妙变化。两种结构正是有了动词"有"，才保证了 VP 前后位置的移动，这个"有"起到了支撑两种结构变化的框架与支柱作用。比如"有理由不去(＊理由不去)、有办法解决(＊办法解决)、有勇气承认(＊勇气承认)"，没有"有"的支撑，结构是会散架的。正是在这个意义上，我们说"有"具有独特的调焦功能。

"有"独特的调焦功能是如何运作的？我们看到，这个"有+VP 的+NP"做谓语的说明句，表述的重心是"有什么"，"有"占据的是句中述谓的核心位置，句法功能的凸显与信息地位的加强同步。句子的信息焦点就是由它支配的整个"有+VP 的+NP"结构。而在"有+NP+VP"做谓语的表述句中，动词"有"扮演的则是另一种角色。句子表述的重心是对主体某方面"怎么样"具体的描述与展示，这种描述性功能显然不是"有"能够胜任的，而是"有+NP"后的 VP 来承当的。由于 VP 居于句末焦点，承担了句子的表述功能，自然就成了信息结构中被着意推出的重成分。反观此时的"有+NP"，由于处在非核心的位置，在信息结构与表述功能上均被边缘化。"有"语义上虚化为"存在"义，句法上退出了核心位置，时体功能出现了退化。句子信息焦点交给了句末的 VP。可见，"有"在两种结构中动词性时强时弱与语义上的时实时虚的变化，正是"有"为适应句子表达功能的变异而对信息焦点进行调整时表现出的适应性变化。"有"既能适应句子表达功能变化，又能随着表达功能的变化作出句法与语义的调整，是承担起可变换的"有+VP 的+NP"与"有+NP+VP"两种结构中最关键的结构要素。这也可以顺利解释，决定两种"有"字结构可变换的真正要素，并非其中的名词NP，更无关名词的抽象还是具体，而是句法语义均可随着句子表达功能的调整作出适应性变化的动词"有"。

大量真实的语篇材料表明：两种"有"字结构的变换绝不能仅仅看成VP 居前与殿后的位置变动，决定 VP 位置易动背后的语用动机是说话者为改变句子表达功能而进行的焦点调整。动词"有"在两种句子表达功能的调整中扮演着"调焦"的作用："有"有如可调焦的镜头，可做近景与远景的切换。选择近景时，"有"的句法语义彰显，并把由它支配的整个"有+VP 的+NP"拉回了近焦，成为句子信息结构的聚集点；选择远景时，"有"的句法语义淡化，退出了聚焦域，聚焦点则交给了其后起表述作用的那个 VP_2。"有"在两种结构变换中不可或缺，正是其特有的调焦功能的最好写照。

5. 结　语

本文从朱德熙(1984)提出的两种可变换的"有"字结构现象出发，从多篇"有"字结构研究成果中受到启发，特别是在方法论上深受功能语言学倡导的语篇语言学研究方法的启发。针对之前研究中存在的疑惑，笔者开展了层层剥笋似的现象追踪和探索思考，本文的研究和结论可总结如下。

①本文关注的并非两种"有"字结构之间变换关系的原则与条件，而是反向思维，关注两种"有"字结构不能自由变换的原因与条件，更注重从信息功能、句法与语义的多个线索中寻找制约其能够自由变换的语用语篇等因素。结构或句式之间变换关系的研究采用的往往是静态的研究方法，而本文通过真实语篇的材料来描写、分析不能变换的原因与条件，解释其背后的制约因素，采用的则是动态的研究方法。与静态的研究方法形成互补。

②本文的研究从最外显的形式入手，即从两种"有"字结构中 VP 的位置易动这种可见的形式入手，层层推进，追踪挖掘了隐藏于外显形式背后的句法、语义等多种隐性现象，特别是制约 VP 位置变化的语用原则，做到了描写与解释的有机结合。本文的研究发现以下情况。

a. 两种"有"字结构中，VP 位置的变化所表示的信息属性有本质差异：VP$_1$ 表达旧信息，VP$_2$ 表达新信息。

b. 两种"有"字结构中的"有"在句法语义上存在明显的差异：在"有+VP 的+NP"中表示"领有""具有"，句法与语义作用明显；在"有+NP+VP"中表示"存在"，句法与语义作用弱化。

c. "有"在两种"有"字结构中具有独特的"调焦"功能。

d. 决定两种"有"字结构能够形成变换关系的关键要素，并非其中的名词，而是那个可随着句子表达功能的不同进行句法语义变化的"有"。

我们相信，随着语法理论的发展，研究方法的更新，研究视野的拓宽，对两种"有"字结构关系的研究会更加深入，更多的语言事实将被发现。

◎附注：

①袁毓林(1992)关于"二价名词"的说明："比如，'意见'有两个义项：(a)对事情的一定的看法或想法，(b)(对人、对事)认为不对而不满意的想法；可以合并简写为：'某人对某事的看法'。这样，'意见'的语义结构可以表达为：意见：看法〈某人对某事〉在这里，降级述谓结构〈某人对某事〉相当于一个语义特征，用以表示二价名词'意见'的配价要求。"

②朱德熙(1986)指出："'有+N+VP'里的 N 显然有一定的范围。我们现在还说不出它的语义特征是什么，所以无法精确地规定这个类。"(见参考文献[7])

③朱德熙(1986)指出，如果把表示抽象意义的名词 NP 换成表示具体事物的名词，"我们就必须重新概括这种变换关系里的'有+NP'和后边的'VP'之间的高层次的语义关系"。但朱德熙并没有明确指出"有+VP 的+NP"结构高层次的语义关系是什么。(见参考文献[7])

④陆丙甫(2005)称，Hawkins(1994)的"early immediate constituents recognition"为"直接成分尽早确认"，本文将"直接成分"调整为"直系成分"，专门指语义上有直接关系的成分，意在突出句子理解时的认知语义

因素，有点像传统语法中句子的"中心词"。如"有跳槽的可能"中，"有"与"可能"；"有生气的理由"中"有"与"理由"就是"直系成分"。

◎参考文献

[1]吕叔湘，朱德熙：《语法修辞讲话》，商务印书馆 1979 年版。

[2]朱德熙：《语法讲义》，商务印书馆 1982 年版。

[3]符达维：《现代汉语的定语后置》，载《重庆师院学报》1984 年第 4 期。

[4]李明：《说"有+NP+VP"》，华中师范大学 2003 年硕士学位论文。

[5]唐正大：《从"是时候 VP 了"看汉语从句补足语结构的崛起——兼谈汉语视觉语体中的 VO 特征强化现象》，载《世界汉语教学》2018 年第 3 期。

[6]袁毓林：《现代汉语名词配价研究》，载《中国社会科学》1992 年第 1 期。

[7]朱德熙：《变换分析中的平行性原则》，载《中国语文》1986 年第 2 期。

[8]方梅：《浮现语法：基于汉语口语和书面语的研究》，载《商务印书馆》2018 年版。

[9]陆丙甫：《语序优势的认知解释(上)：论可别度对语序的普遍影响》，载《当代语言学》2005 年第 1 期。

(本文原载《语文研究》2021 年第 3 期)

同形异构句式"什么 NP 了"的成活、特点与嬗变[①]

杨 刚

(华中师范大学语言与语言教育研究中心)

1. 引 言

国外学者较早关注同形异构句式，如 Chomsky(1957)指出，"John is easy to please"和"John is eager to please"的表层结构相同而深层结构相异。黄国文(2010)认为，"对这个问题进行研究的主要是形式主义的学者"，并从系统功能语法的角度解释了这组句子的差异。汉语学界中，研究合成词或短语同形异构的成果较多，如张谊生(2003)、苏宝荣(2007)、江蓝生(2008)等的著作；而研究句式同形异构的成果相对较少。我们拟考察同形异构句式"什么 NP 了"内部不同组构的成活条件、句法特点和语用嬗变。该句式有三种不同的句义和内部组构，在书面语和口语中都有使用。请看下例：

(1) 什么时候了？刚刚正午！还要再等整整八个钟头！(老舍《无名高地有了名》)

(2) 什么年月了，还吃这碗饭，太不识时务了。(张洁《沉重的翅膀》)

---

① 文章初稿曾在"第四届名词及相关问题学术研讨会"上宣读，感谢唐正大、温锁林、姚双云等先生提出的宝贵建议。

（3）甲：还住这么小的房子，都大干部了！

乙：<u>什么大干部了</u>，他这次并没有升上去。（口语对话）

例（1）代表"什么 NP｜了"式组构，表疑问。例（2）代表"什么 NP 了"式整体组构，句义大于各成分义之和，不是询问，而是在提醒对方注意年月（社会环境）的变化。例（3）代表"什么｜NP 了"式组构，属于疑问词回声话语，意在否认"NP 了"，表达负面立场。三种句义的句法形式相同，句内成分的组构方式不同。

学界对"什么 NP 了"的构件和相关句式的研究已较为丰富且深入，但尚未有学者关注到该句式的内部组构差异。赵元任（1979），吕叔湘等（1980），朱德熙（1982），邵敬敏和赵秀凤（1989），姜炜、石毓智（2008）等先后分析过"什么"的多种用法及功能。袁毓林、刘彬（2016），代丽丽（2016）考察过"什么"句的否定义。董成如（2017）分析过"什么"反问句。马洪海、胡德明（2018）基于引语的性质将"什么 NP"视为反问构式。邢福义（1984），陆俭明（2005），谭春健、赵刚（2005），周一民（2011）等先后研究过"NP 了"。胡德明、节彦举（2019）根据常规关系和入场理论对"都什么时候了，还……"的诘醒功能进行了语用分析。

基于上述成果，我们将运用小句成活律、基本层次范畴理论、构式理论、语用嬗变模型及控制变量法对该句式进行考察。首先通过控制 NP 的层次范畴变化来观察不同组构方式各自的成活条件，然后在此基础上进一步对比不同组构的句法特点，最后分析不同组构的语用倾向以及该句式各语用功能之间的嬗变模式。本文语料来自 CCL 语料库、BCC 语料库和自然口语对话，除自省语料外均已标明具体出处。

2. 层次范畴与成活条件

"什么 NP 了"有三种组构方式可表达三种句义，却不会造成交际中的理解分歧，这是我们首先感兴趣的问题。有的句式不能成为同形异构句式，是由于其句内成分的各种组构中仅有一种能成活。而"什么 NP 了"的三种组构方式只要符合特定的规律就都能成活。邢福义(1996：25)提出过著名的"小句三律"。其中，"小句成活律，揭示小句成型和生效的必要条件。基本规律有二：成活律 1，句子语气+可成句构件语法单位=小句成型；成活律 2，句子语气+可成句构件语法单位+意旨的有效表述=小句生效"。意旨的有效表述指"通过所用的小句，能够有效地把说话的意旨或意图表述出来"，这是小句生效和成活的关键。据此，"句子语气+什么 NP 了"只要能够有效地表达某种特定的意旨就可以生效。具体情况如下：

　　疑问语气+什么 NP 了+探询意旨的有效表述=疑问句式"什么 NP | 了"生效

　　诘问语气+什么 NP 了+提醒意旨的有效表述=提醒构式"什么 NP 了"生效

　　否定语气+什么 NP 了+否定意旨的有效表述=否定句式"什么 | NP 了"生效

以上三个公式分别表示"什么 NP 了"句式三种组构的成活规律。由于"什么"和"了"本身的多功用性，导致它们在三种组构中的功用不尽相同，所以最宜通过 NP 的变化来观察不同组构的成活条件和句义实现，从具体 NP 所属层次范畴的角度揭示该句式一般不会造成理解分歧的原因。Brown(1965)、Berlin(1973)、Stross(1969)、Hunn(1977)、Rosch(1976)等学者推动了基本层次范畴理论的研究。(详见梁丽，2006)基本层次范畴具有易感知性、常用性等特性，"在基本层次范畴的基础上，范畴可以向上扩展为上位范畴和向下拓展为下位范畴"(梁丽，2003)据此对比三种组构中的具体 NP 可知：不同层次范畴的 NP 分布于不同的组构之中，在不同句义的实现方面存在明显分工。下面具体分析。

　　疑问句"什么 NP | 了"的成活条件是 NP 要有高度概括性、时体或可变性、非具体性，属于上位或基本层次范畴。作为存疑对象的 NP 要能概括若干个内部类型，这样才用"什么"来询问。句尾"了"则要求 NP 带有时

体或可变性。此外，NP 还不能指代具体的人、物、时、地，诸如"张三"
"苹果""六点""南京"等指称对象较为具体的词都难以进入该疑问句。上
位或基本层次范畴中的 NP 具备了这些特性，才能让该句式有效表述探询
意旨。

提醒构式"什么 NP 了"源自部分疑问句的高频使用，像"什么年代/时
候/年纪/程度了"之类的句子在高频使用中已演变成用来提醒对方注意 NP
变化的整体构式。吕叔湘（1982：296-297）举例分析过疑问句的"其事甚
明"①"提醒"②之类的特殊用法。邵敬敏、赵秀凤（1989）也认为"祈使句
中，'什么'加上时间词、处所词，用来提醒对方注意时间、地点、场合，
不要去做或应该去做某件事"。据 Goldberg（2006：1.1）关于"构式"的经典
定义，这种提醒义和对 NP 的强调意味不能从其组成部分或其他已经存在
的构式中得到完全预测，就应该被看作一个构式。并且，疑问句能够拆
分，缺少"了"依然具有疑问义，而该提醒构式已具有不可拆分性，缺少任
何一个成分都会导致其提醒义消失。该提醒构式是"其事甚明"和"提醒"用
法的整合，答案显而易见，言者无疑而问，意在提醒。

该提醒构式的成活条件是 NP 只属于基本层次范畴，有易感知性和常
用性，能被简单地归类、概括或评价。在我们观察到的语料中，除常用的
时间词和处所词外，还有"天气、温度、速度、比分、效率、关系、身份、
节骨眼、行情、点位"等可以进入该构式中表提醒义。这些词的共同点在
于都可以被简单二分，如时间早晚或缓急、年级大小、天气冷暖等。只有
在答案非常明显时，使用该句式进行诘问才能实现提醒意图。相比之下，
那些答案并不明确或一时难以表述、归类或评价的 NP 就只能形成疑问句
而不能形成提醒构式。例如：

（疑问句式）什么情况了？什么角色了？什么剧情了？什么职

---

① "其事甚明。——语气近于〔反诘〕，但是〔诘〕而不〔反〕。"（吕叔湘，1982：
296）

② 反诘句，但作用在于提醒。（吕叔湘，1982：297）

位了?

(提醒构式)什么年纪了！什么年代了！什么季节了！什么节骨眼了！

对比可知，疑问句是"其事不明，因疑而问"，重在寻求言者未知的新信息。提醒构式是"其事已明，诘问提醒"，重在强调言者已知的旧信息，其答案言者已知，听者也容易感知。当然，其疑问句和提醒构式也是一个渐变的连续统，存在着过渡状态。

否定句"什么|NP 了"的来源较多，疑问词回声话语、"什么 VP/AP 了"的类推机制(特别是名动兼类词)、"V 什么 NP 了"省略动词都可能产生该否定句式。江蓝生(2008)在研究汉语正反同义结构时指出，"否定式是一个与其原型同形异构的新构式"。"什么 NP 了"也是如此，否定式与原疑问式同形异构，可以看作疑问式的重新分析，即"什么 NP|了"变为"什么|NP 了"。其成活条件有二："什么"是否定性的；只属于下位范畴的NP 能让"NP 了"能够单独成立。

关于"什么"，《现代汉语八百词》(1980：427)和《现代汉语词典》(第7版)(2016：1161)都收录了其否定用法，表示不同意别人的话。李一平(1996)详细分析过"什么"的否定和贬斥用法。王海峰、王铁利(2003)发现"什么"在自然口语对话中很少用于表示很强的疑问信息，更多的是用于表示否定、怀疑、不确定的功能以及相应的篇章功能。黄群、王建军(2014)将位于句首的否定性"什么"视为插入性成分。袁毓林、刘彬(2016)认为，"疑问代词'什么'表示否定往往是对'引述内容'的否定，是一种元语言否定(即语用否定)，而不是语义否定"。

至于"NP 了"，邢福义(1984)注意到，具有推移性的表示人或事物、时点或时段名词或名词短语可以形成"NP 了"分句。谭春健(2004)将其中的 NP 分为循环域、顺序域、关系域。陆俭明(2005)认为，其中的 NP 有四类名词：循环性、单/双向时间推移的顺序性、因语境获得顺序义。王会琴(2009)将其中 NP 归纳为阶段、时间、关系、处所和数量五种语义类型。周一民(2011)根据对北京口语的观察,认为其中的 NP 有六类名词:表人、表物、处所、时间、抽象、数量。庞加光(2014)基于构式视角认为,其中的 NP 可以是顺序义名词、数量结构和被形容词修饰的名词成分。

指代具体人、物、时、地的处于下位范畴的 NP 不能进入疑问句"什么 NP|了",但若能使"NP 了"成活,然后再受"什么"的否定,便可产生与疑问式同形异构的否定句"什么|NP 了"。反问小句"什么 NP"的一种解读是"对 NP 所表示的事体是否存在不予理睬或不予承认"。(马洪海、胡德明,2018)而该否定句的解读则是对"NP 了"所表示的变化状态的否认。

上述分析可总结见表1。

表1 NP 层次范畴及其分布的句式组构

同形结构	NP 的范畴及特性	具体用法	不同组构
什么 NP 了	上位范畴 NP,高度概括性、时体或可变性、非具体性。例如"情况、剧情、等级、职位"等。基本层次范畴 NP,易感知性和常用性等。例如:时候、节骨眼……	因疑而问	疑问句式"什么 NP|了"
		其事甚明诘问提醒	提醒构式"什么 NP 了"
	下位范畴 NP,具体性、推移性等。例如:大干部、老姑娘、十七岁、要走的人……	否认"NP 了"	否定句式"什么|NP 了"

据表1可知,不同层次范畴的 NP 分布于不同的组构和句义中,若 NP 出现跨层次范畴的变换,就会改变该句式的组构。不同组构的成活规律和成活条件不同,NP 所处的层次范畴和信息的新旧在最大程度上消减了该句式的歧义指数。看几个实际用例:

(4)"马可什么年纪了?""二十五岁。"(亦舒《风信子》)

(5)什么年纪了,居然还有人为她拉拢男朋友。(亦舒《寻芳记》)

(6)"她看起来像七十岁了。""什么七十岁了，她还不到六十。"
（口语对话）

前一例因疑而问。中间一例是诘问提醒。后一例是否认"她"已经七十岁了。

3. 不同组构的句法表现

疑问、提醒、否定三种句式虽属同形异构，但各自在句法表现方面仍保留着不同的特点。就我们观察到的情况而言，三种组构至少在四个方面具有不同的句法表现："什么"的轻重读形式，"都"的有无和位置，可替换的近义句式，与前后句的离合方式。

3.1 "什么"的轻重读形式

朱德熙(1982：89)指出，"疑问代词在句子里重读还是轻读，往往会影响句子的意思"。的确，疑问句中"什么"一般轻读，如例(7)。提醒构式中"什么"的读音可轻可重，一般与诘问语气的强弱成正比。赵元任(1979：288)曾指出，"'什么'（带全重音）用于修辞性的斥问"。否定句中的"什么"一般重读，以强调言者不承认的态度，如例(10)。

(7)小南指着人家墙上的淡黄日光，道："什么时候了？回去晚了，我妈会骂我的。"（张恨水《美人恩》）

(8)"八爷起来没有？""笑话，什么时候了，还不起来，张先生，辛苦，进来坐！"（老舍《老张的哲学》）

(9)像话不像话，什么时候了，这么大的事情连个招呼也不打，还有没有点组织性和纪律性！（张平《十面埋伏》）

(10)"不嫁就老姑娘了！""什么老姑娘了！我岁数还小，一点儿都不老！"（口语对话）

例(7)为疑问句，"什么"轻读表提问。例(8)是提醒构式，"什么"的语气可轻可重，取决于言者对听者的客气程度。例(9)也是提醒构式，但批评的意味较重，"什么"重读表斥问。例(10)是否定句，"什么"重读用于回声质疑，表达否认态度。

3.2 "都"的有无和位置

邢福义(1984)研究"NP 了"时注意到"按说也可以用'已经 NP 了'，但口语中常说'都 NP 了'"。由此，我们想到了利用"都"来观察"什么 NP 了"的不同组构。疑问句前一般不加"都"，因为"都"的强调意味很容易导致该句式变为提醒构式。我们在 BCC 语料库多领域中检索独立成句(位于逗号、句号、感叹号、引号之后)的"什么 NP 了"，发现结果中既有疑问式，也有提醒构式。再检索独立成句的"都什么 NP 了"，结果均为"其事已明"的提醒构式。试比较：

> (11) <u>什么形势了？</u>敌人突破第一道防线了。
> (12) <u>都什么形势了！</u>敌人突破第一道防线了。

例(11)表疑问，前后句是两人之间的问答对话。例(12)的强调意味较浓，意在提醒对方形势危急，前后句是同一人的话语。

否定句的句首不能用"都"，但可以在句中"NP 了"之前插入"都"，形成"什么|都 NP 了"句式。例如：

> (13) "都十点钟了，他怎么还没到？""<u>什么都十点钟了</u>，还差 10多分钟，你的表走快了。"(口语对话)
> (14) *什么都形势了？*什么都时候了？*什么都岁数了？*什么都节气了？

例(13)用"什么"否认前者关于时间"都十点钟了"的说法。例(14)中的句子均不能成活，难以表述有效的意旨。这说明疑问句和提醒构式的内部均不能加"都"。

3.3　可替换的近义句式

用近义句式与原句进行替换也可以显示出三种组构在句法和句义上的差异。疑问句的近义形式一般是针对同类 NP 的疑问句或是再具体些的估测问句。例如：

疑问句：什么时候了？　什么年月了？　什么年纪了？

近义句：几点了？　　　哪年哪月了？　多大岁数了？

估测问：10 点了没？　农历九月了吧？　80 多岁了吧？

提醒构式的近义句式一般是明确强调 NP 的句子。高频使用的"都什么 NP 了，还……"可整体替换为"现在的 NP 不适合……了"。有的提醒构式还可以转换为"NP[下位范畴] 了"。请看：

(15) 为此有人对我说："你真傻，现在都什么年代了！给钱补课，
　　天经地义。"（《人民日报》1994 年 8 月 29 日）

(16) "瞧瞧，这个可怜样儿！都什么节气了还让孩子光着。"（莫言
　　《透明的红萝卜》）

(17) 什么关系了/老朋友了，说话不用那么客气。

(18) 什么身份了/教师了，言行要注意点影响。

例(15)中可替换成"90 年代了"或"收费补课是很正常的年代了"。例(16)中可替换为"现在的节气不适合让孩子光着了"。例(17)(18)中的"什么 NP 了"可以替换为相近的"NP[下位范畴] 了"。

否定句在具体语境中可替换为"还不是/还没到 NP（的阶段、地步等）"之类的近义句式。石毓智（1992）根据含顺序义的名词与'了'的搭配规律指出"了"要求与其所搭配的词语必须具有"实现过程"[①]。若"NP 了"具有实

---

① 指词语所代表的行为、动作、性质、状态等从时间位于其出现前的某一"点"到自身出现的发展过程。（石毓智，1992：184）

现过程，那么"什么 NP 了"则是在否定引述话语的同时也否认该实现过程。有的否定句也可换成近义的"什么 VP 了"句式。例如：

(19)"老夫老妻了，搞什么浪漫嘛？""什么老夫老妻了，我们才结婚几年呀！"(口语对话)

(20)"大富豪了/发财了。""什么大富豪了/什么发财了，别瞎说。"(口语对话)

例(19)中可替换成"还没到老夫老妻的阶段"，言者否认"老夫老妻"的实现过程。例(20)中"什么大富豪了"和"什么发财了"可互换，二者表义相近。

3.4 与前后句的离合方式

"什么 NP 了"与前后句与的离合状态也可以看出其不同组构的句法特点。从疑问句到提醒构式再到否定句是一个独立性逐渐减弱的过程。疑问句的独立性强，常独立成句，较少与前后词句聚发生黏聚。例如：

(21)"什么时候了？"他问。"四点一刻"我回答。(《人民日报》1958 年 08 月 20 日)

(22)"待产室里了。""哇，什么情况了？还能用手机？"(BCC 语料库·对话)

(23)"什么事了？乔夕他？""妈，别怕！我陪你去东边看看！"(梁凤仪《豪门惊梦》)

例(21)是问答对话。例(22)是手机通话。例(23)是在询问"发生/出什么事了"，动词被省略，"什么事了"单独作为疑问句。单独做疑问句的"什么事了"在 CCL 语料库中共有四例，均出自梁凤仪的作品；BCC 语料库中显示作家林燕妮的《缘》中也有一例。这表明，"什么事了"作为疑问句在部分作家的语言生活中已有较强的独立性。

提醒构式的独立性弱些，常做分句，与前后分句有一定的黏性，如例

（24）（25）。有时甚至与后句构成紧缩复句，如例（26）。疑问句和否定句不能像这样紧缩。

> （24）赵寄客直跺脚："都什么时候了，还吵。"（王旭烽《茶人三部曲》）
>
> （25）老兄也真是的，都什么时候了！纵然宝眷不在身边，可也不能像个没主的孤魂，净在外问逛荡呀！（刘斯奋《白门柳》）
>
> （26）<u>都什么时候了</u>还有兴趣骂中国足球。（李承鹏《寻人启事》）

否定句的独立性最弱，既需要上文出现"NP 了"，又和作为否定理由的后续句有较强的黏聚性。如果没有了上文的"NP 了"和后续的理由，该句式单独表否定容易造成解读上的困惑。例如：

> （27）"跳不动了，老头子了。""<u>什么老头子了</u>，您可一点都不老。"（口语对话）
>
> （28）"要走的人了，不收拾收拾？""<u>什么要走的人了</u>，退伍通知还没下来。"（口语对话）

以上分析先后理清了该句式不同组构的成活条件和句法特点，下面再来考察不同组构的语用倾向以及该句式各语用功能之间的嬗变模式。

4. 语用倾向和功能演变

实际运用中，该句式的三种组构及其构件也有着不同的语用倾向，句式的疑问、诘问提醒和否定这三种功能是一条连续链，可揭示该句式语用功能的嬗变模式。下面具体来看。

4.1 音节、方向及语体的倾向

疑问句和提醒构式中的 NP 多为双音节名词，较少用单音节名词。在 BCC 语料库多领域中检索"什么 n 了"共有 13259 个结果，涉及 1479 个

NP，其中双音节占绝大多数，"样/价/风/戏"之类的单音节名称占极少数。否定句则倾向使用多音节的 NP。

提醒构式使用时间类 NP 频率尤为突出，在 BCC 语料库多领域中检索"都什么 n 了"，有 779 例，涉及 39 个 NP，排名前三的词语（频次）分别是：时候（396）、年代（175）和时代（101），均为时间词，共 672 例，占比约 86.26%。另外，提醒构式对 NP 的变化也有强调偏向。只能单向变化的 NP，如岁数、年代只能变大或新，进入该构式则是在强调岁数大或年代新。可双向变化的 NP，如身份、关系既可变得高贵、亲密，也可变得低下、疏远，进入该构式需要根据语境信息才能明确言者强调的方向。请看下例：

> （29）<u>什么岁数了</u>[+]a. 老胳膊老腿不宜剧烈运动。[-]b. 年纪不大，脾气不小。
>
> （30）<u>什么身份了</u>[+]c. 言行举止还那么粗鲁。[+]d. 没资格耍大牌。

例（29）中"什么岁数了"只能强调岁数大，后接 a 句比较自然，接 b 句则不符合语感。例（30）中的"什么身份了"可强调身份变高/低，因此接 c 句和 d 句都很自然。其他格式也有类似的偏向。邢福义（1984）发现"NP 了"中的"NP"可以是"这么长的时间""这么多的年头"之类的表示非具体时段的名词短语，但"其中的形容词只能用'长'，不能用'短'；只能用'多'，不能用'少'"。陆俭明（2005）注意到进入"NP 了"的时间名词存在单、双向两种推移性。杨玉玲（2004）发现，只有指称在某方面是高标准、高水平的典型代表的名词才可进入"还 NP 呢"格式。

语体方面，疑问句和提醒构式在口语和书面语中都非常活跃。疑问句与相关动词有依存关系，对动词的依存度越小，越能单独成句。提醒构式与前后分句有依存关系，常活跃于"什么 NP 了，还……"之类的复句。否定句目前主要活跃于口语，且需要上下文信息支持，其语用价值在于直接否定引语。试比较：

(31) a. "不用上班咯,星期六了。""<u>什么星期六了</u>,今天才星
期五。"

   b. "不用上班咯,星期六了。""*<u>不是/没到星期六了</u>,今天
才星期五。"

例(31)表明,"什么"可直接否定句尾带"了"的引语,"不是/没到"不
能如此。

4.2 主观互动的预期与立场

"什么 NP 了"的内部还有不同强度的主观性或互动性,可表达言者的
某种预期或立场。疑问句旨在问询,与听者的互动性较强。言者的主观性
不强,没有立场偏向。例如:

(32)"你这么厉害,<u>什么段位了?</u>""铂金。"(BCC 语料库对话)

例(32)中"你这么厉害"有较强的主观性,而"什么段位了"省略了主
语"你",只是在客观问询,并无主观性。

提醒构式在疑问句交互性的基础上进一步增强了言者的主观性,具备
交互主观性。言者在句中尤为关注听话人的态度或视角。丁健(2019)将
"交互主观性"概括为"表达的是说话人所关注到的听话人的态度或视角"。
该构式的交互主观性属于态度型,即言者对听者或是对听说双方关系的看
法。言者认为,听者当前的态度或言行违反了自己的预期,想要通过该构
式提醒听话者进行调整,如例(33)(34);有时甚至直接站在对方立场或双
方关系的立场来提醒,如例(35)(36)。

(33)月癸瞪眼道:"<u>什么光景了</u>,你居然还满脑子只想吃茶、看
风景……"(李凉《江湖风神帮》)

(34)<u>什么气象了</u>还要大牌?!我跟你这铁不愣登的耗不起了!
(BCC 语料库)

（35）老宁波拦住他说："冷静点，这都什么点位了，你还割肉，要割起码也要等个反弹再割。"（《作家文摘》1997）

（36）我们两个都什么关系了，还说这种话。（BCC 语料库）

例（33）旨在提醒对方当前的光景不适合"只想吃茶、看风景"。例（34）意在提醒对方此刻的气象不能耍大牌。例（35）站在对方的立场提醒对方注意点位过低，不适合"割肉"。例（36）站在双方关系的立场提醒对方注意关系变化。

否定句在放大了言者主观性的同时又弱化了互动性。言者在否定句中并不想在交际中与对方进一步协商，也不关注听话人的态度或视角，只是想表达自己强烈的否定立场。代丽丽（2016）将口语色彩很浓的"什么+X"视为否定构式，认为其具有很强的主观性。"什么 NP 了"也是如此，其强烈的主观性几乎可以用来反驳任何"NP 了"。丁健（2019）认为，"反驳是说话人就对方话语内容表达的否定性主观态度，属于主观性现象"。例如：

（37）"老顾客了，再便宜几百吧。""什么老顾客了，你没光顾多少次呀。"（口语对话）

（38）"已经周末了。""什么周末了，老板说工作没做完就别过周末。"（口语对话）

例（37）是顾客和老板的对话。顾客想通过老顾客的身份获得更大的优惠。老板不想再便宜几百块，所以用"什么"否认"老顾客了"，主观地认为对方还算不上老顾客。例（38）的现实情况是已经到周末了，但言者由于工作没做完，主观上不承认自己在过周末。

4.3　语用功能的整体嬗变

徐盛桓（1999）在研究疑问句探询功能的迁移时提出了"语用嬗变模型"，认为一个完整的疑问句有一个包括疑问标示和疑问项的疑问结构体；"疑问结构体的衰变表征疑问句的嬗变"；"衰变表现为疑问标示的语法合格性的减弱以至丧失和/或疑问项语用合适性的减弱以至丧失";"嬗变表现为一条连续链,它发端于真切的发问,经过探询功能减弱的弱发问,到非问的'反问'"。黄群、王建军(2014)认为,"什么"由疑问功能分别向肯定和否定游移的过程是"列举←任指←虚指←停顿←指代←疑问→反诘→否定"。由此,我们来考察"什么 NP 了"这一同形异构句式的语用嬗变。

该句式三种功能间的语用嬗变是疑问结构体衰变和"NP 了"语法合格性增强的共同作用。衰变表现在"什么"和"?"这两个疑问标示的语法合格性的减弱或丧失,还有疑问项"NP"语用合适性的减弱。"NP 了"语法合格性的增强表现为能够单独成活。

疑问成分和疑问语气的衰变,NP 语用合适性的降低都表征着疑问句"什么 NP|了"嬗变为诘问提醒构式"什么 NP 了"。从疑问句到提醒构式阶段,疑问标示"什么"由轻读表询问变为可重读表诘问,句末问号也可变为感叹号。当诘问提醒的语气较强硬时,已不适宜轻读和用问号,二者的语法合格性有所降低。BCC 语料库中 779 例"都什么 NP 了"只有 51 例用问号,仅占比 6.54%,93.46%的提醒构式已不用问号。疑问句中的NP(如情况、职位、剧情等)都是因疑而问的信息,语用合适性较强。但到了提醒构式中,NP(如时候、年月、岁数等)都是无疑而问的,其语用合适性也在降低,失去了疑问的必要性。类似的,朱军(2016:195-196)也认为,在有明知故问意味的"X 谁跟谁"的反问用法中,"作为应答语的'谁跟谁'已经失去了疑问的必要性"。

疑问结构体的进一步衰变,再加上"NP 了"语法合格性的增强,最终促使该句式嬗变为否定句。从提醒构式到否定句阶段,问号的语法合格性彻底丧失,书面语料显示否定句已不用问号。口语中的否定句,"什么"必须重读,已完全失去了疑问性。若"NP 了"无法成活,即使"什么"的功能从反诘游移到否定,该句式也无法成为否定句。"NP 了"得以成活,其作为疑问项的语用合适性就更弱了。因为否定句的前面一般要求已经出现或预设有"NP 了",并不需要再问。也就是说,否定句是疑问结构体衰变和"NP 了"语法合格性增强的结果。

上述分析表明,"什么 NP 了"是疑问、提醒、否定三种句式的同形异构。不同层次范畴的 NP 分布于不同的组构和句义中。不同组构的成活规律和成活条件不同。各组构在多个方面表现出不同的句法特点。不同组构也有不同的语用倾向。该句式的语用嬗变模式可概括为:疑问→诘问提醒→元语否定。

◎ 参考文献

[1]陈前瑞,胡亚:《词尾和句尾"了"的多功能模式》,载《语言教学与研究》2016 年第 4 期。

[2]代丽丽:《表否定的构式"什么+X"分析》,载《语言研究》2016 年第 1 期。

[3]丁健:《语言的"交互主观性"——内涵、类型与假说》,载《当代语言学》2019 年第 3 期。

[4]董成如:《"什么"在反问句中的性质及相关问题》,载《语言研究》2017 年第 3 期。

[5]胡德明,节彦举:《"都什么时候了,还……"诘醒功能的语用分析》,载《浙江师范大学学报》(社会科学版)2019 年第 5 期。

[6]黄国文:《英语"John is easy/eager to please"的系统功能语法分析》,载《外语教学与研究》2010 年第 4 期。

[7]黄群,王建军:《疑问代词"什么"的功能及使用条件》,载《学术论坛》2014 年第 6 期。

[8]江蓝生:《概念叠加与构式整合——肯定否定不对称的解释》,载《中国语文》2008 年第 6 期。

[9]姜炜,石毓智:《"什么"的否定功用》,载《语言科学》2008 年第 3 期。

[10]梁丽,冯跃进:《认知语言学中的基本层次范畴及其特征》,载《华中科技大学学报》(社会科学版)2003 年第 4 期。

[11]梁丽:《基本层次范畴及其在英语教学研究中的应用》,华中科技大学 2006 年博士学位论文。

[12]陆俭明:《现代汉语语法研究教程(第四版)》,北京大学出版社2005年版。

[13]吕叔湘:《中国文法要略》,商务印书馆1982年版。

[14]吕叔湘主编:《现代汉语八百词》,商务印书馆1980年版。

[15]马洪海,胡德明:《从引语的性质看反问构式"什么NP"》,载《复旦学报》(社会科学版)2018年第5期。

[16]庞加光:《论"NP了"格式:构式的视角》,载《语言教学与研究》2014年第2期。

[17]邵敬敏,赵秀凤:《"什么"非疑问用法研究》,载《语言教学与研究》1989年第1期。

[18]石毓智:《论现代汉语的"体"范畴》,载《中国社会科学》1992年第6期。

[19]苏宝荣:《"异构同功""同构异义"与"同形异构"——汉语复合动词名词化转指的语义、语法分析》,载《语文研究》2007年第2期。

[20]谭春健,赵刚:《"NP+了"的解释及教学策略》,载《云南师范大学学报》2005年第1期。

[21]王葆华,张尹琼:《汉语疑问代词语法化的单向性路径——以"什么"、"谁"为例》,载《对外汉语研究》2008年第1期。

[22]王海峰,王铁利:《自然口语中"什么"的话语分析》,载《汉语学习》2003年第2期。

[23]邢福义:《说"NP了"句式》,载《语文研究》1984年第3期。

[24]邢福义:《汉语语法学》,东北师范大学出版社1996年版。

[25]徐盛桓:《疑问句的语用性嬗变》,载《外语教学与研究》1998年第4期。

[26]徐盛桓:《疑问句探询功能的迁移》,载《中国语文》1999年第1期。

[27]袁毓林,刘彬:《"什么"句否定意义的形成与识解机制》,载《世界汉语教学》2016年第3期。

[28]张谊生:《"副+是"的历时演化和共时变异——兼论现代汉语"副+是"

的表达功用和分布范围》，载《语言科学》2003 年第 3 期。

[29] 赵元任著，吕叔湘译：《汉语口语语法》，商务印书馆 1979 年版。

[30] 周一民：《"NP 了"的构式类型和成句条件》，载《玉林师范学院学报》2011 年第 6 期。

[31] 朱德熙：《语法讲义》，商务印书馆 1982 年版。

[32] Chomsky N. Syntactic Structure. The Hague：Mouton，1957.

[33] Goldberg Adele E. Constructions at Work：the Nature of Generalization in Language. Oxford University Press，2006.（《运作中的构式——语言概括的本质》，吴海波译，北京大学出版社 2014 年版）

"X化"是名词吗?[①]

杨 旭

(武汉大学文学院)

1. 引　　言

　　"X化"指类似于"理想化"这样的词，在文献中又被称为"化"尾动词、"化"缀动词或"X化"结构。许多学者注意到，"化"是动词的记号，但"有时转变成为名词"(吕叔湘、朱德熙，1951/2002：33)。做出这种判断的依据是："X化"可以受"非"修饰，可以修饰其他名词("绿化面积")，可以受某些数量词语的修饰("做了不少美化")，可以充当准谓宾动词的宾语("实现现代化")等。周刚(1991)据此得出结论："鉴于带后缀'化'的词具有以上几种功能，完全可以说它兼属动词和名词两类。"张云秋(2002)承认"X化"具有一些名词性特征，但反对处理为名词，因为"X化"并没有典型名词的特征(如受数量词组修饰)；动词、形容词也可以充当主宾语等句法成分；这些"X化"的语法功能类似于抽象名词——不过作者表示"X化"将来有可能获得名词资格。围绕"X化"词类归属的争论持续至今，如邓盾

---

　　① 武汉大学自主科研项目(人文社会科学)研究成果，得到"中央高校基本科研业务费专项资金"资助。本文曾在第四届名词及相关问题学术研讨会(2020年11月)上宣读，与会专家提出了宝贵意见；此外，储泽祥、罗仁地(Randy J. LaPolla)和温锁林诸位教授也提出过修改意见，特此致谢! 若有错谬，责在作者!

(2020)认为"化"是一个生成动词的动词类赋予者,而石定栩(2020)则指出"X 化"可以充当动词、形容词甚至名词,至于如何处理其词类是个"白猫黑猫"问题。

本文的目的就是看"X 化"的名词性问题(暂不涉及形容词),首先调查《现代汉语词典》(第 7 版)(简称《现汉》)和"语委语料库"如何处理"X 化",然后基于语料库调查"X 化"名词用法的使用模式,最后集中讨论"X 化"是否是名词的问题。

2.《现汉》和"语委语料库"的处理

2.1 《现汉》的处理

排除"理化、石化、日化、风化₁、四化、文化、造化"这类名词,以及"动脉硬化、动脉粥样硬化、农业合作化、农业集体化"这类短语之后,《现汉》还剩余 118 个"X 化",包括两类:一类是"化"本身有实义,非"词缀",专门设立义项(22 个),都标为动词,如下:

> "化"表"烧化":烧化、火化、焚化;
> "化"表"教化":感化、劝化、教化;
> "化"表"变化;使变化":催化、点化、变化、演化、转化、衍化、进化、退化、蜕化、分化;
> "化"表"消化;消除":消化;
> "化"表"熔化;融化;溶化":溶化、融化、熔化;
> "化"表"(僧道)死":坐化、羽化。

还有一类是"后缀。加在名词或形容词之后构成动词,表示转变成某种性质或状态"。暂时假设剩余的 96 个"X 化"都属于这一类。如果该表述无误,那么本着前后一致的原则,所有"X 化"都应该标为动词,但是词典中出现了两个反例:"多元化"和"开化₁",它们在动词之外还标了形容词

269

(即处理为动形兼类),这样就自相矛盾。至于名词,《现汉》中没有把任何"X化"标为名词。

2.2 "语委语料库"的处理

"语委语料库"是一个标记语料库,可以看一下它是如何处理"X化"的。如表1所示,有21个"X化"出现了0条索引,剩余的97个,有69个只标了动词,1个只标了名词,22个在动词之外还标了名词,5个在动词之外还标了形容词。这样就有96个"X化"标了动词,23个标了名词,5个标了形容词,可见"语委语料库"对名词用法更为宽容。再来看一下名词用法的频率。如表2所示,"奴化"出现了1次且被标为名词,"风化₂"和"焦化"的名词等于或多于动词,此外"自动化""合理化""变化""现代化"都有为数不少且比较典型的名词用法,如例(1)~例(4)。当然,语料库也有一些问题,如标错的例(5)和例(6),分别把动词、形容词标为了名词;再如矛盾的例(7)和例(8),"N的变化"中的"变化"前者被标为动词,后者被标为名词,等等。

表1 118个"X化"在"语委语料库"中的标注情况

词类	V	N	ADJ	兼类					未出现
				V+N	V+ADJ	N+ADJ	ADJ+ADV	N+V+ADJ	
频率/比例	69	1	0	22	5	0	0	0	21
备注		奴化							

表2 "语委语料库"中标有名词用法的"X化"

"X化"	N/总	比例(%)	"X化"	N/总	比例(%)	"X化"	N/总	比例(%)
奴化	1/1	100.0	现代化	161/1512	10.6	教化	1/34	2.9
风化₂	65/84	77.4	工业化	23/257	8.9	理想化	1/37	2.7
焦化	1/2	50.0	机械化	25/283	8.8	进化	5/522	1.0

续表

"X化"	N/总	比例(%)	"X化"	N/总	比例(%)	"X化"	N/总	比例(%)
自动化	25/135	18.5	概念化	3/40	7.5	物化	1/149	0.7
大众化	4/22	18.2	公式化	3/42	7.1	绿化	1/228	0.4
合理化	11/82	13.4	一元化	1/15	6.7	分化	1/444	0.2
变化	652/5109	12.8	合作化	5/81	6.2			
特殊化	1/8	12.5	规范化	3/86	3.5			

(1)当然/d,/w 要/vu 实现/v 全国/n 铁路/n 系统/n 的/u 自动化/n 殊非/d 易事/n。/w

(2)促进/v 企业/n 组织/n 结构/n 的/u 合理化/n。/w

(3)开展/v 这/r 项/q 活动/n 后/nd,/w 学校/n 面貌/n 发生/v 显著/a 变化/n。/w

(4)积累/v 是/vl 扩大再生产/v 的/u 源泉/n,/w 加速/v 实现/v 国民经济/n 的/u 现代化/n,/w 必须/d 适当/a 增加/v 资金/n 积累/v。/w

(5)儒家/n 实质上/d 是以/v 教化/n 伦理/n 道德/n 为/vl 主旨/n 的/u 学派/n。/w

(6)不过/c 我们/r 否定/v 摩尔根/nh 过于/d 规范化/n 的/u 理论/n 框架/n,/w

(7)时代/nt 的/u 变化/v 唤起/v 了/u 这位/r 壮汉/n 的/u 激情/n,/w

(8)文明/a 班级/n "/w 评比/v 活动/n,/w 促进/v 了/u 校风/n、/w 校纪/n 的/u 变化/n。

总之,《现汉》和"语委语料库"对"X化"的词类标注存在龃龉,在各自内部都存在一些自相矛盾的情况;相对而言,后者对"X化"的名词用法更为宽容。

3. "X化"名词用法的使用模式

调查表明,部分"X化"确实以动词用法为主,比如"激化",其动词用法占到整体用法的89%(名词用法只占11%),其动词性表现在如下结构中:

> 谓语结构:及物如"激化矛盾",不及物如"矛盾激化","把/被"字句如"我不能把事情激化、矛盾被激化了";
> 状中结构:如"大大/不断/骤然/日渐/再度/进一步激化";
> 连动结构:如"使/防止/避免/造成/导致矛盾激化";
> 情态动词+动词结构:如"会/可能/容易激化"。

当它们作为名词使用时是非典型或有标记用法。汉语不存在什么名物化(nominalization)、动名词(gerund)、不定式(infinitive)和限定式(finite)等显性标记手段,表面上"可以直接做主宾语",但是包括一些限制。

一是很少单独做主语,而是以修饰构式和同位构式的形式出现。如例(9)中的"对官僚阶层的丑化"是个修饰构式,既保留了典型动词的句法特点("丑化官僚阶层"),又新增了典型名词的句法特点(类似于"我的书")。同位构式如"X化(的)问题、现象、过程、工作、政策",以"问题、现象、过程"等提示"X化"的名词性。"X化"可以单独做宾语,但搭配的动词有限,一般都是形式动词,如"加以""进行""予以"等(例10)。

> (9)这部小说的主体内容就是对官僚阶层的丑化、谴责……(《读书》第118卷)
> (10)……那么,在肖像描写时便不惜予以丑化。(《作家文摘》1997年)

二是典型名词能受数量词的修饰,但"X化"不能受数量词修饰,如

"＊N个+X化",只能加若干动量词"N次"(例11)。这种形式保留了典型动词搭配动量词的句法特点("简化了一次"),又使用了典型名词进入修饰构式的特点(如"X的X")。

> (11)后来李斯整齐划一文字,方块字经历了一次大规模的简化以
> 后……(《人民日报》1957年)

以上非典型或有标记的名词用法并不能证明"X化"具有了名词性,但是调查表明,确有部分"X化"出现了典型或无标记的名词用法,表现在以下几方面。

一是它们可以出现在一些能体现名词性的典型构式中,如出现在领属修饰构式如"X化(的)水平、程度、速度、步伐"的定语槽位,出现在典型修饰构式如"不正常的城镇化、长期的进化、彻底的汉化"的中心语槽位,出现在动/介—宾构式如"推进城镇化、研究城镇化、经过进化、解释进化、实行汉化、心慕汉化"的宾语槽位,以及单独出现在主谓构式如"城镇化滞后于工业化、进化是以物种为对象、汉化较深"的主语槽位。

二是语言使用者很少把某些"X化"所指识解为动作或属性,而是经常识解为客体,目的是服务于指称某事物或某现象的语用需要。如图1所示,包括"氧化、进化、绿化"等32个"X化"的名词用法频率要多于动词,甚至像"煤化""歧化""后工业化"这几个词根本没有出现动词用法,从而导致例(12)~例(14)的说法都不太自然(虽然我们都能理解)。我们知道动词的主要句法功能是做谓语,如果把"X化"简单地一律视为动词,那么显然无法解释这些"X化"名词用法要多于动词用法的事实。

> (12)ᵎ古代的植物煤化了。
>
> (13)ᵎ那种化学元素歧化了。
>
> (14)ᵎ社会在逐渐后工业化。

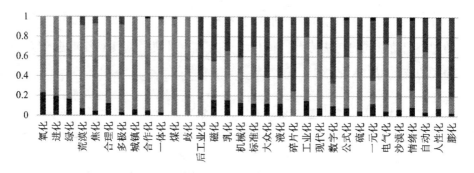

图1 名词用法大于动词用法的"X化"

4. 讨论："X化"是名词吗?

"'X化'是名词"作为一个命题,含有一些需要澄清的预设,另外命题本身也十分模糊,因为其中的"X化"所指不明。我们先来看预设存在的问题,再来解决命题本身的真值问题。

4.1 预设存在的问题

"'X化'是名词"包含的预设包括以下3个。

4.1.1 词类是词的本质属性,词类是一种本质范畴,词先验地属于某种范畴

Croft(forthcoming)区分了两类范畴,一类是本质范畴(essentialist),如人类性(humanness)、基数性(cardinality)等,是按照个体的本质属性得到的上位分类,属于一种类别—个例关系(type-instance(token)relation);一类是群体范畴(populations),如语言单位词、短语和构式等,是在个体的无数次使用中涌现出的集体范畴。词类属于群体范畴,因为它是个体词无数次填充到具体构式槽位的群体累积,体现了一种部分—整体关系(而非类别—个例关系)。这样一来,词类就不是某概括词的先验本质属性,而

是从个体词无数次填充到具体构式中涌现出的群体范畴。

4.1.2 "化"被视为动词的标记，若做名词用则有违此认定

不论是从语感还是从语料来看，似乎都无法否认"化"是动词的标记；但是把它认定为动词标记，又无法解释部分"X 化"无标记的名词用法，因此有学者认为"化"还是个名词标记（崔玉珍，2004）。本文认为，若要回答这个问题，需理清"X 化"名词用法的产生过程，如下。

第 1 步："XX+化"。"X"的语义类别主要是客体（如"表面化"中的"表面"）和属性（如"特殊化"中的"特殊"），分别做名词和形容词是无标记用法（比如《现汉》把 42 个"X"标为了名词，23 个"X"标为了形容词），但是可以通过添加显性标记"化"的方式做动词用（如"表面表面化""特殊特殊化"）。

第 2 步："X+化 X 化"。"X+化"随着使用频率增加发生词汇化，形式与意义结合得越来越紧密，从而凝聚成为一个语义类表示动作（具体为"转变或使转变成 X 表示的性质或状态"）的整体，做陈述或动词用是其典型用法，比如"表面化"和"特殊化"都已被当作"动词"收入《现代汉语词典》。

第 3 步："X 化 X 化$_{名词}$"。在词汇化的"X 化"之基础上，进一步衍生了动作表指称的非典型用法，部分"X 化"的名词用法甚至超越了动词用法，完成从有标记到无标记的逆袭。比如"表面化"仍以动词用法为主（46%），但已经出现了不少名词用法（18%）；而"特殊化"的名词用法（79%）已然超越了动词用法（20%）。

从上述产生过程可以看出，"化"依然是动词的标记，名词用法是在词汇化的"X 化"之基础上衍生出来的，所以说"X 化"做名词用和"化"是动词标记不矛盾。

4.1.3 "兼类"或"跨类"要尽可能避免

"X 化"已被认定为动词类，若再被认定为其他类别，则会出现"兼类"或"跨类"，违背了"兼类要尽可能少"的简约原则（吕叔湘、朱德熙，

2002[1951])。本质范畴依据个体的本质属性进行归类，除了个别模糊的个体(边缘范畴)，大多可以归入某个明确类别(原型范畴)，这也是原型范畴理论的用武之地。但是如上所述，词类并非本质范畴，而是群体范畴，因此并不是特别兼容原型范畴理论(如卢英顺，2005；袁毓林，2010等)。由于词类属于群体范畴，那么随着个体词可以无数次进入各种类型的构式，累积到群体层面便形成了形式、意义一对多匹配的规约化单位(即兼类)，这就像一个男人可以同时兼有儿子、父亲和丈夫三种家庭角色一样(王仁强、周瑜，2015)。总之，在我们看来，兼类并不是一个有待处理和解决的问题，而是个有待描写和解释的现象。

4.2 命题本身的问题

"'X化'是名词"中的"X化"需要严格界定，包括以下几方面。

4.2.1 "X化"并不代表所有以"化"结尾的词

"X化"指以"化"结尾的词，但是其内部并不整齐。首先是"理化、石化、日化"这类名词，其中的"化"是化学的意思，与这里讨论的现象无关。其次是"风化$_1$、文化、造化"这类名词，其中的"化"最初有"变化"之义，但如今已经失去了分析性。再次是非后缀的"化"，本身有比较实在的意思，《现汉》为其单设了义项(详见本文第2.1节)。当然也有学者对这种做法表示质疑，比如邓盾(2020)认为不必区分那么多的义项，它们的意义都是从语境中获得的。最后才是"后缀"的"化"，《现汉》给了统一的释义，但遗憾的是出现了自相矛盾，比如《现汉》认为后缀"化"是"加在名词或形容词之后构成动词"，但是有些"X化"的"X"是动词，如"孵化、合作化、活化、开化$_2$、驯化"等。总之，"X化"内部是个连续统，最好的办法是把后两类一并处理(石定栩，2020)。

4.2.2 某个具体的"X化"指的是概括词还是个体词？

概括词(word type)指存储在社群心理词库中的词，是脱离语境而存在的;个体词(word token)指运作于个人言语句法上的词,是依附于语境而存在的。一般所说的"词类是概括词的分类"(陆俭明,2013:35),但是我们也要认识到概括词和个体词之间存在动态的互动关系:概括词是从个体词中"抽象和综合"出来的(朱德熙等,1961);个体词是概括词的具体应用或实现,存储在概括词当中的已有使用经验会对新的使用形成制约。

对于某个具体"X化"(如"规范化")的词类,我们需要明确是指"X化"作为概括词的词类,还是指它在具体构式中作为个体词的词类。比如"规范化"在例(15)~例(18)中分别表示动词、名词、形容词和副词的功能,便是个体词的词类。当这些词类功能随着使用频率增加而规约化时,便是概括词的词类。比如调查发现,"规范化"的三种词类功能均已规约化,因此可以说它兼属三类,语文词典就可以把它处理为兼类词。

(15)我国新药生产管理逐步规范化。(《人民日报》1993年)

(16)230多所学校基本实现了规范化。(《1994年报刊精选》)

(17)只有规范化的语言才能使各地人民正确地相互了解。(CWAC\ALT0049)

(18)有计划、分步骤、规范化进行公司制改建。(《1994年报刊精选》)

由于过去没有明确"X化"的所指或层级,导致在表述时经常陷入自相矛盾。例如,张云秋(2000)在"引言"中说"'化'尾动词兼属动词、形容词、名词三类",在"结语"中又说"……并不意味着我们认为'化'尾动词兼属动词、形容词、名词三类"。如果能明确"X化"的所指或层级,那么其表述可以调整为:个体词"X化"随语境不同经常表现出三种用法之一,但并不代表着这三种用法都规约化到了概括词当中。

搞清楚预设存在的问题,再细化"X化"的所指或层级,我们就可以基于实证调查宣称:部分"X化"具有规约化的名词用法,或者直接说,部分"X化"是名词。

◎参考文献

[1]崔玉珍:《"化"字的语法化过程及其辨析》,载《语言科学》2004 年第 6 期。

[2]邓盾:《从分布式形态学看现代汉语语素"化"及其与英语后缀-ize 的共性和差异》,载《外语教学与研究》2020 年第 6 期。

[3]卢英顺:《形态和汉语语法研究》,学林出版社 2005 年版。

[4]陆俭明:《现代汉语语法研究教程(第四版)》,北京大学出版社 2013 年版。

[5]吕叔湘,朱德熙:《吕叔湘全集(第 4 卷):语法修辞讲话》,辽宁教育出版社 1951、2002 年版。

[6]石定栩:《复合词的结构与汉语语法的最小单位——兼论"非、后、化"的句法地位》,载《汉语学报》2020 年第 4 期。

[7]王仁强,周瑜:《现代汉语兼类与词频的相关性研究——兼评"简略原则"的效度》,载《外国语文》2015 年第 2 期。

[8]袁毓林:《汉语词类的认知研究和模糊划分》,上海教育出版社 2010 年版。

[9]张云秋:《"化"尾动词功能弱化的等级序列》,载《中国语文》2002 年第 1 期。

[10]周刚:《也议带后缀"化"的词》,载《汉语学习》1991 年第 6 期。

[11]朱德熙,卢甲文,马真:《关于动词形容词"名物化"的问题》,载《北京大学学报(哲学社会科学版)》1961 年第 4 期。

[12]Croft. William Forthcoming Word Classes in Radical Construction Grammar. In Eva Van Lier (ed.). Oxford Handbook of Word Classes.

单音节言说动词动转名现象演变研究

喻　薇

（黄冈师范学院文学院）

1. 研究背景

动名互转现象是词类转换之一，是现代汉语语法研究的常见问题。一个词在不增加任何词缀的情况下，转换为另一个词类范畴成员的现象叫做词类转换（conversion）（Quirk，1985）。Ross（1972）、张伯江（1994）等研究者认为，名词和动词属于词类连续统的两端，存在相互转换的理论基础和现实依据。

动名互转和名动互转现象已有研究成果多采用功能语法、认知等诸多领域理论为指导，集中于分析共时层面的语法结构、语用功能等方面。徐盛桓（2001）提出"名动互含"假说。王冬梅（2001）构建了"概念转喻"认知模型，在"认知框"内进行阐释。高航（2007）考察了汉语动词名词化过程和名词动词化的主要因素和机制。何星、孙金华（2007）将名动互转看作同一认知域中侧重内容改变引起的结果。黄晓永（2008）将名动互转归为一种概念转喻过程。杨希英（2013）分析了名转动和动转名现象的语义基础，指出动名互转属于一种非范畴化现象。

20世纪开始就有研究者关注名转动现象。Lieber（1980，1983）、陆俭明（1994）、周领顺（2001，2003）、邓云华等（2009）、张志清（2010）、赵巍、王冬梅(2012)等考察了名词临时活用为动词现象，认为是转喻识解和隐喻识解共同作用的结果，可在人认知发展的过程中反复多次进行。廖光蓉、陈靖(2015)从词概念框架视角入手，提出转变的本源理据为语言的内在变化发展规律、经济性原则，以及人的转喻能力、知识结构和表达欲。宋作艳(2018)转换研究视角，指出采用名词视角具有普适性，可以证实物性结构是名转动的语义基础，与论元结构的互动凸显不同语义映射关系，最终促使名词转化为动词。

动转名现象研究成果相对较少。吴怀成(2011)采用认知语言学的范畴化理论，将动词转化为名词的过程看作一个连续统，其演变过程表现为不同的指称等级，实质是一种动词逐步非范畴化、同时名词逐渐范畴化的动态过程。吕林芳(2011)将动词转化为名词看作非范畴化过程中产生的具有普遍性的语言现象之一。张明杰(2011)运用事件理想化认知模型解释动转名机制，认为本质上是概念转喻引起的一种词义延伸。

2. 研 究 对 象

言说动词是汉语词汇系统中的基本词汇，运用范围广，使用频率高，具有重要的研究价值。经整理可知，现代汉语中的部分言说动词，如"语""言""论""说""读"等，经由某些演变机制推动转换为兼类词，同时具备动词和名词两种词性。本文以现代汉语部分单音节言说动词为立足点，观察、归纳、整理言说动词动转名演变现象的演变途径、发展动因和演化机制，为进一步探求动词的名化现象提供思路和理据。

本文选取了41个常用单音节言说动词为研究对象：

言语说道讲话谈论议评白告报诉谕问询讯访咨训
骂咒吵讼读念诵讽吟咏谢许解释赞颂诺译辞叫

经《现代汉语八百词》、《现代汉语词典》(第7版)可知，现阶段这41个现代汉语单音节言说动词中，有部分动词已具备名词性，成为动名兼类词。请看：

(1) 在短短数语或洋洋千言的"电子建议"里，市民们有的提议"网上是否可以直播上海的电视节目"，有的建议"环卫部门清扫道路能否避开上班高峰"，还有的则向大会发来贺信……(BCC 语料库)

(2) 教育学的内容，包括教育的一般原理、德育论、教学论、体育、美育、学校管理理论等部分。(CCL 语料库)

(3) 关于人的发展，是一个古今中外许多人研究和探讨的重大课题，形成了各种各样的理论学说。(CCL 语料库)

(4) 篆刻艺术古今谈(国家语委语料库)

(5) 曼希带来的凶讯，使海斯惊骇得连车也开不动了。(国家语委语料库)

(6) 据报道，他将在 2 月 17 日向国会发表国情咨文时宣布这一计划。(CCL 语料库)

现阶段已转化为名词的单音节动词共有 18 个，请看：

言 语 说 话 谈 论 议 白 报 讯 咨 训 咒 读 吟 赞 颂 辞

可名词化的动词整体占比 43.9%，证明单音节言说动词演化为名词的现象并非个例，具有一定普遍性，研究此类动词的动转名现象能够有效反映言说动词动转名演变的过程及途径，探讨促使言说动词名词化的内在动因机制，为揭示动词转化为名词的普遍规律、进一步展开词类转换研究提供新的思路。

3. 演 化 过 程

不同单音节言说动词名词化现象出现时期不同，如"说""谈""颂""论""议""训""赞""辞""读"等高频词早在先秦时期已可作为名词出现，请看：

> (7)维其开告于予嘉德之说，命无辟王，小至于大。(《逸周书·
>   卷五·皇门解》)
>
> (8)助之思虑者众，则其谈谋度速得矣。(《墨子·尚同中·第十
>   二》)
>
> (9)是故周文公之颂曰："载戢干戈，载櫜弓矢。我求懿德，肆于
>   时夏，允王保之。"(《国语·卷一·周语上》)
>
> (10)疾名实之散乱，因资材之所长，为"守白"之论。(《公孙龙
>   子》)
>
> (11)是故士莫敢言一朝之便，皆有终岁之计；莫敢以终岁之议，
>   皆有终身之功。(《国语·卷六·齐语》)
>
> (12) 王，人求多闻，时惟建事，学于古训乃有获。(《今文尚书》)
>
> (13) 季氏甚得其民，淮夷与之，有十年之备，有齐、楚之援，有
>   天之赞，有民之助，有坚守之心，有列国之权，而弗敢宣
>   也，事君如在国。(《左传·昭公·昭公二十七年》)
>
> (14)君子在野，小人在位，民弃不保，天降之咎，肆予以尔众
>   士，奉辞伐罪。(《今文尚书·大禹谟》)
>
> (15)定、哀多微辞，主人习其读而问其传，则未知己之有罪焉
>   尔。(《公羊传·定公元年》)

有些使用频率略低的单音节言说动词，如"讯、谕、咒、吟、报"等，
其名词化现象则出现相对稍晚。请看：

> (16) 讯曰：已矣！国其莫我知兮，独壹郁其谁语？(西汉贾谊
>   《吊屈原赋》)
>
> (17) 我本从诸神自进于天君，助天地有功之谕，上籍在天君，何
>   时当相忘乎？(东汉《太平经·庚部之九·卷一百十一》)
>
> (18)复为如是世界病者请诸天龙神仙之人集毗陀陀山修毗陀咒。

（南北朝《北凉译经》）

（19）玄卒，亮躬耕陇亩，好为梁父吟。（西晋陈寿《三国志》）

（20）小琴童传捷报 崔莺莺寄汗衫正名 郑伯常干舍命 张君瑞庆团圆（元王实甫《西厢记杂剧》）

据调查结果，18个已经成为名动兼类词的单音节言说动词中，先秦时期已经出现名词用法的共有12个，为"言、语、说、谈、论、议、训、读、赞、颂、诺、辞"；西汉时期出现名词用法的有"讯"；魏晋时期出现名词用法的有"吟、咒"；元代出现名词用法的有"报、白"；"咨"作为名词使用仅出现在现代汉语中。

虽然出现的具体时间不同，但大体而言，此类动词的演变过程均涉及不同语义范畴的转化，由言说行为范畴转指言说成果范畴。如"论"，本义为"分析和说明事理"，是一种具体的言语行为，属于言说行为范畴，经由此义转指动作的结果，表"分析和说明的话或文章"义，属于言说成果范畴，再进一步专有化为"分析和说明事理的文章"。再如"吟"，也沿类似转换路径发展，由表"吟咏"的具体言说义衍生新义，发展为专指一种格式固定的特殊文体，转换过程同样为由言说行为范畴延伸至言说成果范畴，体现了范畴间的转化。还有"说"，本义为属于言说行为范畴的"讲、说"等具体言语行为，由言说行为转指由此产生的言说结果，表"说法、言论"义。在此基础上进一步演化，因言说行为结果的表述格式固定而再次衍生新义，专指一种阐述事理的特殊文体，也叫"杂说"。考察发现，"谈、赋、评、咒、讽、咏、赞"等词均出现了类似的演变过程，所指对象由言说行为范畴延伸至言说成果范畴，可见这种群体性演变体现了范畴间的转化。

由此，单音节言说动词动转名的演变过程和路径，如图1所示。

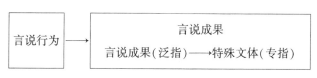

图1 单音节言说动词动转名的转换过程及路径

4. 动 因 机 制

词类转换现象的出现基于多重客观矛盾的存在，是人类语言的常见现象之一，具有跨语言的普遍性。现实世界的丰富多样性和人类语言中词汇相对匮乏之间的矛盾、已有语言体系的稳定性和子系统演变发展之间的矛盾、语言表达的固有方式和人们求新求变心理之间的矛盾等都是促使词类转换出现的因素。促使语言单位产生变化的原因属于动因，导致语言单位发生演变的方式和条件属于机制(乐耀，2011)，单音节言说动词的动转名演变过程由多种动因机制共同推动形成。

4.1 高频使用

我们对国家语委现代汉语通用语料库检索发现，可转名的单音节言说动词中出现次数最多的是"说"，共出现了 35429 次，出现频率为 3.7074‰；出现次数最少的是"咨"，共出现了 8 次，出现频率为 0.0008‰。上文列举的 18 个转名动词共出现了 47787 次，累计出现频率为 5.0008‰，可见，可转名的单音节言说动词绝大多数都属于使用频率较高的动词。

此外，我们还调查了《汉语常用八千高频词》和《汉语语料库分词类词频表—高频词汇》。《汉语常用八千高频词》共收录词条 8441 条，除去未作为单音节词出现的"咨、赞、颂"，18 个单音节言说动词中出现在前 1/3 的词有 8 个，占比 44.4%；出现在前 2/3 的词有 7 个，占比 38.9%。《汉语语料库分词类词频表—高频词汇》共收录 16254 条词条，"讯、咨、咒"未作为单音节词出现，出现在前 1/3 的词同样有 8 个，出现在前 2/3 的词也同样是 7 个，两者共占整体比例的 83.3%。

可见，单音节言说动词的出现频率越高，其名词化转换发生的可能性也越高。高频次使用使得动词作为名词的用法由临时用法变为常见用法，为进一步扩大使用范围提供了基础，使得使用人数不断增多，从而逐步强化并巩固此类用法，最终推动此类单音节动词的动转名演变发展。

4.2 去范畴化

"去范畴化"指在一定的条件下某一句法范畴的成员失去该范畴部分特征的现象（方梅，2005），即词类在一定的语篇条件下脱离基本语义与句法特征的过程（Hopper & Thompson，1984），意味着范畴成员的功能发生转移。单音节言说动词的动转名过程即是此类过程，动词形态不再意味着报导具体动作或事件，转而指称动作或事件结果。

朱德熙（1982）、邢福义（1996）指出，动词的典型特征为通常可带宾语、可重叠、可接"着、了、过"、可受副词修饰、充当句子的谓语或谓语中心等。"辞"作动词时，具备可充当句子谓语或谓语中心、带宾语、接"了、过"、受副词修饰等功能，如：

> （21）周沟村的乡亲们都还记得，孙明芝两次当"官"又"官"的故事。（CCL 语料库）
>
> （22）我一个人忙得过来，所以把他们全辞了。（CCL 语料库）
>
> （23）一个四十岁的女仆，整天干着单调乏味的工作，和她的女主人拌嘴，并威胁着要辞职，但从未真的辞过。（CCL 语料库）
>
> （24）不是蛟龙不过江，如果没有"底气"和实力，没有财力和其他因素的支撑，怎敢"裸辞"！（CCL 语料库）

但在由动转名的过程中，"辞"的动词语义和功能逐渐脱落，失去了作为动词的典型范畴特征，名词化后不再具备这些功能，由表具体的言说义发展为表言说行为后果，逐步获得名词的典型范畴特征，如可充当主语、宾语和介词后置成分，部分也可以作谓语和定语，可以受数量词修饰，不受"不"修饰等，如：

> （25）卜辞中的"受年"、"求年"，就是后世"祈谷"之祭。（BCC 语料库）

(26) 他们是为了真正的言论自由而不是日常托辞。(BCC 语料库)

(27) 辞书编写从总体设计、体例、收词，乃至辞书体的语言等，均有其自身特殊的要求。(BCC 语料库)

(28) 努尔哈赤说了一些谦让言辞，那人竟然喊道："来，来，来！俺和你比赛三百回合！"(BCC 语料库)

(29) ×不言辞　　×不修辞　　×不托辞　　×不辞令

去范畴化是这一演变过程的重要推动因素。在 CCL 语料库中随机选择 2000 条语料，结果显示"辞"作为名词出现的比例为 61.7%，说明现代汉语中"辞"的名词用法已超过动词用法，名词范畴的典型特征和语法功能得到强化，动词范畴则相对弱化，这种演变结果进一步推动和巩固了"辞"由动词向名词的演变发展。

4.3　认知域转移

沈家煊(2000)指出，在人类概念化世界的过程中，隐喻和转喻是有力的认知工具之一，是从一个认知域到另一个认知域的投射。通常目标概念所在的域为目标域，源概念所在的域为源域。Lakoff & Turner(1989)、Langacker(2004)解析了认知域之间进行投射的认知基础和连接方式，提出转喻的目标是指称一个实体，这个实体由目标概念通过源概念进行指称，词类转换过程即从源域转指目标域的动态演化过程。王冬梅(2004)统计了动词转为名词现象中动作转指动作结果的类型，发现这种转指现象占动名转指现象的 46.4%，是在事件认知框中激活受事、凸显受事与动作之间关系的结果。辛斌、赵旻燕(2008)认为，动作转指结果实际上是用事物概念转指关系概念，属于概念转喻。

自先秦以降，"说"实现了从具体言说行为到言说内容再到特殊文体的发展演变，如：

(30)子曰以下，孔子说诗之辞。言人当知所当止之处也。(《大

学》)

(31) 自本观之，生者，喑醷物也。虽有寿夭，相去几何？须臾之说也，奚足以为尧、桀之是非！(《庄子·外篇·知北游》)

(32) 自桓麟《七说》以下，左思《七讽》以上，枝附影从，十有馀家。(《文心雕龙·杂文》)

"说"在例(30)中表实际言说行为，后接所说具体内容；在例(31)中表述某种具体言论；在例(32)中专指具备某种特征的论说文体。广义的因果关系推动"说"由言说行为范畴转化到言说成果范畴(吴剑锋，2011)。认知角度下的"说"实现了不同认知域的跨越和转移，经历了连续两个转喻阶段，从言说动词发展为文体类型。言语行为是原因，由这一行为产生的言辞样式或文本方式是结果。动词表示的过程与产物存在直接的原因——结果关系，过程作为在心理上访问产物的最佳参照点，符合"原因转喻结果"模式。一旦行为方式"文本化"并形成类名，第二次转喻随即产生，由文本构成的独特要素而形成的特定文本惯例成为类分文体的内在依据，"说"完成从指称普通文本样式转指具有特殊形态的专门文体的演变。这种认知域转移的认知基础是整体——部分关系，体现了不同认知领域之间的跨越投射。

4.4　句法位置

词类转换也受到句法位置变化的影响。单音节言说动词转换为名词同样体现了这一机制的制约作用。

"论"作动词时常常出现在句子谓语位置，后接宾语成分，如：

(33) 故凡兵有大论，必先论其器、论其士、论其将、论其主。(《管子·参患》)

(34) 海丽娜啊！我完全同意他的意见，若论声誉和身价，和那位伯爵那样的大人物比较起来，她的名字的确是不值得挂齿的。(BCC 语料库)

由于表述所论内容是应有之义,其具体动作义不是说话者想要凸显强调的重点,因此表义重点容易由具体动作转向论述内容,其句法位置也产生了相应变化,如:

(35) 人主有见此论者,其王不久矣;人臣有知此论者,可以为王者佐矣。(《吕氏春秋·离俗览·贵信》)

(36) 这种"谬论"流弊的有无,自有吾友礼部江公在,我管不着。(CCL 语料库)

(37) 该病属祖国医学的"虚火"范畴,多由风、热、温、等邪而致脏腑亏损,肺肾阴虚,津液不足,痰热内蕴,虚火上,上蒸,火热熏咽喉门户所致。故有"咽喉病,皆属于火"之论。(CCL 语料库)

"论"表言说成果范畴内"讨论、议论的内容"义时多出现在宾语位置上,如例(35);也可以出现在主语位置,如例(36);"论"可以直接受代词或定语修饰,如例(35)(36);还可以出现在"之"后复指前面所说具体内容,如例(37)。

当"论"转为专指某种特殊论说文体时,在句中的出现位置就完全固定了,不能再独立成词,只能作为语素出现在词的最后位置,与所要论说的对象组合成词,如:

(38)《过秦论》/《六国论》/《留侯论》/《朋党论》/《伤寒论》/《泰定养生主论》

(39) 这种主张以行为人的日常生活行状为责任的要素理论被称为行状责任论。(CCL 语料库)

可见,"论"表言说行为、言说成果和作为文体标记时在句中的出现位置和句法特征均有不同。表具体言说行为时多出现在句子谓语部分,后接宾语成分;表言说成果时可以出现在主语和宾语位置,后者更为常见,可受限定成分修饰,还可出现在"之"字后组成"之论"一词复指前述内容;专指论说文体时则已不成词，只能作为语素与其他语素组合成词，并且只能出现在词语的最后位置。

4.5 认知凸显

认知语言学认为，一个词的意义，包括各种知识系统、信息和视觉图像，等同于这个词在说话者大脑中被激活的概念，最重要的方面是人的解释。这种语言现象是主观认知的结果，超越了逻辑推理和客观性（Langacker，2004）。人们在选择表义的参考点时很大程度上取决于认知语义凸显，也就是对语言所传达的信息的选择和安排。语境不同，面对同一个动作，人们选择强调或凸显的性状或结果也会随之产生变化，这种改变即是转类生成的促使因素之一（滕慧群，2004）。

认知凸显有多种类型，如受事的突显、施事的突显、工具的突显、结果的突显等。"言、语、谈、议"等作动词时多用于指称具体言说动作或行为本身，如：

（40）王者欲上层楼，新人蠢蠢欲动，所有来这里参赛的人无不言勇——精彩就将上演！（BCC 语料库）

（41）林云霞问儿子画指的是什么意思时，儿子调皮地笑而不语。（BCC 语料库）

（42）"几时你出来，我们好好地谈一谈。"莉莉说。（BCC 语料库）

（43）别的王都须到东王府请安议事，并须跪呼千岁。（BCC 语料库）

这类单音节言说动词在动转名演变过程中由指称动作或行为转为突显言说动作或行为的结果，即由动作本身转指由动作过程产生的实体，如：

（44）很多老教师以"老骥伏枥，志在千里"自勉，发出了"为有东风勤着力，朽株也要绿成荫"的豪言。（BCC 语料库）

（45）这番动情之语，立刻激起在座侨胞一阵阵热烈的掌声。

（BCC 语料库）

(46) 降及清代，儒家研究重心，渐由理性玄谈，而转变到要求真凭实证的考据。（BCC 语料库）

(47) 在设计的脚本中凡是独立的、不会产生异议的知识点无需展开。（BCC 语料库）

通常某些动作进行时会带来一个或数个结果，结果由此成为行动过程中非常重要的组成部分，甚至是行动时最关注的对象。人们关注结果胜过行动本身，结果就成了认知关注的焦点所在。在例(40)～例(43)中，"言""语""谈""议"等词均属于言说行为动词，可以唤起一个包括多重元素的事件框架。在此框架中，元素包括说话人、听话人、表述结果、会话环境、会话时间等。在言语认知领域中，最突出的元素是表述结果，因此如例(44)～例(47)所示，在会话的语音输出输入过程中，说话人表述内容中的动作结果被解析并被强调，从而实现认知动机由凸显动作到凸显动作结果的转变，动词也随之演变为名词，实现名词化转变。

5. 结　语

动名互转现象是现代汉语语法研究的常见问题之一，早在先秦时期部分单音节言说动词已出现转换为名词的现象。单音节言说动词演化出名词用法，成为动名兼类词的现象并非个例，演变过程受到多种不同动因机制的共同推动。

本文选取部分典型单音节言说动词探讨后发现，这类动词的动转名演变途径涉及不同语义范畴的转化，多为由言说行为范畴发展为转指言说成果范畴，由指称言说行为转指由此产生的言说行为结果，部分动词还会进一步演化为专指某种特殊文体。促使动转名转换现象发生的动因机制主要有高频使用、去范畴化、认知域转移、句法位置和认知凸显等。单音节言说动词动转名现象的演变规律是否同样适用于解释现代汉语其他动词的动转名现象，尚需后续相关研究成果进一步验证。

◎ 参考文献

[1] 邓云华，白解红，张晓：《英汉转类词的认知研究》，载《外语研究》2009 年第 6 期。

[2] 方梅：《篇章语法与汉语篇章语法研究》，载《中国社会科学》2005 年第 4 期。

[3] 高航：《现代汉语名动互转的认知语法考察》，中国人民解放军外国语学院，2007 年。

[4] 何星，孙金华：《识解操作与名动互转》，载《外语研究》2007 年第 2 期。

[5] 黄晓永：《概念转喻与名动互转》，载《文教资料》2008 年第 19 期。

[6] 廖光蓉，陈靖：《词概念框架视域下汉语名转动机制探究》，载《汉语学报》2015 年第 3 期。

[7] 陆俭明：《关于词的兼类问题》，载《中国语文》1994 年第 1 期。

[8] 吕林芳：《非范畴化视角下的汉语动名转类考察——"命令"的个案研究》，载《青年作家(中外文艺版)》2011 年第 4 期。

[9] 吕叔湘：《现代汉语八百词》，商务印书馆 1999 年版。

[10] 沈家煊：《认知语法的概括性》，载《外语教学与研究》2000 年第 1 期。

[11] 宋作艳：《名词转动词的语义基础——从动词视角到名词视角》，载《中国语文》2018 年第 3 期。

[12] 滕慧群：《转类生成的本性》，见江苏省修辞学会、无锡高等师范学校：《修辞学新视野——汉语修辞与汉文化学术研讨会论文集》，江苏省修辞学会、无锡高等师范学校，2004 年。

[13] 王冬梅：《现代汉语动名互转的认知研究》，中国社会科学出版社 2001 年版。

[14] 王冬梅：《动词转指名词的类型及相关解释》，载《汉语学习》2004 年第 4 期。

[15]吴怀成:《关于现代汉语动转名的一点理论思考——指称化与不同层面的指称义》,载《外国语(上海外国语大学学报)》2011年第2期。

[16]吴剑锋:《显性施为式"我+言说动词"的构式分析》,载《现代外语》2011年第2期。

[17]辛斌,赵旻燕:《名词转动词的认知语用分析》,载《淮海工学院学报(社会科学版)》2008年第1期。

[18]邢福义:《汉语语法学》,东北师范大学出版社1996年版。

[19]徐盛桓:《名动转用的语义基础》,载《外国语(上海外国语大学学报)》2001年第4期。

[20]杨希英:《名动转用、相关语义成分与非范畴化》,载《广西社会科学》2013年第3期。

[21]乐耀:《从"不是我说你"类话语标记的形成看会话中主观性范畴与语用原则的互动》,载《世界汉语教学》2011年第25期。

[22]张伯江:《词类活用的功能解释》,载《中国语文》1994年第5期。

[23]张明杰:《英语工具名词动词化的认知语法探究》,载《邢台学院学报》2011年第26期。

[24]张志清:《词类转换及名物化》,载《湘南学院学报》2010年第3期。

[25]赵巍,王冬梅:《"名词动用"过程中的转喻思维研究》,载《吉林工程技术师范学院学报》2012年第3期。

[26]中国社会科学院语言研究所词典编辑室:《现代汉语词典》(第7版),商务印书馆2016年版。

[27]周领顺:《名转动词再研究》,载《外语学刊》2001年第2期。

[28]周领顺:《动转名词引论》,载《山东外语教学》2003年第4期。

[29]朱德熙:《语法讲义》,商务印书馆1982年版。

[30]Hopper P J, Thompson S A. The Discourse Basis for Lexical Cat-egories in Universal Grammar. Language, 1984(60): 703-52.

[31]Lakoff G, Turner M. More Than Cool Reason: A field Guide to Poetic Metaphor. Chicago: Chicago University Press, 1989.

［32］Langacker R. Foundations of Cognitive Grammar. California：Stanford University Press，2004.

［33］Lieber R. On the Organization of the Lexicon. Cambridge：MIT Press，1980.

［34］Lieber R. Argument Linking and Compounding in English. Lingu Inquiry，1983，14(2)：251-286.

［35］Quirk R，Crystal D. A Comprehensive Grammar of the English Language. London：Longman，1985.

［36］Ross J R. A Reanalysis of English Word Stress（part I）. https：// linguistics. ucla. edu/people/hayes/251English/Readings/Ross1972English Stress.pdf.

赣语湖口方言"之里"的特殊用法

余义兵

(江西财经大学人文学院)

1. 引　　言

现代汉语中另外还存在着大量由"以""之"加方位性质的"前""后"等构成的"以/之 X"类方位名词，如"以前/后""以上/下""以内/外"和"之前/后""之上/下""之内/外"①等。不过"以里"和"之里"不在之列。"里"也是表示方位的名词，《现代汉语词典》(2016：798)中解释为"里面；内部(跟'外'相对)"。我们发现赣语湖口话有如下用例：

(1) 我侬三十日嘚之里到屋。我(大年)三十之内到家

(2) 伊侬初六之里要出嫁吧？她初六之内要出嫁吧

(3) 我□□tia⁴²tia⁴²想我侬初十之里把婚能订下来。

　　　我爷爷希望我初十之内把婚能订下来

(4) 年宵之里我侬都是在崽屋里过的。元宵节之内我都是在儿子家里过的

(5) 我侬三日之里就会把钱还给你侬。我三天之内就会把钱还给你

---

① 《现代汉语词典》(第 7 版)第 1548 页、1675 页收录了以上 6 个"以 X"类方位词和"之前/后"两个"之 X"类方位名词；而《现代汉语规范词典》(第 3 版)第 1557 页、1684 页对以上 12 个全部收录，此外还收录了"之中"和"之间"。

(6) 哎，上昼真背时，<u>几分钟之里</u>就输了好十几。

哎，上午真倒霉，几分钟之内就输了好几十(块钱)

(7) 从昨日到今昼<u>两日之里</u>伊侬一句话都冒说。

从昨天到今天两天之内他一句话都没有说

(8) 从三十夜噶到年宵<u>之里</u>我侬都是在崽屋里过的。

从(大年)三十晚上到元宵节之内我都是在儿子家里过的

此外，《宋元语言词典》(1985：180)、《元语言词典》(1998：392)、《近代汉语词典》(2015：2476)等近代汉语辞书都收录了"以里"，前两者用"以内"或"之内"直训，后者用"在一定的时间界限内"陈说。不过"之里"不见于此三者，也不见于其他辞书。①

我们感兴趣的是，赣语湖口话的"之里"从何而来，能否看作一个词，主要用法是什么。现特撰文以求证于方家。

2. "之里"的历时考察

在古籍中我们发现了"之里"的一些用例。"之里"最初出现在汉代②，甚至比"以里"还要早一些，不过仅有几例，如下：

(9) 大哉圣人，言之至也。开之廓然见四海，闭之闒然不睹<u>墙之里</u>。(汉扬雄《法言》)

(10) <u>宫殿之里</u>，毛厘过失，亡不暴陈。(汉班固《汉书·文三王

---

① 《汉语方言大词典》(1999 年版，第 406 页)收录了"之里"一词，不过是代词性质，并非本文的方位名词性质。如下：【之里】〈代〉这里。吴语。浙江象山。清乾隆二十四年《象山县志》载："《说文》：'里，居也。'今言~、那里。"

② 汪维辉(2000：94 页，脚注 2)指出，汉以前还有一例，如下：

(ⅰ)少知曰："四方之内，<u>六合之里</u>，万物之所生恶起？"(《庄子·则阳》)不过，汪氏认为，此例在该书"杂篇"，很可能是西汉人所作。我们取此说。另外，古籍中还有"之里"的"里"是"乡里"之意，这不在我们下文所统计的一百多例之列。例如：

(ⅱ)空桑之里，变成洪川；历阳之都，化为鱼鳖。(南朝梁刘峻《辩命论》)

传》)

  汪维辉(2000:93-105)细致地分析了"里(裏、裡)"①由一般名词到方位名词的历时发展过程以及两者之间的差别。他指出,"里"作名词时表示二维空间的另一侧,与"表"相对,因此是一个平面;"里"作方位词时表示三维空间的内部,与"外"相对,因此是一个空间(可以是虚的,也可以是实的)。这一认识十分精确。汪文还指出,表示"在某物里边"的方位词,先秦汉语一般用"中",有时也用"内";表示方位的"里"到西汉才开始见诸文献,集中出现在早期医籍中,而南北朝后期已经大体具备了各种功能,可加在各种名词(包括抽象名词)、名词化形容词、动词以及数词后面,表示处所、时间和范围等。显而易见,这里的"之里"已开始具备助词性质的"之"加上方位性质的"里"的雏形了。据我们统计,有汉以来到清末"之里"约有100多例,民国时期暂没有找到用例。以下略举几例:

  (11)陈元方兄弟恣柔爱之道,而二门之里,两不失雍熙之轨焉。(南北朝刘义庆《世说新语》)

  (12)女问:何方贵客,宵来至,敢问相郎,不知何里?儿答:天下荡荡,万国之里,敢奉来言,具答如此。(宋敦煌写本《下女夫词》)

  (13)大则兴云起雾,小则入于纤毫之里。(宋李昉等《太平广记》)

  (14)曰:"路寝庭在门之里,议政事则在此朝。……"(宋黎靖德《朱子语类》)

  (15)李海道:"这如今珠在皮肉之里,外面皮肉如故。"(明罗懋登《三宝太监西洋记》)

  (16)官少年,期门公子,翠发蛾眉,頳唇皓齿,傅粉锦堂之上,

---

  ① 此外,"里"还可以用于时间名词之后表示时间概念,但这些"里"都不能换成"里头"。例如:"裏/裡"和"里"的本义并不相同,但本文的讨论与此无关。

偷香<u>椒房之里</u>。(清李百川《绿野仙踪》)

从以上用例看，"之里"在表达意义上极为局限，只能用于处所，表示空间范围。因此我们很难认为这些"之里"已经词汇化了，因为它们同样可以理解为"……的里面"。所以，《近代汉语词典》等辞书没有收录它们是有道理的。

Heine 等(1991)、沈家煊(1994)、刘丹青(2009)等指出，语法化是一个连续渐变的过程，在若干个认知域之间转移，而且往往遵循由具体到抽象、由空间到时间再到性质。显而易见，以上江西湖口话的用例中"之里"应该是来源于这个表示空间域的"之里"；然而，很不相同的是，江西湖口话的"之里"都是用于时间名词之后，表示的却是时间概念或时间域。这说明它已经词汇化了，我们认为，它在用法上完全相当于近代汉语的"以里"和现代汉语的"以内、之内"，可以解释为"在一定的时间界限里"。

3. "之里"的共时比较

湖口话里表示"之内、以内"意义的还有"里头""里"等，"里头"和"里"都可以用于处所和普通名词之后，表示空间概念，而且大多可以互换。例如：

(17)后<u>房里/里头</u>有一支杌子凳嘚。里屋里有一张凳子

(18)<u>伊个洞里/里头</u>有只老鼠。这个洞里面有一只老鼠

(19)帽嘚落到<u>泥巴里/里头</u>咯。帽子掉到泥巴里了

(20)鸡婆嘚在<u>鸡筹里/里头</u>□san⁴了一只子。母鸡在鸡窝里生了一个鸡蛋

(21)昨日<u>夜里/*里头</u>做了一支梦。昨天晚上做了一个梦

(22)我侬<u>二十九日里/*里头</u>到屋。我(大年)二十九白天到家

(23)我□□tia¹tia¹想我侬<u>初十里/*里头</u>把婚能订下来。

我爷爷希望我初十把婚能订下来

(24)<u>年宵里/*里头</u>我侬是在崽屋里过的。元宵节我是在儿子家里过的

有意思的是，湖口话的"之里"反而不能用于表示空间范围，例(17)~例(20)的"里"和"里头"都不能换成"之里"，试比较它们和下面例句：

(25)*后房之里有一支杌子凳嘚。

(26)*伊个洞之里有只老鼠。

(27)*帽嘚落到泥巴之里咯。

(28)*鸡婆嘚在鸡筹之里□san⁴了一只子。

需要指出的是，例(21)和例(22)中"夜里"和"日里"已经接近词汇化，它们也不能换成"之里"。当用于其他时间词时，"之里"能换成"里"，但意义不同，试比较例(23)(24)和例(3)(4)：例(23)中的意思是我爷爷希望我能在初十这一天里订婚，而例(3)中的意思是我爷爷希望我能在现在到初十之间的某一天订婚；例(24)中的意思是元宵节这一天我是在儿子家过的，而例(4)中的意思是我从之前某时直到元宵节都是在儿子家过的。可见，"X里"表示的是时点，而"X之里"表示是时段。这很明显地表现在当前面是表示时段的名词时，湖口话只用"之里"而不能用"里"。试比较例(5)~例(8)和例(29)~例(32)。

(29)*我侬三日里就会把钱还给你侬。

(30)*哎，上昼真背时，几分钟里就输了好十几。

(31)*从昨日到今昼两日里伊侬一句话都冒说。

(32)*从三十夜嘚到年宵里我侬都是在恩屋里过的。

江西省湖口县位于鄂赣皖三省交汇处，素有"吴头楚尾"之称。湖口方言虽然属于赣语昌靖片(颜森，1986)，但实际还有吴语和官话的诸多成分，因此大致可以看作赣语和官话的过渡地带。据我们调查，赣方言区昌靖片的武宁话、星子话、德安话等以及其他方言片中接近昌靖片的丰城、抚州、余干等地也都有"之里"的说法，用法大体相同；而较远一点的如萍乡、宜春、黎川等地不用"之里"，而用"之内"。

此外，我们在网帖中也发现了一些"之里"用例，例如：

（33）一个月之里的宝宝，二个小时或者 3 个小时，就喂，正常吗，差不多每次喂宝宝，宝宝就拉便便，正常吗（妈妈帮，2014-08-03）

（34）5.22 收盘，三个交易日之里会有一个涨停板（东方财富网股吧，2015-04-08）

（35）怎么在 10 天之里长高 5 厘米（新浪爱问，2015-05-06）

（36）如果你对于购买的产品感觉不满意，你可以放心，7 天之里可以退货，15 天之里可以换货，希望能够帮到你（360 社区，2015-06-15）

（37）房产继承二十年之里未申请变更或公证算是有效继承吗（房天下，2016-08-30）

（38）你好，请问分期付款的车三年之里必须买全险吗？回帖：分期付款的车三年之里不是必须买全险（110 法律咨询网，2017-01-26）

这些"之里"都是表示"以内、之内"意义。众所周知，网络发展起来后，人们交流更加直接，也更加即时，因此很多口语化和方言化的词汇会毫不自觉地表达出来。此外，甚至一些较长的网文也有这样的例句：

（39）记者了解到，这次龟峰摄影节的人体模特，是通过江南都市报，在江西省范围内公开招募。在短短的 10 天之里，江西报名应征人体模特的人数达到 502 人，角逐人体模特，可谓异常火爆。（《热潮过后的人体摄影你准备好了吗?》，新浪博客，2008-06-07）

（40）在这连续八九个交易日之里大盘指数依然在 2402 区间里进行震荡巩固，……（《4 月 3 日（周五）盘后总结及 4 月 6 日（周一）股市技术分析》，东方财富网股吧，2009-04-05）

(41) 他首先解决的是"肚子问题",在岛上的<u>第一年之里</u>,他掌握了那里的气候和土壤许多知识,成功地种植了农作物。他不仅满足了肚子的需要,还简直成了"农艺家"。(《做一个勇于创新的人》,小故事网,2013-01-14)

(42) 推动改革的核心则是从纳斯达克开始发起并推动。纳斯达克是于 1971 年成立,在之后的 <u>15 年之里</u>,只是上涨了约 200 点。(《资本市场动荡的背后:中国金融体系落后美国 30 年》,搜狐网,2016-02-26)

以上网络用例恰恰表明在某些方言区确实存在"之里"一词。而据我们追查,这些网络用例的使用者有相当一部分来自江西赣语昌靖片。①

以上用例表明"之里"能表示时间范畴是不争的事实。也很显然,"之里"表示时间范畴是从表示空间范畴而来,只不过随着高频使用,时间范畴用法最终压制并代替了空间范畴用法。

4. 余　　论

综上分析,我们认为,赣语湖口话中的"之里"和古代用例并不相同,在结构上已经凝固化,在意义上变得抽象化,用于表示时间范畴中的时段意义,可以解释为"在一定的时间界限内"。据我们调查,随着普通话推广的加强和深入,"之里"在新派湖口人的话语里逐渐被"以内、之内"所代替。

就目前而言,江西赣语湖口方言的研究并没有得到应有的重视,涉及和研究该方言的论著并不多见,有颜森(1986)、陈凌(2005、2015)、刘琴(2014)等以及《湖口县志》中"方言"章,不过主要也是偏重于语音方面,而较少在词汇方面。早在 20 世纪 60 年代,丁声树(1961)、詹伯慧和黄家

---

① 还有一些使用者集中来自两个区域:一个是江苏南通及周边,一个是山东临沂及周边。目前,我们还无法说明这种情况。

教(1963)等就强调"应该重视汉语方言词汇的研究";80 年代,徐复和唐文(1981)亦指出"方言词汇探源大有可为";20 世纪末,许宝华(1999)再次重申"加强汉语方言的词汇研究"。因此,本文一方面想就本文观点以求证于方家,另一方面希望各位学者能加强对赣方言特别是赣方言词汇方面的保护和研究。

◎参考文献

[1] 白维国,江蓝生,汪维辉主编:《近代汉语词典》(全四卷),上海教育出版社 2015 年版。

[2] 陈凌:《湖口方言语音研究》,华中科技大学 2005 年硕士学位论文。

[3] 陈凌:《赣方言湖口话方言词考释》,载《九江学院学报(社会科学版)》2015 年第 3 期。

[4] 丁声树:《关于进一步开展汉语方言调查研究的一些意见》,载《中国语文》1961 年第 3 期。

[5] 江西省湖口县志编纂委员会:《湖口县志》,江西人民出版社 1992 年版。

[6] 李崇兴等编著:《元语言词典》,上海教育出版社 1998 年版。

[7] 李行健主编:《现代汉语规范词典》(第 3 版),外语教学与研究出版社、语文出版社 2014 年版。

[8] 刘琴:《湖口武山话语音研究》,江西师范大学 2014 年硕士学位论文。

[9] 刘丹青:《语法化理论与汉语方言语法研究》,载《方言》2009 年第 2 期。

[10] 龙潜庵:《宋元语言词典》,上海辞书出版社 1985 年版。

[11] 汪维辉:《东汉—隋常用词演变研究》,南京大学出版社 2000 年版。

[12] 徐复,唐文:《方言词汇探源大有可为——读〈吴下方言考〉》,载《江苏师范学报》1981 年第 2 期。

[13] 许宝华:加强汉语方言的词汇研究,载《方言》1999 年第 1 期。

[14] 许宝华,宫田一郎主编:《汉语方言大词典》,中华书局 1999 年版。

[15]颜森:《江西方言的分区(稿)》,载《方言》1986 年第 1 期。

[16]詹伯慧,黄家教:《关于汉语方言词汇调查研究的问题》,载《武汉大学学报》1963 年第 1 期。

[17]中国社会科学院语言研究所词典编辑室:《现代汉语词典》(第 7 版),商务印书馆 2016 年版。

[18]Haine B, U Claudi, F Hünnemeyer. Grammaticalization:A Conceptual Framework. Chicago:The University of Chicago Press, 1991.

汉语引语引导词"来了一句"的结构与功能

张金圈　闵素贤

（曲阜师范大学国际教育学院　曲阜师范大学文学院）

1. 引　　言

立场表达（stance-taking）是近年来功能语言学界研究的一个热点问题，主要关注在话语过程中，言者对所言信息以及受话人的态度、情感、判断、承诺等的显性表达形式。引语（reported speech）作为人类语言中非常普遍的一种语言现象，其立场表达功能也早已引起人们的关注。

Myers（1999）发现，英语母语者可以将使用虚拟引语（hypothetical reports）作为一种语言策略，以一种有说服力的方式表明自己的观点、态度和立场。Niemelae（2005）发现，在互动会话中，听话人会和故事讲述者共同建构引语以表明相同的立场。Haakana（2007）考察了芬兰语诉怨故事中的思想转述（reported thought），认为说话人能够借助思想转述展示一个关于叙述情境的多层画面，表达一种含蓄的批评。Kim（2014）通过考察韩语日常会话的语料发现，思想转述经常出现在评价语境中，以反问句形式构建的思想转述一般用来传达说话人的不合作立场，同时邀请听话人采取与其相同的立场。

在引语的立场表达研究中，引语引导词（reporting /introductory word）的立场表达功能一直是一个颇受关注的专题。人们发现，不论是在小说还是在其他语体中，引导词都不仅仅具有概念意义，同时还可以对被转述的话语进行评价。Tarone 等(1981)研究了天文学论文中引语引导动词语态差异与立场表达之间的关系，发现 we 的主动语态用来表达作者自己的观点，第三人称主动语态用来转述与自己一致的观点，而被动语态则用来转述与自己不一致的观点。Thompson(1996)指出，引导句(特别是其中的引导动词)的使用可以体现作者对所转述信息的态度，如中性的、积极的或消极的，经常体现为转述者是否赞同被转述的信息。San Segundo(2017)考察了狄更斯小说 *Nicholas Nickleby* 中转述故事角色 Ralph Nickleby 话语的引导词，发现该人物的 501 例引语中共使用了 26 个不同的引导动词，这些不同引导动词的选择对塑造该反面人物的形象具有积极作用。

汉语引语引导词的研究主要是从传信(evidentiality)范畴的角度展开的(林华勇、马喆，2007；陈颖、陈一，2010；乐耀，2011、2013a)，但也有少数学者注意到一些引导词的立场表达功能。乐耀(2013b)指出，汉语中的"说什么"可以用作引语引导词，除了标明其后话语的引语属性之外，还可以同时表达言者对所言引语信息的一种否定的负面态度。方梅(2018)考察了汉语口语中引语引导词"说是"的功能，她认为"说是"引导的引语以不交代信息来源为常，只显示信息的传信特征；在传信的基础上，"说是"还可以进一步表达言者对其所转述信息真实性或正确性的否定态度。

立场是一个广义的概念，既可以包括话语主体对人物或事件情景的认识、态度、评价，还可以包括话语主体的感受、情绪和心理。前者可以称为"评价立场(evaluative stance)"，后者可以称为"情感立场(affective stance)"。上述对引语引导词立场表达功能的研究大多是从其所表达的态度(肯定/否定)及价值判断(积极/中性/消极)角度着眼的，即都属于评价立场。我们发现，与多数引导词用于表达评价立场不同，汉语叙事文本的引导词"说了一句"经常用来表达叙事者或故事中的其他人物对被转述话语的惊讶感受和意外心理，属于情感立场。例如：

(1)晚上一起看电视，播到了北京台的《还珠格格》，奶奶看到小燕子特别激动，叫我别换台。<u>突然她来了一句："小燕子怎么</u><u>比以前瘦了那么多。"</u>我和我的弟弟们都惊呆了。（BCC 语料库微博语料）

（2）每次打板的工作人员小刚都要跑到镜头前打板记场次，打的次数多了，<u>发哥突然来了一句："刚哥，辛苦!"</u>只有 20 多岁的小刚马上愣住了，一时之间没反应过来。（《京华时报》，2014-01-20）

（3）丁肇中决定扬长避短，少选工程方面的课程，多选较高年级的数学和物理方面的课。系对他这样选课提出了反对意见。……丁肇中直率地告诉老师，如果不这样选课，他可能会失去奖学金。老师听后很生气，没等丁肇中的话说完，<u>便</u><u>来了一句："那你转到物理系去吧!"</u>丁肇中心中暗喜——这正是他的心愿啊！（中新社湖北新闻网，2003-10-19）

在例（1）中，说话人用"来了一句"转述奶奶看到小燕子时所说的话，通过后续话语"我和我的弟弟们都惊呆了"的描述可知，说话人认为奶奶所说的话对他们来说是意外的或与预期不符的。例（2）中，著名演员周润发亲切地称呼一名普通工作人员为"刚哥"，使该工作人员受宠若惊，新闻作者在转述周润发的话语时，也用了引导词"来了一句"。例（3）中，叙事人用"来了一句"转述老师的话语，该话语对故事场景中的受话人丁肇中来说，也是一种超出预期、令人惊喜的信息。

与"说""说是""道""回答""告诉"等常见的引导词不同，"来了一句"的使用频率相对较低，在总字数几百亿字的 BCC 语料库和 CCL 语料库中，只有 1400 余条用例，而且大多出现在口语化程度较高的微博语料中。下面我们将结合具体语料，首先简要描写"来了一句+引语"在结构和语篇上的若干特征，然后在此基础上探讨其情感立场表达功能，并尝试从代动词"来"的语义语用特征和"了"的功能角度解释"来了一句"能够表达说话人意外情感立场的原因。

2. "来了一句+引语"的结构特征

2.1 "来了一句"所在引导句的特征

"来了一句"所在的引导句中一般都会出现表达被转述信息来源的成分，这些成分只能是指人的名词或代词，一般不能是书名、机构名等非生命主体，除非它们临时转指有生个体；而"说"构成的引导句则不受此限制。例如：

(4)民警们费尽心血把案子破了，到了检察院，**检察官**来了一句："证据不足，诉不了"，你说憋屈不憋屈？(《法制日报》2013-11-04)

(5)回去后，我跟老公说，我这现象有点像人家说的怀男孩的表现啊。**他**来了一句：万一怀的是女汉子呢……(BCC 语料库微博语料)

(6)清晨起床的我们发现被各种球球刷屏了。于是我们看到，卖牛奶的说："就知道你也爱喝牛奶。"卖快餐的说："来找伴，不再孤单。"做招聘的说："另一个地球都找到了，你还没找到工作？"……就连**央视**也不失时机地来了一句："地球可以有两个，但历史只有一个。"(《北京晨报》，2015-07-27)

有的时候，"来了一句"所在的引导小句虽然没有出现表达被转述信息来源的成分，但都可以在上文中找出来，"来了一句"主语的缺位只是一种句法上的承前省略，例如：

(7)起步后停车，油离配合有问题，车一跳一跳的。**教练**是个女师傅，来了一句："哟，你这挂的是兔子挡啊！"(BCC 语料库微博语料)

(8) 开车从超市回来，**宝宝**在车里观察月亮，**来了一句：妈妈，月亮为什么总跟着我呀！**（BCC 语料库微博语料）

需要指出的是，在微博语料中，"来了一句"的主语很多都是带有"奇葩""二"等负面评价意义的成分，如"那奇葩老板""奇葩媳妇""奇葩女同事""二货""二货朋友""二货女友"等。例如：

(9) 谈了一哈体育馆对面的房子是 3000 多一平米，后面有**一奇葩来了一句**："介便宜？那不是 6 万可以买 200 平米。"当时我就被雷倒了。（BCC 语料库微博语料）

(10) 讲诗歌鉴赏，老师问："菊花什么时候开？"，**一二货同学来了一句**："上厕所的时候。"至今无法忘记老师看他的表情……（BCC 语料库微博语料）

之所以如此，正是因为所谓的"奇葩"和很"二"的人头脑简单，经常语出惊人，特别适合用"来了一句"转述其所说的话语。

除了指明被转述信息的来源外，"来了一句"前边还经常出现修饰或限制性成分，根据功能的差异，可以将其大致分成如下三类。

（A）主体伴随情状类：描写被转述话语言说主体的情状或伴随动作，主要是一些形容词或动词短语，例如：

(11) 看到小情书，妈妈就开玩笑地和宁宁说："哟！有小男朋友了，都不和妈妈说了嘛！"小丫头一扭头，继续埋头画画，**淡定地来了一句**："没当上班长之前，我才不考虑呢！"哈哈，小丫头原来喜欢成绩好的孩子嘛！（《钱江晚报》，2014-06-09）

(12) 我有一次和郎朗一起表演，郎朗弹琴我唱歌，然后郎朗对她说，"姐姐我教你弹钢琴啊"，**姐姐一回头来了一句**："我会啊！"然后郎朗就看着我笑。（《华西都市报》，2015-02-26）

其他常见的还包括"悠悠地、幽幽地、慢慢地、脑残地、笑着、愣冲冲地、轻飘飘地、轻描淡写地、冷冷地、没头没脑地"等。

(B)行为时间情状类：说明被转述的言说行为在时间方面的情状特征，包括表示动作行为紧邻相继性的副词"就""接着""随即""随后""立刻""立即""立马""紧跟着"；表示言说行为的发出轻松随意、未经深思的副词"顺口""随口""直接"；表示动作行为发生迅疾的副词"忽然"和形容词"突然"以及表示事件结局的连词"结果"和名词"最后""末了"等。例如：

(13)当《造梦者》导演组将这一想法告诉姜文和赵本山时，<u>姜文**突然就**</u>来了一句："小沈阳是能当影帝的，影帝当不了小沈阳"。(人民网—娱乐频道，2014-08-20)

(14)他很开心，对自己车牌很得意，说是1314，预示他跟老婆一生一世！另一不长心眼的<u>**随口就**</u>来了一句：一伤一死……那车主当时脸就黑了，一顿饭都没开口！(BCC 语料库微博语料)

(C)转折意外情态类：强调被转述的言说行为不符合说话人或其他故事角色的常规心理期待，包括转折义的连词"而是""却""则""不料"和表意外和反预期义的副词"竟""竟然""居然"、连词"结果"和固化成分"没想到""想不到"，例如：

(15)记者对福原爱说她的头发长了，<u>而福原爱**却**</u>来了一句："假发。"记者半信半疑地追问："真是假发啊？"(人民网—日本频道，2016-08-05)

(16)因为黄牌停赛的王永珀赛后在微博上致谢队友，<u>**不料**蒿俊闵**竟然**</u>来了一句：除了赢球，踢的一坨屎！(BCC 语料库微博语料)

(17)我们都愿意为偶像花钱，我把这件事情讲给旁边的同事听，<u>**结果**</u>她来了一句：钟汉良是谁啊？我顿时石化，马上发照片

和作品在部门群上普及。(BCC 语料库微博语料)

行为时间情状类的修饰语和转折意外情态类的修饰语在表义上具有统一性。强调被转述的言说行为紧接着之前的事件发生,被转述言说行为的实施未经深思、随意而为,或者突出其出现速度迅疾,都蕴含着该言说行为对转述者或叙事中的受话人来说是出乎意料的。在《现代汉语词典》(第7版)中,"忽然"和"突然"的注释中就同时包含了[+迅速、短促]和[+意外]两个语义特征。

主体伴随情状类中的一些词语与行为时间情状类中的"顺口""随口""直接"类似,同样可以蕴含被转述的言说行为不同寻常、让人意外,如"脑残地、愣冲冲地、条件反射、没头没脑地、不假思索地、头脑发热地、未经大脑"。

2.2 "来了一句"所引导的引用句的特征

从直接引语和间接引语的二分类型来看,"来了一句"所引导的引用句几乎都是直接引语,如上举各例。在新闻报道和文学作品等规范性语料中,这些引用句一般放在引号中,同时在"说了一句"后加冒号;但是在微博语料中,由于写作者追求快速随意,规范性差,所以很少同时使用冒号和引号,而是只选择其中的一种,有时候甚至不用任何标点符号,例如:

(18)学弟过来说 珊姐有一个问题一直想问你 陈珊珊以为学弟要跟她表白了 <u>结果学弟来了一句请问你当部级有什么感想嘛!!!!</u> 我肚子都笑痛了[哈哈][哈哈](BCC 语料库微博语料)

此时,我们只能根据引用句中的人称代词、指示代词、语气表达等对其性质做出判断。

极少数情况下,"来了一句"也可以引导间接引语,例如:

(19) 民警发现，女子竟然穿了一双拖鞋。民警询问女子如果撞伤民警可知道后果？女子又来了一句，<u>如果撞伤民警**她**就去自杀</u>。(《齐鲁晚报》，2013-07-15)

(20) 半夜一个电话……我一看是我妈然后我接了……但是！！！我妈居然来了一句<u>**她**饿了</u>，说让我明天回去让我帮她买点吃的……我说我的亲妈诶……(BCC 语料库微博语料)

根据上下文可知，以上两例引用句中的第三人称代词"她"都是指被转述的话语主体，因此都属于间接引语(Li，1986)。

多数引导词所引导的引用句没有长度限制，既可以是一个小句甚至一个词，也可以是一段很长的语篇，但是"来了一句"一般只能引导一两个较为简短的句子，这是由引导词中"一句"的限制作用导致的。

从引导句和引用句的位置来看，"来了一句"既可以前置，也可以后置，但以前置为常，如以上所举各例，后置的例子如：

(21) 九溪爷爷一边品着，一边对杭汉说："不相信让你伯父来说说看，他肯定说是和狮峰龙井一模一样的。""<u>比群体龙井茶品种的产量可要多得多了。</u>"年轻人突然这么来了一句。(王旭烽《筑草为城》)

这种后置的情况一般只出现在比较规范的书面文本中。

3. "来了一句+引语"的语篇特征

3.1 位于叙事的顶峰位置

所谓"顶峰(peak)"，指的是一个叙事片段中语义上特别重要的一个句子(Chang，1986：105)。根据 Hinds(1979)的理论，一个叙事片段是一个介于段落和单个句子之间的成分，在每一个片段的内部，都典型地会有一个句子，在功能上更为突出，这样的句子就被称为该叙事片段的顶峰，该句子所描述的事件则称为"顶峰事件（peak event）"。通俗地讲，顶峰事件就相当于一个故事的高潮部分。

就语篇位置来看，顶峰事件通常位于一个叙事片段的结尾部分。Chu & Chang（1987）、Berg & Wu（2006：69）都认为，汉语流水句的末尾位置是语篇中更突显的位置，这也符合汤廷池（1986）所提出的汉语"后重原则"。顶峰事件作为叙述的焦点或高潮，与末尾位置具有相宜性。

我们发现，"来了一句+引语"所表达的言说事件经常位于叙事片段的结尾位置，表达顶峰事件。例如：

(22) 一次，一辆违章停在路口的汽车造成了交通堵塞，章国红前去疏导，要求违章停车的男子迅速驶离。没想到那人冲着章国红发飙，……章国红愣了两秒钟，最后咬了咬牙，对着那名违章停车的司机说了一声："对不起！"而那名司机临走时，还冲着章国红来了一句："一个小小的协警有啥了不起。"章国红说他那时气得想哭。（《人民日报》，2015-02-11）

(23) 班上一妹子，脸皮厚，很自恋，但长相却不敢恭维。一天，上自习课，她特突然地对男同桌说："那些有车有房的男生才能配得上我！"全班女生投来崇拜的目光。男同桌连头都没抬就来了一句："我回家就把车和房卖了。"（BCC 语料库微博语料）

(24) 今天《中国汉字听写大会》有一个"黄芪"，我妈很激动地大喊："我会！"并给我们说了怎么写，然后主持人就来了一句："这个字但凡是上了点年纪，关注养生的都会写。"我和我爸都笑了。（《新快报》，2013-09-02）

在例(22)中，作者为了说明交通辅警工作之不易，讲述了辅警章国红与违章司机之间的一次冲突事件，司机最后临走时对章国红说的"一个小小的协警有啥了不起"，生动再现了这一工作的艰辛，成为冲突的焦点和高潮部分。此处,作者使用"来了一句+引语"转述司机的话语。例(23)中讲述了课堂上发生的一件趣事,作者用"来了一句+引语"转述的男同桌的话语是叙事的笑点或点睛之笔(punchline),无疑是该事件片段中的顶峰事件。例(24)与此类似,同样讲述一件趣闻,虽然"说了一句"及其所引导的引语并非位于事件片段的末尾,但它作为该趣闻的笑点,无疑仍是整个故事的高潮和顶峰。

上文说过,"说了一句"前边经常出现表示动作行为紧邻相继性的副词"接着""随即""随后""紧跟着"以及表示事件结局的连词"结果"和名词"最后""末了"。"结果""最后""末了"无疑都明确标明了"来了一句+引语"所处的事件位置;而"接着""随后"等表示一个事件紧接着另一个事件之后发生,同样也适于将"来了一句"表达的言说事件置于事件片段的居后位置。

在叙事语篇中,"正当/正在/正……(呢/时/的时候)""这时/这时候"等经常作为背景事件的标记,用来引出事件的前景或焦点部分,特别表现为其后可以非常自然地出现"只见""只听"等具有场景聚焦功能的话语标记(夏军,2018)。"来了一句+引语"前边恰好经常出现"正当/正在/正……时/的时候""这时/这时候"等焦点触发成分,例如:

(25)我该是有多么的五音不全!当我不断努力的哼给她听的时候,她直接来了一句:我快头疼死了!啥也听不出来[泪][衰](BCC语料库微博语料)

(26)倒在地上的大妈突然一把抓住男子说:我看到了,就是你撞的我。这时,男子面色羞红的来了一句:表(注:"不要"的合音)闹了,妈,回家去喽。(BCC语料库微博语料)

例(25)中的"她直接来了一句"前边可以加上"只听",例(26)中的"男子面色羞红的来了一句"前边可以加上"只见"或"只听"。

很多情况下,"来了一句+引语"之前的句子中虽然没有出现"正当/正在/正……(呢/时/的时候)""当……时/的时候""这时/这时候"等词语,

但都可以很自然地补出来,如:

> (27)她不叫他再往医院外面送,两人低着头,面对面站在医院大门口。<u>她突然来了一句:"二哥,我二嫂不会好好跟你过</u><u>的。"</u>(严歌苓《第九个寡妇》)
>
> (28)今天早上,我们冒着大雨准时赶到了课堂,<u>老师来了一句:</u><u>今天下雨,课不上了。</u>啊[抓狂](BCC语料库微博语料)

例(27)中"她突然来了一句"前边可以加上"这时/这时候";例(28)中既可以在"老师来了一句"前加上"这时/这时候",也可以将"我们冒着大雨准时赶到了课堂"改成"当我们冒着大雨准时赶到了课堂的时候"。

3.2 有后续情感反馈成分

与其他引导词引导的引语不同,"来了一句+引语"结构的一个常见语篇模式是,其后经常紧邻出现表达听话人情感反馈的成分,例如:

> (29)从798出来挤公交车,人忒多,上来一群老外,一看车上人这么多来了一句"卧槽!"……<u>我和我的小伙伴都惊呆了。</u>(BCC语料库微博语料)
>
> (30)当被孙楠追问"健哥就要出新专辑了,会送秋裤吗"后,李健则面不改色地来了一句"不仅送秋裤,还送秋衣",<u>逗得全场</u><u>捧腹大笑。</u>(人民网,2015-03-17)
>
> (31)李某见赵某一副怒气冲冲的样子,心里不爽了,不甘示弱也站了起来,并来了一句:"你是不是想打架?!"<u>这句话激怒了</u><u>赵某。</u>(《钱江晚报》,2013-12-03)
>
> (32)于是我说你带被子就行。他说我要跟你盖一张。我只是来了一句:狒狒都没这待遇,你觉得你行?<u>于是他沉默</u>,我熄灯,睡觉。(BCC语料库微博语料)

(33)今天坐公交车，在我旁边有一女的有点胖肚子比较大我犹豫
了一下忍不住问了一句：要坐么？结果人家来了一句：我干
嘛要座我又不是孕妇……<u>尴尬的我一路没敢抬头</u>。(BCC 语
料库微博语料)

以上例中的画线部分都表示当前叙事者用"来了一句"所引导的话语对
原交际语境中的听话人所引起的情感反馈。其他常见的表达如"大家瞬间
石化""心里一喜""我无语了""我顿时傻了""当场全家笑翻了""我瞬间心
碎了""我瞬间凌乱了""泪奔啊""我妈怒了""囧死了""公交车司机当场就
蒙了"等，大都表示惊喜、惊讶、愤怒、尴尬等较为强烈的情感。

除了上述具体的描述性语句，后续的情感反馈成分还可以是一些拟声
词和叹词，例如：

(34)要有人请我小狼她太可爱了。她克染头发。别个问她染什么
颜色。她来了一句"熟褐加深红"。<u>哈哈</u>。我们都走火入魔
了。(BCC 语料库微博语料)

(35)趴着睡了一觉，一睁眼一个小时过去了，老师来了一句：大
家休息一会儿。<u>我去</u>，我这醒的真是时候。(BCC 语料库微
博语料)

其中常见的是叹词，其他的用例还有"我靠""我晕""我擦""哇塞""天
呐""妈呀"等。

在微博语料中，写作者经常会在"来了一句+引语"之后添加表示各种
强烈情感的表情符号，如😀😑😮😁😣😷😂等。与相应的文字表述相比，
这些符号的使用能更直观地再现听话人的情感反馈。需要说明的是，上文
个别例句中，"来了一句+引语"之后的［抓狂］、［泪］［衰］、［哈哈］"等
在微博原文中都是对应的表情符号，只是由于媒介差异，在语料库中都被
转换成了文字说明。

4. "来了一句"的意外情感立场表达功能

4.1 意外表达与转述行为的关联性

意外是人类共有的一种情感体验，不同的语言中都有表达本族人意外情感的语言形式。Delancey（1997）将意外情感的语言表达上升到语法范畴的层次，认为"意外"（mirativity）是一个跨语言存在的独立语法范畴，它标记的是令说话人吃惊的信息。在一些形态变化丰富的语言（如东北高加索语、Tariana 语、Magar 语）中，动词有专门的屈折形式表达所在句子传达的信息对说话人来说是意料之外的。除此之外，有的语言还通过动词词缀和小品词、人称代词的特定形式以及时、体、语气、人称等的变化来表达意外范畴（Aikhenvald，2012）。万光荣（2017）指出，汉语主要用词汇形式和一些句法结构来表达意外和惊讶意义，常见的词汇手段包括语气副词（如"居然""竟""竟然""竟自"）、动词短语（如"没想到""没料到""没料想""想不到""料不到"）和叹词（如"啊""哎""哦""噢""喔""呀""嗯""咦"），句法结构如"啊，原来……""早知道……"等。

意外表达原本包含在传信范畴的研究范围内，因此，二者之间存在密切的联系。Hengeveld & Olbertz（2012）指出，在许多语言里，意外和传信有相同的表达模式，因为意外和传信表达在历史上源于同一个结构。引语是表达传信范畴的重要手段，而很多语言和方言中的意外范畴标记恰好都来源于转述动词或引语标记（Chappel，2008）。王健（2013）列举了很多汉语南方方言中的例子，如：

(36) 我叫啥/话啥/话道/叫啥话道肚皮痛来。我竟然肚子这么痛。（常熟话）

(37) 我弗及格（总）话。/我（总）话弗及格。我竟然没及格。（富

阳话)

(38)明仔讲给我骂及欲死。明仔竟然把我骂得要死。(台湾闽南话)

以上几例中的黑体部分都表达说话人的意外语气,同时,这些成分还都可以充当转述动词引导直接引语,例如:

(39)乃末<u>欸</u>他呐,到得冷天辰光呐,娘要想吃——,叫啥话道:"我要想吃只笋,啊哟呐,我想吃只笋。"(常熟话)

(40)伊他话:"明朝要落雨。"(富阳话)

(41)伊讲:"老师有讲着这项<u>代志</u>事情。"(台湾闽南话)

由此可以发现,意外表达与转述行为的关联性主要体现为转述动词可以语法化为表达意外情态的功能性成分。这些功能性成分可以参与其他命题行为的表达,传达出说话人对该命题行为的意外情感立场。

值得思考的是,言说行为本身也是一种命题行为,这一行为及其所产生的话语对受话人来说同样可能是出乎意料的,那么叙述者如果要转述这一言语行为,就会涉及转述行为的意外情感立场表达问题,比如"他竟然说:'我要出家当和尚'",叙述者转述"他"的言说行为及其话语,同时传达出自己的意外情感。王健(2013)指出,在南方方言中,意外范畴标记和与其同源的转述言语动词在读音上存在差异,由于意外范畴标记语法化程度高,因此在语流中都相对较轻,时长较短,节奏较快。如果要在转述的同时表达说话人的意外语气,可以让转述言语动词和由其虚化而来的意外范畴标记共现,如上海话中可以说"伊讲伊戆伊讲"(他竟然说他笨),句首的"伊讲"是用的这个短语原来的意思,句末的"伊讲"则是意外范畴标记(王健,2013:114)。

在普通话中,说话人通常使用语气副词和一些固化成分来表达对转述行为及其话语的意外情感态度,如"他竟然说:'我要出家当和尚'""我们正在胆战心惊,没想到老师说:'今天晚上的考试取消了。'"这些语气副词和固化成分都可以视为一种核心转述动词之外的附接性成分，意外范畴的表达和转述行为的实施分别由不同的语言成分承担。那么，除了借助于"竟然""没想到"这类辅助成分外，说话人是否仅利用引导动词，就能在转述的同时传达出自己的意外情感立场呢？我们认为，上文讨论的"来了一句"正可以发挥这一功能。

4.2 "来了一句"表达对未料信息的意外情感

根据 Aikhenvald（2012：473）的研究，意外信息可以包括以下五个方面：①言语交际者突然发现或者意识到的信息（相当于汉语醒悟义副词"原来"所标记的信息）；②使言语交际者惊讶的信息；③言语交际者事先没有预料到的信息；④与言语交际者预期相反的信息；⑤对言语交际者而言的新信息。

具体到本文讨论的"来了一句"，其引导的引用句所表达的信息，从意外性的角度来看，可以归入 Aikhenvald 所划分的②③④三种类型。但是我们认为，这三种信息其实可以合并为一类，即不管是"使言语交际者惊讶的信息"还是"与言语交际者预期相反的信息"，都可以概括为"言语交际者事先没有预料到的信息"，或曰"未料信息"。这是因为：首先，"惊讶"只是言语交际者面对意料之外的信息或事件时产生的一种突发的短暂心理、生理状态，让人惊讶的信息肯定是未料及的；其次，反预期是特意强调现实情状与预期相反，既然是与预期相反，那肯定也是预期之外、未料及的。

在叙事过程中，如果叙事者认为，某一言语交际活动中话语主体的言说行为及其话语内容对听话人来说是始料未及的，那么在对该话语主体的言说行为及其话语进行转述时，叙事者就可以使用"来了一句"作为引导词，在转述的同时，表达自己的意外情感立场。例如：

（42）有一天，他拉了一对夫妻。上车后，"您好，请问您到……"
老李刚问到半截儿，男乘客劈头盖脸地来了一句："闭嘴。"

老李先是一愣，没有吱声。(《大连日报》，2013-08-23)

(43) 叶陶跟沙当当还没怎么着，不过见了人家两次面，就忍不住得意洋洋地对赵子萌和李亚平吹嘘起自己的"艳遇"来，他正说到兴头上，<u>冷不防赵子萌一脸坏笑阴叨叨地来了一句</u>："<u>你还不知道她是干嘛的呢，没准是个二奶!</u>"叶陶气得跳起来骂道："放屁! 你才是二奶!"(李可《杜拉拉升职记》)

(44) 一次，军报刊登几位好军嫂事迹，我看完随手放在沙发上就去加班了。第二天吃饭时，<u>爱人突然来了一句</u>："<u>以后家里事放心，有我呢!</u>"我愣了半晌。(BCC 语料库微博语料)

例(42)中，出租车司机老李正常地跟乘客打招呼，没想到乘客竟然出言不逊，"老李一愣"正是对这种意外情况的反应。例(43)中，叶陶得意地向别人夸耀自己的女友，没想到对方竟然对其进行污蔑，如此意外的负面评价使得叶陶大为光火。例(44)中，"我"看完好军嫂事迹后并未对自己的爱人提出要求或产生期待，所以当爱人突然说出"以后家里事放心，有我呢"时，"我"始料未及并感到惊讶，以至于"愣了半晌"。

上文说过，"来了一句"前边经常出现一些行为时间情状类和转折意外情态类的修饰语，它们都能凸显所转述的言说行为在时间上的急促性或认知上的未料性，这些都是与表达叙事者的意外情感立场相一致的。另外，在"来了一句"引导的引用句后边，经常紧邻出现表达听话人情绪反馈的成分，这些也都是认知上的未料信息给人的心理带来的自然反应。

4.3 "来了一句"表意外情感立场的动因

在汉语中，最常见的转述动词"说"还可以构成"说了一句"，充当引语引导词，例如：

(45) 马大娘不顾一切地扑上去，只见马宝堂使劲睁开眼睛，<u>微微地说了一句</u>："马英孩子做得对……"(李晓明《平原枪声》)

(46) 听完了之后，<u>她说了一句</u>："这些事情，你问过你二哥没

有?"(欧阳山《三家巷》)

以上两例中,叙事者用"说了一句"做引导词,只是简单地转述故事中人物的话语,并未附加主观的情感立场。但是,如果将其中的"说"换成"来",说话人的主观立场便立刻浮现出来。由此可见,"来了一句"的立场表达功能可能与"来"的使用密切相关。

从意义来看,"来了一句"中的"来"就相当于"说"。在以往的文献中,这种用法的"来"常被称为"代动词",即代替某个表示具体动作的动词,如"你拿那个,这个我自己来(=拿)""唱得太好了,再来(=唱)一个""老头儿这话来(=说)得痛快"(吕叔湘,1999)。与被代替的动词相比,代动词"来"具有更强的主观性。张伯江(2014)指出:"来"的原型意义是"扮演",其概括意义是"充任","扮演"原本只实现在戏剧舞台上,但在语言中,也投射到了语言的舞台上——代动词的代替作用就是一种扮演,代动词"来"扮演了它所替代的那个动词的角色,带着显著的修辞色彩。我们认为,"扮演"一词精准地提炼出了"来"代动词用法的个中精髓。叙事者不用"说了一句"客观地呈现说话人的言说行为,而是用"来了一句"扮演这一行为,进行艺术化的再现,在这一过程中,扮演者的主观情感便倾注其中。张寒冰(2013)进一步指出,使用具体动词进行表达的句子更侧重对动作发出者的行为进行客观描写,而使用"来"进行表达的句子则是站在说话人的立场上,反映的是主观言者视角。

需要进一步思考的问题是,主观性是一个非常宽泛的概念,可以涵盖各种各样的情感、态度、评价等方面,那么"来了一句"的主观性又是如何聚焦为表达意外情感的呢?

张寒冰(2013)认为,用"来"进行表达的句子都存在着动作的"发出者"和"接收者"两个主体,但其主要目的是关涉句外的"接收者",即"来"字句的说话人。也就是说,说话人用"来"字句时,都会隐含一种指向自己的作用力,如"老头儿这话来得痛快"除了表达"老头儿的话说得痛快"之外,还凸显了"老头儿的话让说话人感觉痛快"的意思。这与"来"表达朝向说话人位移的本义是一脉相承的。

另外,"了"的使用也起着至关重要的作用。乍看之下,"来了一句"中的"了"似乎是完成体助词"了$_1$",其实不然。张金圈(2020)将"说了+引语"分成两类,分别是"说了$_1$+引语"和"说了$_2$+引语",例如:

> (47)"妈,我才十八岁。鲍团长**说了$_1$**,我以后会成个大演员!我才不靠男人呢!"(严歌苓《一个女人的史诗》)

> (48)陶珍出来了,正要开口,梅清**说了$_2$**:"事情,你们该知道了,组织上决定,要我离开长沙。"(夏衍《革命家庭》)

根据张金圈(2020)的研究,"说了$_1$+引语"中的"了"是完成体助词,强调言说行为的完成,其中的引语都是间接引语,经常出现在说理、论证性的语篇中,主要功能是为了增强话语的信据力;而"说了$_2$+引语"中的"了"是事态助词,用来表明事态出现变化,其中的引语都是直接引语,经常出现在叙事性的语篇中,主要功能是凸显前景信息、标示情节转移。考察以上两例我们可以发现,例(48)中的"说了$_2$"可以自由替换为"来了一句",而例(47)中的"说了$_1$"则不可以。而且,从引导的引语类型、出现的语篇环境、发挥的语用功能等角度来看,二者也存在一致性。所以我们认为,"来了一句"中的"了"其实是表明事态出现变化的事态助词"了$_2$"。

"说了$_2$+引语""说了一句+引语"和"来了一句+引语"在语篇特征上具有相似性,都表示在所叙述的事件进程中出现了作为新事态的言说事件。但是,由于"来"除了表达言说之外,还隐含有指向说话人的作用力,所以"来了一句"便在事态变化义的基础上又进一步衍生出"事态出乎意料"这一主观性意义。

需要说明的是,在BCC和CCL语料库的古汉语语料中,都没有发现"来了一句",较早的用例出现在钱锺书和老舍的作品中,而且只有三例,如:

> (49)"大家无须客气!"才叔那么来了一句。这样嘱了"再会",

"走好",把天健送走了。(钱锺书《纪念》)

(50)"……你知道我不会白了你。我敢起誓!""上回你也起了<u>誓!</u>"郝凤鸣横着<u>来了一句</u>。(老舍《东西》)

(51)他停了会儿,好象再也想不起他还需要什么——使我当时很纳闷,<u>于是总而言之来了一句:"什么也没有!"</u>幸而他的眼是那样注,不然一定早已落下泪来。(老舍《牺牲》)

而且,在这三例中,表达叙事人意外情感的倾向并不明显。可见,"来了一句"的意外立场表达功能是在当代汉语中逐渐浮现并凝固下来的。

5. 结　　语

"来了一句"是现代汉语中新产生的一个引语引导词,它可以在引出引用句的同时传达出叙事者的意外情感立场。在叙事过程中,如果叙事者认为,某一言语交际活动中话语主体的言说行为及其话语内容对听话人来说是始料未及的,那么在对该话语主体的言说行为及其话语进行转述时,叙事者就可以使用"来了一句"作为引导词。

"来了一句"做引导词时,都会指明所转述信息的话语来源,所引导的引用句一般都是直接引语。"来了一句"之前经常出现标示情节转移和事件突发性的修饰成分;引用句之后则经常有表达受话人情绪反馈的成分。这些都是与"来了一句"的意外情感立场表达功能相适应的。

"来了一句"的意外情感立场功能与其中"来"的主观性和"了"的事态助词用法密切相关。这一功能是在近几十年的当代汉语中逐步浮现出来的。

◎参考文献

[1]陈颖,陈一:《固化结构"说是"的演化机制及其语用功能》,载《世界汉语教学》2010 年第 4 期。

[2]方梅:《"说是"的话语功能及相关词汇化问题》,载《中国语言学报》2018 年第 18 期。

[3]林华勇,马喆:《廉江方言言说义动词"讲"的语法化》,载《中国语文》2007 年第 2 期。

[4]吕叔湘主编:《现代汉语八百词(增订本)》,商务印书馆 1999 年版。

[5]汤廷池:《国语语法与功用解释:兼谈国语与英语功能语法的对比分析》,载《台湾师大学报》1986 年第 31 期。

[6]万光荣:《惊讶范畴:类型学研究的新领域》,载《语言科学》2017 年第 6 期。

[7]王健:《一些南方方言中来自言说动词的意外范畴标记》,载《方言》2013 年第 2 期。

[8]夏军:《论副词"只"的场景聚焦用法》,载《中国语文》2018 年第 2 期。

[9]乐耀:《现代汉语引证类传信语"据说"和"听说"的使用差异》,见《语言学论丛》(第四十三辑),商务印书馆 2011 年版。

[10]乐耀:《论北京口语中的引述类传信标记"人说"》,载《世界汉语教学》2013 年第 2 期。

[11]乐耀:《汉语引述类传信语"说什么"的由来》,载《现代中国语研究》(日本)2013 年第 15 期。

[12]张伯江:《从"来"的代动词用法谈汉语句法语义的修辞属性》,载《当代修辞学》2014 年第 4 期。

[13]张寒冰:《"来"的"代动用法"再考察》,载《汉语学习》2013 年第 4 期。

[14]张金圈:《"说了+引语"结构的类型与功能》,载《汉语学习》(待刊)。

[15]Aikhenvald Alexandra Y. The Essence of Mirativtity. Linguistic Typology, 2012(16): 435-485.

[16]Berg Marinus E, Guo Wu. The Chinese Particle le: Discourse Construction and Pragmatic Marking in Chinese. New York: Routledge, 2006.

[17]Chang Vincent Wuchang. The Particle le in Chinese Narrative Discourse.

Ph. D. dissertation, University of Florida, 1986.

[18] Chappe Hilary. Variation in the Grammaticalization of Complementizers from Verbal Dencidi in Sinitic Languages. Linguistic Typology, 2008, 12 (1): 45-98.

[19] Chu Chauncey, Vincent Chang. The Discourse Function of the Verbal Suffix-le in Mandarin. Journal of Chinese Linguistics, 1987, 15 (2): 309-333.

[20] DeLancey Scott. Mirativity: the Grammatical Marking of Unexpected Information. Linguistic Typology, 1997(1): 33-52.

[21] Haakana Markku. Reported Thought in Complaint Stories. In Holt Elizabeth, Rebecca Clift (eds.). Reporting Talk: Reported Speech in Interaction. Cambridge: Cambridge University Press, 2007: 150-178.

[22] Hengeveld Kees, Hella Olbertz. Didn't You Know? Mirativity does Exist! Linguistic Typology, 2012(16): 487-503.

[23] Hinds John. Organizational Patterns in Discourse. In Talmy Givón (eds.). Syntax and Semantics, Vol. 12: Discourse and Syntax. New York: Academic Press, 1979.

[24] Kim Mary Shin. Reported Thought as a Stance-taking Device in Korean Conversation. Discourse Process, 2014(51): 230-263.

[25] Li Charles N. Direct and Indirect Speech: a Functional Study. In Coulmas Florian (eds.). Direct and Indirect Speech. Berlin: Mouton de Gruyter, 1986: 29-45.

[26] Myers Greg. Unspoken Speech: Hypothetical Reported Discourse and the Rhetoric of Everyday Talk. Text-interdisciplinary journal for the study of discourse, 1999, 19 (4): 571-590.

[27] Niemelae Maarit. Voiced Direct Reported Speech in Conversational Storytelling: Sequential Patterns of Stance Taking. SKY Journal of Linguistics, 2005(18): 197-221.

［28］San Segundo, Pablo Ruano. Reporting Verbs as a Stylistic Device in the Creation of Fictional Personalities in Literary Texts. Journal of the Spanish Association of Anglo-American Studies, 2017, 39(2): 105-124.

［29］Tarone Elaine, Sharon Dwyer, Susan Gillette, Vincent Icke. On the Use of the Passive in Two Astrophysics Journal Papers. English for Specific Purposes, 1981, 1(2): 123-140.

［30］Thompson Geoff. Voices in the Text: Discourse Perspectives on Language Reports. Applied Linguistics, 1996, 17(4): 501-530.

时间词"明日"词义的历时变化及其动因

张言军

（信阳师范学院文学院）

1. 引　　言

古汉语表达年、月、日的词语属常用词，大多数使用的频率很高，这些词语在理解上似乎没有什么难度，所以长期以来不被人们注意。其实，如果要问这些词语到底指什么年份、月份、日子，回答恐怕并不是那么了然。刘百顺(2004)、张言军(2014)曾对时间词"明日""明天"做了多维度的对比分析，文章虽也从历时角度考察了它们的动态发展情况，但由于文章更侧重共时层面的对比，所以历时层面的考察就不够深入。在进一步的资料整理中，我们又发现了一个更为值得关注的现象，为了便于理解，先看下面一组例句：

(1) 雨村低了半日头，方说道："依你怎么样?"门子道："小人已想了一个极好的主意在此：老爷明日坐堂，只管虚张声势，动文书发签拿人……"(《红楼梦》第四回)

(2) 好容易盼到明日午错，果报："琏二爷和林姑娘进府了。"见面时彼此悲喜交集，未免大哭一场，又致庆慰之词。(《红楼梦》第十六回)

上面两例，例(1)中的"明日"跟现代汉语中的"明天"用法是一致的，而例(2)中的"明日"跟现代汉语中"明天"的用法很不同。因为在现代汉语中，我们不能也不会说"好容易盼到明天午错"。这是因为在现代汉语中，不管是故事的叙述者，还是说话人自己，在使用"明天"时只能指向未然的动作行为或事件，而不能是已然的。如果把例(2)中变换为规范的现代汉语的表述，则应是"好容易盼到第二天午后"。也就是说，例(2)中的"明日"基本等同于现代汉语中的"第二天"，它们在时间表达上是基本一致的。

基于以上现象，我们(2017)对《汉语大词典》"明日"条的释义提出了新的看法，认为时间词"明日"在古代汉语中，除了具有《汉语大词典》所标注出的两个义项外，还有第三个义项，即"第二天"。但我们(2017)的文章主要是围绕《汉语大词典》的释义问题而展开的，并未对"明日"的词义演变问题做全面的梳理，对演变的动因也缺乏深入的分析。

基于此，本文将在已有研究的基础上，对时间词"明日"的词义演变做进一步的考察，具体讨论以下两个问题：一是时间词"明日"的词义在历时发展中经历了怎样的变化；二是后来"明日"为何又失去了表达"第二天"这一概念的用法？背后的动因是什么？我们认为，对这些问题的解答，将有助于丰富汉语词汇的历史研究。

2. 时间词"明日"词义的历时发展

《汉语大词典》(卷五：597)对时间词"明日"设立了两个义项：①明天，今天的下一天；②不远的将来。由于"明日"表示"明天，今天的下一天"以及"不远的将来"两个义项都属于将来指向的用法，而我们考察的重点是表达过去指向用法"第二天"的动态发展，所以我们把将来指向的两个义项合并称为概念 A，将后者(表示"第二天")称为概念 B。通过对历史文献的考察，发现在古代汉语中，时间词"明日"的两种不同时间指向的用法是长期并存的，并不是某一部作品或某一个时期的特有现象。下面是对时间词"明日"在不同历史阶段使用情况所做的一个考察。

2.1 先秦两汉时期

对这一时期时间词"明日"的使用情况，我们共检索统计了17部文献，其中10部文献中出现了时间词"明日"，其余7部文献中未见时间词"明日"。这10部文献中时间词"明日"用法的统计，见表1。

表1　先秦两汉时期"明日"用法统计

文献	左传	论语	孟子	庄子	韩非子	新序	吕氏春秋	战国策	论衡	史记
概念A	2	0	0	0	2	1	1	9	1	4
概念B	14	2	2	10	12	5	19	15	8	20
总计	16	2	2	10	14	6	20	24	9	24

注：其他未见时间词"明日"的文献是《周易》《尚书》《诗经》《墨子》《荀子》《商君书》《孙子兵法》。

就调查和统计结果来看，时间词"明日"在这一时期的使用，表达过去指向的概念B占了绝对的优势，从总量上来看，概念A与概念B用频的比例约为1∶5.4。换言之，这一时期表达"第二天"的概念B才是"明日"的基本用法，而在现代汉语中，看似常见的概念A则是非常规的用法。下面看几条具体材料。

概念A的用例：

(3) 且赵之于齐楚，捍蔽也，犹齿之有唇也，唇亡则齿寒。今日亡赵，明日患及齐楚。且救赵之务，宜若奉漏瓮沃焦釜也。(《史记·田敬仲完世家》)

概念B的用例：

(4) 明日，出吊于东郭氏，公孙丑曰："昔者辞以病，今日吊，或

者不可乎!"(《孟子·公孙丑下》)

(5)子产谓申徒嘉曰:"我先出,则子止;子先出,则我止。"其明日,又与合堂同席而坐。(《庄子·德充符》)

(6)客曰:"徐公不若君之美也!"明日,徐公来。孰视之,自以为不如;窥镜而自视,又弗如远甚。(《战国策·齐策一》)

2.2 魏晋六朝时期

对于这一时期时间词"明日"的使用情况,我们共调查了13部文献,其中在10部文献中检索到了时间词"明日"的用例,另外3部文献未见用例,见表2。

表2 魏晋六朝时期"明日"用例统计

文献	世说新语	搜神记	齐民要术	宋书	洛阳伽蓝记
概念A	1	6	0	3	1
概念B	3	16	8	20	0
总计	4	22	8	23	1
文献	百喻经	出三藏记集	弘明集	杂宝藏经	六度集经
概念A	2	0	0	7	6
概念B	0	3	2	5	11
总计	2	3	2	12	17

注:其他3部未见时间词"明日"的文献是《颜氏家训》《文心雕龙》《搜神后记》。

通过表2的统计可以看出,时间词"明日"在这一时期的使用已经发生了一定的变化,在4部中土文献中(《洛阳伽蓝记》除外),表示将来指向的概念A的频率仍远不及表示过去指向的概念B。但在两部佛经文献(指《百喻经》《杂宝藏经》)中,则出现了逆转,时间词"明日"概念A的用频超越了概念B。当然,从总量上看,概念B的用频仍远远大于概念A的用频,两者的比例大约为 2.6∶1。下面看几则具体的材料。

概念 A 的用例：

> (7) 颐见陶公，拜，陶公止之。颐曰："梅仲真膝，明日岂可复屈邪？"(《世说新语·方正》)

概念 B 的用例：

> (8) 孙长乐兄弟就谢公宿，言至款杂。刘夫人在壁后听之，具闻其语。谢公明日还，问："昨客何似？"刘对曰："亡兄门，未有如此宾客！"谢深有愧色。(《世说新语·轻诋》)
>
> (9) 其夜梦见一人，乌衣，黑帻，来至其家，问曰："我昔昏醉，汝无状杀我。我昔醉，不识汝面，故三年不相知；今日来就死。"其人即惊觉。明日，腹痛而卒。(《搜神记·卷二十》)
>
> (10) 先种二十日时，以溲种如麦饭状。常天旱燥时溲之，立干；薄布数挠，令易干。明日复溲。天阴雨则勿溲。(《齐民要术·卷一》)

2.3 隋唐五代时期

对于时间词"明日"在这一时期的使用情况，我们共考察了 20 部文献，在 14 部文献中检索到了"明日"的用例，另外 6 部文献未见相关用例，见表 3。

表 3　隋唐五代时期"明日"用例统计

文献	北里志	朝野佥载	定命录	东城老父传	独异志	非烟传	敦煌变文集新书
概念 A	0	0	0	0	4	0	18
概念 B	1	14	1	1	8	2	5
总计	1	14	1	1	12	2	23

文献	广异记	河东记	霍小玉传	李娃传	灵应传	游仙窟	入唐求法巡礼行记
概念 A	20	4	1	0	0	1	14
概念 B	22	10	1	1	2	0	0
总计	42	14	2	1	2	1	14

注：其他未见时间词"明日"的文献是《长恨传》《东阳夜怪录》《杜秋传》《桂苑丛谈》《庐陵官下记》《莺莺传》。

通过表 3 的统计可以看出，这一时期时间词"明日"的使用在魏晋以来发展的基础上又发生了一些明显的变化。在《入唐求法巡礼行记》《敦煌变文集新书》《游仙窟》等三部公认的口语化极高的文献中，"明日"关于概念 A 的用例已经远超概念 B 的用例。下面看几条具体的材料。

概念 A 的用例：

(11) 经少时，下铁试海浅深，唯五寻。使等惧，或云："将下石停，明日方征。"(《入唐求法巡礼行记·卷一》)

概念 B 的用例：

(12) 居室为兵掠，家无遗物，布衣憔悴，不复得入禁门矣。明日，复出长安南门道，见妻儿于招国里，菜色黯焉。(《东城老父传》)

(13) 吏问其状，媪答以少年所教。吏即戏以鸡血涂门阃。明日，媪见有血，乃携鸡笼走山上。其夕，县陷为湖，今和州历阳湖是也。(《独异志·卷上》)

(14) 老父亦笑曰："其可言耶?"言讫，相引入穴而去。明日，知微掘古槐而求，唯有群鼠百数，奔走四散。(《河东记·李知微》)

虽然在口语性较强的文献中，概念 A 的用例已经超越概念 B 的用例，但就这一时期调查文献中的使用总量来看，概念 B 的用例仍略多于概念 A，两者的比例约为 1.1：1。

2.4 宋元时期

对于时间词"明日"在这一时期的使用情况，我们共考察了 13 部文献，在 12 部文献中均发现了"明日"的用例，仅 1 部文献中未见相关用例，见表 4。

表 4 宋元时期"明日"用例统计

文献	朱子语类	元刊全相平话五种	游宦纪闻	大宋宣和遗事	大唐三藏取经诗话	小孙屠
概念 A	183	8	0	3	2	2
概念 B	17	1	1	2	2	0
总计	200	9	1	5	4	2
文献	张协状元	宦门子弟错立身	白兔记	西厢记杂剧	元刊杂剧三十种	琵琶记
概念 A	9	5	10	15	12	4
概念 B	0	0	0	0	0	0
总计	0	5	10	15	12	4

注：未见用例的文献是《刘知远诸宫调》。

通过表 4 的统计可见，在这一时期，时间词"明日"的用法已经发生了实质性的变化，概念 A 的使用频率已经占据主导的地位，概念 B 除在笔记小说等作品中还有少量使用外，在戏曲、杂剧等通俗文学作品中已基本式微。下面看几则具体的材料。

概念 A 的用例：

(15) 敢烦和尚对长老说知，有僧房借半间，早晚温习经史，胜如旅邸内冗杂，房金依例拜纳，小生明日自来也。(王实甫《西厢记杂剧》)

概念 B 的用例：

（16）已而风雨大作，所吐之雹皆不见。明日下山，则人言所下之雹皆如蜥蜴所吐者。（《朱子语类·天地下》）

（17）至明日，太子共胡嵩二人去辞皇伯比干。辞了，二人便出西门。（《武王伐纣平话·卷上》）

（18）窍甄之傍，以泄汗液，以器贮之。毕，则彻甄去花，以液渍香，明日再蒸。凡三四易，花暴干，置磁器中密封，其香最佳。（《游宦纪闻·卷五》）

2.5 明清时期

对于时间词"明日"在这一时期的使用，我们共考察了 9 部文献，相关文献的统计资料，见表 5。

表 5　明清时期"明日"用例统计

文献	西游记	三国演义	金瓶梅	水浒传	八洞天	红楼梦	儿女英雄传	儒林外史	老残游记
概念 A	101	37	578	187	10	179	103	133	28
概念 B	0	0	1	6	6	6	0	0	1
总计	101	37	579	193	16	185	103	133	29

通过检索统计，我们可以看出，时间词"明日"在这一时期的使用又发生了一定的变化，那就是在宋元的基础上，概念 A 的使用频率进一步扩大，概念 B 虽仍有个别用例，但跟概念 A 相比，已经显得极为微弱。从总量上看，概念 A 和概念 B 的用频比例约为 68：1。下面看几则具体的材料。

概念 A 的用例：

（19）那首县便道："明日就到安太老爷公馆伺候去罢。"（《儿女英雄传·第二回》）

概念 B 的用例:

(20)说的常峙节有口无言,呆瞪瞪不敢做声。到了明日,早起身寻了应伯爵,来到一个酒店内,便请伯爵吃三杯。(《金瓶梅·第五十六回》)

(21)明日,张世开又唤王庆到点视厅上,说道:"你却干得事来。昨日买的角弓甚好。"(《水浒传·第一百零三回》)

(22)到了明日早起,贾政正要下班,因堂上发下两省城工估销册子,立刻要查核,一时不能回家,便叫人回来告诉贾琏说:"赖大回来,你务必查问明白。该如何办就如何办了,不必等我。"(《红楼梦·第九十四回》)

3. "明日"表示"第二天"用法衰落的动因

通过前文的考察,我们看到,宋元以前,时间词"明日"概念 B 的整体用频一直高于概念 A。而从历史发展的总趋势来看,则是概念 A 的用法得以延续,概念 B 在宋元时期开始衰落,并渐次退出了历史的舞台。吴福祥(2015:3)指出,"近代汉语语法研究,既要研究某一语法现象的来源和产生过程,也要研究其发展演变乃至消亡的过程,还要解释其中的动因与机制,总结其中的规律"。因此,对于时间词"明日"词义的历史考察,如果止步于以上的历时描写的话,那么这种研究是远远不够的,我们还需要进一步解释"明日"概念 B 的用法为何会在历时发展中衰落乃至消亡。经过认真地思辨,我们认为以下四点因素是值得重视的。

其一,汉语文本叙事方式的丰富与成熟,促使时间词"明日"在时间参照点上发生了变化。通过对历史文献的考察,我们可以发现,在语料的对白部分或说话人直接引用他人话语时,时间词"明日"往往是描述未然的动作行为;而当说话人采用第三人称的叙事方式,以局外人的身份来描述整个故事的来龙去脉时，时间词"明日"往往是描述已然发生的动作行为的。而在现代汉语中，说话人在使用时间词"明日"时只能是站在事件的内部，以直接见证者的身份来描述相关事件的进展。那为何古代汉语中就允许局外人叙事方式的存在呢？这就需要我们考虑古代汉语语料的类型差异。近年来，随着功能主义语法研究在国内的盛行，学者们在语法研究中更加重视语体因素的影响(朱军，2012)。我们应该看到，先秦两汉时期的传世文献大都讲述的是已经发生的历史事件或者是弟子门人记录的本派先贤们的言谈。这些语料从类型上看都属于记叙体，也就是说，说话人在讲述这些故事时总是以一个全知的外在局外人的身份来叙述相关的事件。而后来的文献材料中对话内容逐渐增多，以当下时间为参照点的使用越来越多，便逐渐扭转了之前以事件/动作发生时间为参照的表达视角。从汉语叙事学的角度看，传统的叙事多采用全知的视角向听/读者讲述相关的事件，在这种叙事方式中，叙述者比任何人知道的都多，他全知全觉，而且可以不向读者解释这一切他是如何知道的。这种叙事方式虽然有它的优点，但是缺点也是明显的，即听/读者的参与感不强，这就不能很好地激发听/读者的兴趣。为了改变这种局限，后来的叙事多采用内视角，即叙述者=人物，也就是叙述者所知道的同人物知道的一样多，叙述者只借助某个人物的感觉和意识，从他的视觉、听觉及感受的角度去传达一切，即以故事中人物的视角来描述相关的事件。在这种内视角的时间参照下，"明日"就只能指向未来时间内可能发生的未然动作，而不会是已然动作。两种视角的差异可以图标如下：

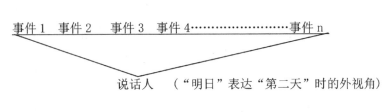

事件1　事件2　事件3　事件4⋯⋯⋯⋯⋯⋯⋯事件n

　　　　　　说话人　（"明日"表达"第二天"时的外视角）

事件1⊙事件2⊙事件3⊙事件4⊙⋯⋯⋯⋯⋯⋯事件n

（"明日"表达"今天的下一天"所选择的内视角。"⊙"代表说话人所立足的位置）

其二，汉语表达的精细化，词语的分工越加明确。随着人们言语表达的日益精细化，相似或相近词语的分工也越越来越明确。而我们看到，时间词"明日"的两种不同指向在实际的表达中却并不容易区分，听/读者必须在上下文中才能分清它所选择的参照时间，进而才能真正认清其词义。这对于听/读者而言，显然是一种需要格外投入关注才能得出准确理解的词项。如果在汉语的词汇系统中暂时存在某个空位，即缺乏其他专职的表达形式的前提下，让"明日"来兼职表达两种不同的时间指向或许还是一种可取的选择，但在后来其他专职表达形式不断发展壮大的背景下，再让"明日"来兼职表达，就显得不太合理。这样，在词汇系统的调整中，"明日"让渡出部分其他词语可以替代的功能，而专职表达其他词语所无法替代的语义内容无疑是一种更为合理的分工。

其三，汉语词汇系统中表达"第二天"这一概念的词语愈来愈多。在历时发展中，汉语中出现了若干个可以表达"第二天"这一概念的词语，如"翌日""翼日""旦日""次日""第二日"等，如：

(23)旦日客从外来，与坐谈，问之客曰："吾与徐公孰美?"客曰："徐公不若君之美也!"(《战国策·齐策》)

(24)翌日，权薨。弘素与恪不平，惧为恪所治，秘权死问，欲矫诏除恪。(裴松之注《三国志·诸葛恪传》)

(25)翼日，期集于师门，同年多窃视之。(《北里志·牙娘》)

(26)僧行七人，次日同行，左右伏事。(《大唐三藏取经诗话·行程遇猴行者处第二》)

(27)七支莲花都与善惠，同其一会，到第二日早去。(《敦煌变文集新书·卷四》)

对"明日、旦日、翌日、翼日、次日、第二日/天"等表"第二天"义词语在历史文献中的使用做一个调查和统计(检索范围与以上对"明日"的调查篇目相同)，见表6。

表6 "第二天"义词语的历时发展

时代 词语	先秦两汉	魏晋六朝	隋唐五代	宋元	明清
明日	107	68	68	23	20
旦日	7	1	0	0	0
翌日	0	1	19	11	0
翼日	6	0	7	0	0
次日	0	0	0	80	1247
第二日/天	0	0	1	6	97

　　通过表6可以看出，宋元之前，在表"第二天"义的常用词语中，"明日"一直都占据着主导，其他几个词语虽然都已先后出现，但除了"翌日"外，其他几个词语的使用频率一直都很低。宋元时期，时间词"次日"得到迅速发展，并成为表达"第二天"义的首选词语，而"明日"则呈现出了衰弱的发展态势。进入明清时期，"次日"相对于"明日"已经占有绝对的优势。这样，"明日"的退出就不会在汉语词汇系统中留下一个空位。同时，从语言表达的经济性原则来看，一个词项要想在词汇系统中得以存续，就必须占有属于自己的表达空间，否则失去了独特性的个体就很容易被其他词语给挤压出去。沈钟伟(2014)指出，以现代科学中的"复杂适应系统"理论来看，语言就是一个永远在变动的复杂系统。同时，复杂适应系统理论认为系统演化的动力来源于系统内部，微观主体的相互作用生成宏观的复杂性现象。在这个系统中，由于个人语言的不同，个人语言间的频繁接触，语言必然是一个动态系统。这个动态系统不断调整，就会不断形成新的语言规则。起初可能是语言个体偶然放弃"明日"转而选用"次日"等时间词语。但由于其他词语在表达上更为明确，且随着个体间的不断接触和影响，这种选择就会从或然走向必然，进而完成对"明日"的替换。

　　其四，更进一步说，相比较于"第二天"这样的表达方式，"明日""翼日""翌日""次日"等都还是需要单独记忆的专有名词,因此会额外增加学习和用户的记忆负担。而"第二天"则是依据句法规则生成的一种序数组合,不需要人们特殊记忆,可以根据情景自由地组配。更为重要的是,如果要表达参照时间后更长时间内的动作行为或事件,"第 X 天"也可以保证时间表达在形式上的对称。如:

> (28)甄学忠又替他各处去请假,凡是各局子的总、会办都是同寅,言明不扣薪水。在各位总、会办,横竖开支的不是自己的钱,乐得做好人,而且又顾全了首道的情面,于是一一允许。黄二麻子愈加感激。第二天收拾了一天,稍些买点送人礼物。第三天就带盘川及家人、练勇,一路上京而来。(《官场现形记·第六十回》)

> (29)这吴氏真是好个贤慧妇人!他天天到站笼前来灌点参汤,灌了回去就哭,哭了就去求人,响头不知磕了几千,总没有人挽回得动这玉大人的牛性。于朝栋究竟上了几岁年纪,第三天就死了。于学诗到第四天也就差不多了。(《老残游记·第五回》)

"第一天"就是指动作行为发生的当天,所以一般不常出现,而后就是"第二天、第三天……"而在上面两例中,假如"第二天"用"明日/翌日/翌日/次日"等词语来表达,但"第三天""第四天"等时间次序仍必须回到"第 X 天"这一序数表达方式上来。因此,为"第二天"创造一个需要单独记忆的词形并不是一种高明的策略。从语言系统内部来看,"第 X 天"则是一种更为经济、省力,在形式上也更为对称的表达方式。在北京大学 CCL 现代汉语语料库中检索发现,时间词"次日"共出现 3958 条,"第二日/天"共出现 15566 条。考察发现,在现代汉语中,"次日"虽仍有较高的使用频率,但从语体上看较为倾向出现于书面语料中,而在口语性较强的表达中,则倾向使用"第二天"这一序数组合。

4. 结　语

　　蔡淑美(2012)指出，人类对于时间的感知存在两种不同的视角：一是人如一叶扁舟顺水而下，人朝向的是舟的运动方向，所以未来在前，过去在后，也就是"自己在动"或者说自己随着时间一起动；二是人站在岸边，看长河滚滚流过，先通过我们眼帘的水流在前面，后通过眼帘的水流在后面，所以过去在前，未来在后，即"时间在动"而人不动。

　　通过前文的考察，我们看到，时间词"明日"的历史发展其实也正印证了两种认知方式的存在，即在宋元以前，人们倾向站在岸边观察事件的发展，所以"明日"表达"第二天"的用法占据优势；而随着文本中对话内容的增多，人们又倾向采取驾着小船在水流中跟其一起流动的视角，这时"明日"就仅能指代未来时间，而不可能指向已经发生过的事件或动作。

　　更进一步看，不仅时间词"明日"在历时中发生了以上变化，时间词"明月""明年"也具有相似的变化，即其也具有表达"第二月/年"这一概念的用法，如：

　　　　(30)壬寅，公孙段卒，国人愈惧。其明月，子产立公孙泄及良止以抚之。(《左传·昭公七年》)

　　　　(31)庆历四年春，滕子京谪守巴陵郡。越明年，政通人和，百废俱兴。(范仲淹《岳阳楼记》)

　　关于时间词"明月"的消亡及其动因，我们(2013)已有专文讨论，而"明年"的历时发展进程及其演变原因跟时间词"明日"多有相似之处，本文的分析也将有助于我们正确认识古代汉语中"明年"的确切用法。

◎参考文献

[1]蔡淑美：《现代汉语"前、后"时间指向的认知视角、认知机制及句法语义限制》，载《当代语言学》2012年第2期。

[2]刘百顺：《古汉语年月日表达法考察》，载《语言科学》2004 第 5 期。

[3]罗竹风主编：《汉语大词典（第 5 卷）》，汉语大词典出版社 1990 年版。

[4]沈钟伟：《复杂适应系统和汉语动态研究》，见《语言学论丛》第 50 辑，商务印书馆 2014 年版。

[5]吴福祥主编：《近代汉语语法》，中国社会科学出版社 2015 年版。

[6]张言军：《时间词“明月”、“来月”的消亡及其动因》，载《语文知识》2013 年第 4 期。

[7]张言军：《〈汉语大词典〉“明日”条注释商榷》，载《辞书研究》2017 年第 6 期。

[8]张言军：《时间词“明白”“明天”的多维度考察》，载《信阳师范学院学报（哲学社会科学版）》2014 年第 1 期。

（本文原载《汉语史研究集刊》2019 年第 27 辑）